新诗先鋒于賡虞

高路 著

CFP 中国电影出版社

图书在版编目（CIP）数据

新诗先锋于赓虞 / 高路著 . -- 北京 : 中国电影出版社 , 2021.4
ISBN 978-7-106-05232-4

Ⅰ . ①新… Ⅱ . ①高… Ⅲ . ①于赓虞（1902-1963）—评传 Ⅳ . ① K825.6

中国版本图书馆 CIP 数据核字 (2021) 第 061388 号

书名题字：于昕召
扉页插图：于潾波
责任编辑：王钦仁
封面设计：悟阅文化
责任校对：林　娜
责任印制：赵匡京

出版发行　中国电影出版社（北京北三环东路号）　邮编：100013
电话：64296664（总编室）　64216278（发行部）
64296742（读者服务部）　E-mail：cfpbjb@126.com
经　　销　新华书店
印　　刷　中国电影出版社印刷厂
版　　次　2021 年 4 月第 1 版　2021 年 4 月北京第 1 次印刷
开　　本　710mm × 1000mm　1/16
印　　张　16.5
字　　数　238 千字
定　　价　57.00 元

前　言

于赓虞（1902—1963），一个陌生的名字。如果现代诗歌史上有谁被遗忘的程度与曾经拥有的显赫名声形成极致反差的话，那么一定是这个人了。

那个时候的新诗殿堂尚在打地基，于赓虞是工地上的大工，边砌砖边摸索技术。一块儿干活的有徐志摩、闻一多等工友。沈从文也跑工地，不过是小工，给于赓虞打下手，递块砖送铲泥什么的。工地外围立着几块板报，其中最显眼的那块起名《诗镌》（又称《诗刊》），是于赓虞、徐志摩、闻一多等几位大工设计的，也由他们供稿。沈从文等是铁杆观众，每期都细细品味，琢磨人家是怎么写作的。除了沈从文这些圈内人外，还有大批观众，他们黑压压挤在板报前，仰着一张张年轻的脸，急迫地捕捉上面每一行诗句。不少是专奔于赓虞而来，这些人表情凝重，内心苦闷，于氏的文字正对他们的胃口。

尽管于赓虞拥有众多粉丝，但他并不在意。他从不拍粉丝马屁，公开声明，自己根本不考虑读者感受，也不代表任何人，他的写作纯粹是出于满足自我，依据的是个人经历的旋律，遵从的是个人生命的节奏，表达的只是个人的体验，享受的也仅仅是通过创作发泄情绪的乐趣，至于拥趸那完全是情思上的共鸣。于赓虞的坚守自我不单单表现为作品的独特风格，更在于它是一种创作理念和创作路径。

说到于诗风格，可以用“悲苦沉郁”四个字概括，与以徐志摩为代表的唯美主义诗歌形成鲜明对照。这也正是于赓虞被视为恶魔派在中国代言人的一个因由。

于赓虞是20世纪初生人，职业是教师，兼职编辑，身份是诗人，活跃于二三十年代的文坛。那是乱世，兵匪横行，天昏地暗，而他个人又偏偏命运坎坷，再加上格外敏感带来的放大效应，致使他的诗作阴云笼罩，笔走悲风，通篇回荡着压抑、幻灭、焦虑、彷徨的浓重情调，蕴含着反抗和毁坏一切的满腔愤慨。

于赓虞不只是歌者，同时还是学者。作为新诗先锋的他，拥有双重身份，而一身兼诗人和理论家的全才即使在世界文学史上也是不多见的；二者的互相印证使他的诗歌创作多了份自觉性和实验性，同时亦使他的理论多了份坚实性和实践性。

本书作为于赓虞评传共分四章。

第一章“徘徊街衢的孤影”主要介绍于赓虞本人。第一节“坎坷的跋涉”回顾他的一生。第二节“悲苦的命运”总结他的生存状态。

第二章“地狱里的黑衣歌者”主要介绍于赓虞的世界观。第一节“阴暗的世界”叙述于赓虞如何把社会妖魔化。第二节“这个恶魔并不恶”剖析于赓虞作为恶魔诗人的内在意义。

第三章“撑起诗学的半壁江山”主要介绍于赓虞的诗学思想。第一节“沉重的诗史”复述于赓虞对中国诗歌发展脉络的梳理。第二节“诗与诗人”论述于赓虞对诗歌和诗人的根本看法。第三节“诗是生命的艺术”解读于赓虞关于诗歌与生命的关系的观点。第四节“诗的基本构成”论述于赓虞关于诗质与诗形的理论。

第四章“新诗阵地上的排头兵”主要介绍于赓虞的诗歌创作。第一节“飘零的诗人”回顾于赓虞在诗歌领域的一般情况。第二节“沉重的心灵”分析于赓虞诗歌的情思。第三节“精致的形体”总结于赓虞诗歌的形式。

于赓虞是新诗成长之初最下死力也是收获最丰饶的拓荒者，留下二百余首韵诗、五十余篇散文诗、二十余篇诗论，还有一些小说杂文。可惜的是这些作品至今仍默默无闻，任荒尘覆盖。

于赓虞的诗风别具一格，对人生、生命、社会的认识深度在诗人当中是少见的，他的诗学自成一家，即便放在今天也相当地时尚。

于赓虞是一位把自己的诗学理论自觉运用于创作的诗人，将生活、生命、情思、形式融为一体，从而铸造出独特的自我。他的诗歌承载着众多信息，反映了一个普通生命的不安和躁动，一个思想者的认知和体悟，一个诗人情感的喷发和奔涌，以及一个生活者的人生探索和价值追求。

只有诗人的微笑，
是我心花的甘雨哟！[①]

① 朱天心：《跋诗》，载《于赓虞诗文辑存》，河南大学出版社，2004，第35页。

目 录

第一章　徘徊街衢的孤影

一、坎坷的跋涉

（一）破产时代的世家子弟

“嗒嗒”“嗒嗒”，有人敲叩诗歌殿堂的大门。很轻，带着几分迟疑。望出去，台阶上站着一个男青年：蓬乱的散发披落耳际，长脸，色黄，面相苍苦；双目细长，眼神迷离，显得心事重重；鼻梁直且宽，从两眼之间平铺下去；嘴唇很薄，永远抿得紧紧的，你休想从里面掏出一言半语；身材单薄，穿一件不蓝不白的洋布长袍，鞋子倒是新一点，黑面白边圆口千层底布鞋；双手紧贴大腿两侧，显得有些僵硬，拿不定主意是继续敲门还是转身退去。

终于里边问：你是谁?

回答：于赓虞。

这是1922年，于赓虞21岁，在天津成美中学校（1923年定名为天津汇文中学校）读书，接受宗教教育和英文教育，但真正喜欢的是写诗，作品开始在《新民意报》上发表。当时的中国新诗刚刚起步，所谓诗坛其实不过是茅草屋，连砖房石屋都比不上，远不如后来的富丽堂皇，巍峨高耸。几位领军人物也不入于赓虞的眼，认为彼等诗作的草率程度正与他们的显赫声名相当。所以，于赓虞不追他们的星，而是眼睛朝外，潜心研习欧美诗人的作品和传记。这大约是五四以来流行的思维吧。他的意图挺谦虚：

纵然不能做诗人也要使自己成为懂诗的人。这时的中国诗坛虽然处于草创，但在于赓虞心中就是金碧辉煌的殿堂：他心怀敬畏，顶礼膜拜，虔诚得不得了。

于赓虞并没有诗学功底更不是神童。他来自闭塞的乡野，不光没有学习过自由体诗，就是通行的格律诗也没有什么基础。当后来看到一些诗人自曝五六岁时已结诗缘而早早显示出天才的时候，他顿觉相形见绌。照理说，他接受的是传统教育，应该是多少接触过如何做格律诗的，也应该有一二习作，然而不知怎地他竟然缺少这一训练。

于氏祖籍山西，是明初移民潮中迁往河南西平县的。先祖曾为朱元璋打天下出过死力，获指挥使军职（正三品），他的两个子侄动了搬迁念头，随大流南下定居玉皇庙村。其后人特别强调，两兄弟不是被迁徙，而是自愿"上山下乡"，因为其中的哥哥是贵族，袭"开国一等忠显公"，这么高的身份断无被迫迁徙之理。由于见识非凡，又善于治家，西平于氏一族人丁兴旺，产业蓬勃，很快发展成当地望族。

于赓虞的父亲名于宪武，家境殷实，应属于乡绅阶层。传统的乡村知识分子都懂点医术，于宪武更突出一些，是半个大夫，所以他过的是半耕半读半医的生活。成亲另立门户时，他意气风发，克勤克俭，治家颇有成效。玉皇庙村一带近山，管控松弛，多植罂粟，烟土生意兴旺，于是他染上了大烟瘾，而且一发不可收拾，结果败家毁业，最后死于烟榻。此时的于赓虞还是少年郎。然而儿子却有意掩盖这一点，笔下的父亲完全是正面形象：身体不好是事实，但不是大烟害的，实因操劳家业所致；直到于赓虞接近而立之年，他老人家还在为全家生计忙碌着。但也留有存疑，于赓虞的思亲诗多谈母亲而不单独提父亲，可谓无意中的流露；而且他曾说过那"不是一个幸福的家庭"①。

于赓虞出生在1902年8月12日，舜字辈，名舜卿，字赓虞。赓，赓续；虞，虞舜：合起来即为延续大舜之风。舜被儒家奉为孝道样板：他的父亲

① 《自传》，载《于赓虞诗文辑存》，第677页。

糊涂，继母狠毒，弟弟愚昧，三人多次合伙谋害舜，舜却一点也不记恨，对他们始终保持一腔亲情。既然于赓虞立志传承大舜精神，自然要做到儒家要求的“父子相隐”“为亲者讳”，父亲再有过错也不能非议，更不能公之于众。在伦常方面，于赓虞是儒家忠实门徒和践行者。

然而家境衰败是瞒不住的，一定波及于赓虞的生活。度过还算快乐的童年后，他失学了，家里拿不出学费，半耕半读两年。在伯父于襄武的资助下考入开封的河南省立第一师范学校，后又前往天津，考入南开中学。由于伯父资助有限，于赓虞处于生活无着状态，窘迫不堪，而周围全是衣食优裕的翩翩公子，尽管自己内心努力保持一份傲岸，但仍旧“觉得寒怆”①。这样的日子直到家里挤出一笔钱供他读书才有所缓解。

瘦死的骆驼比马大，于家即便败落也不至于穷到供不起长子读书的地步，其中恐怕另有隐情。据后辈族人说，于氏家私丰厚，村人传言仅藏书一项就够周边民众吃几年，再一个证据是土改时于家被划为地主，这样的家庭交不起学费实属罕见。关于在上南开中学时的窘境，于赓虞倒是有一个解释：“因为受了大家庭的余毒，我的父母在无可奈何之下，只有任我以单衫抵御白河的寒风，与不足的大饼略充饥肠。”②什么是受了大家庭的余毒？意思不明，似有难言之隐。

这只是于家衰败的内因。还有外因，那就是匪患。玉皇庙村南望伏牛山余脉，天高皇帝远，深山老林自古就是理想的土匪窝。这帮绿林时不时出山扫荡四方。于赓虞有首作于1923年名《雨声》的小诗，噼噼啪啪敲打窗子的雨点让他想家，这声音突然放大变形，“呵，只有轰轰、哗哗的快抢声/ 只有哼哼，娘呵的凄惨呀！ / 呵，只有房屋的燃烧声！ / 只有奔跑嚎啕声呀！”③这是土匪进村时人们逃命的场景。于赓虞特别注明，故乡“现仍在土匪势力范围之中”。

---

① 《月色朦胧中的白河》，载《于赓虞诗文辑存》，第660页。

② 《自传》，载《于赓虞诗文辑存》，第677页。

③ 《于赓虞诗文辑存》，第393页。

说起匪患，于氏子孙至今尚心有余悸，讲了两件事。一件是不知怎么就招惹了这帮匪爷，他们村村放火，户户烧房，人们哀求地方闻人出面周旋，好说歹说土匪才悻悻住手，然而已经焚毁八个庄子，事后地方称这场匪难为“点八村”。另一件是绑票，重点自然是世家大族。于赓虞在诗中借母亲之口说“汝叔已被兵匪戕生”[①]。过程没讲，多半是遭土匪绑架，赎回动作慢了点，被撕了票。他家还算好的，只一人遭绑，同村族人一家兄弟五个，被绑走俩。其中一个种植罂粟，土匪上火刑逼他交出收割后的果实。这样的乱世不要说发展经济了，就是正常过日子都是奢望。在于赓虞1923年发表的小说《沉默》中，表哥开导表弟：“我们生在这种焚烧，抢杀，奢淫的社会，平平安安的吃两顿饭都不可得，生命的本身尚常常在狞恶飘摇的恐怖里，还说什么价值及意义呢？”[②]

于氏的破产绝非个例，而是时代特征和潮流。20世纪初，中国进入了破产时代。《沉默》中的表哥说：“谁想连年天灾这样厉害，土匪这样猖獗呢？你看富有之家，也不像从前那样阔绰了；中产之家，几乎没衣断食，也天天叫苦；穷人更可怜，安分的不知流离死落到什么地方去了，不安分的，不都变成土匪了吗？”[③]于氏家乡是天灾加匪患，别的地方可能另有原因，具体情况不同，但结果都一样，就是普遍破产。

生在这个时代真是不幸。

这就是于赓虞的出身。走下坡路也就罢了，却是大户人家的破落。这个落差的刺激分外强烈。

（二）上个学咋就这么难

于赓虞上过6个学校。

第一个学校是玉皇庙村的私塾。旧式教学，念了三年，离开时11岁。

---

① 《昨夜人梦》，载《于赓虞诗文辑存》，第49页。

② 《于赓虞诗文辑存》，第657页。

③ 《于赓虞诗文辑存》，第657页。

第二个学校是西平县立高等小学堂。新式教学，也念了三年，毕业时14岁。民国以后，新式的小学教育通常分初小和高小两部分：初小相当于完全小学的1到3年级，高小相当于4到6年级。于赓虞的学历是连新带旧一块儿算，以私塾代替初小。县城校方眼中的于赓虞是两种动物形象的混合体：野马和猴子。马，害群之马，专事捣乱破坏；猴子，鬼心眼多，逮着空子就使坏。二者均属不安定分子，秩序的对立面，自然也就被当作另类对待。于赓虞破罐破摔，不好好学习不说，还存心调皮捣蛋，也就加倍受压制。这样的日子不好过，苦闷之际想通过投军一走了之，不想满怀希望赶到招兵点，人家却撤离了，只好觍着脸回到学校，引来一片讪笑。

第三个学校是河南第一师范。于赓虞继续当他的害群之马，不过是升了格的野马。如果说从前只是玩闹的话，现在则带有政治色彩。他1918年入学，17岁，一年后即爆发五四运动。五四运动是中国历史的伟大转折点，如同背上猛击一掌，一下子就把中国社会推入现代的大门。于赓虞说："五四运动洗了我的糊涂思想，使我变成一个所谓新青年。"[①]他肯定是激进分子，参加甚至发起游行什么的，后因营救被捕同学，"学校当局以我为'害群之马'就把我开除了：与我遭同样命运的，还有十八位可爱的青年。"[②]离开一师时，于赓虞19岁。

第四个学校是天津南开中学。1921年20岁的于赓虞只身避走天津，栖身一家旅舍的潮湿房间，苦挨到秋季，考入南开。由于断了经济来源，大冷天还穿着单衣，只能以大饼果腹。穷并不可怕，让人受不了的是歧视：同学们给他安了个"疯狂"的头衔，令他情绪低落，神情颓丧。天津有条白河，他沿河狂走，披一身月色，说那"真是灰白的可惨"[③]。

第五个学校也在天津，名成美中学校。是从南开转的学，之所以进入成美，主要考虑的是谋生。它是教会办的，使用英语教学，学生排练话剧

---

① 《自传》，载《于赓虞诗文辑存》，第677页。

② 《自传》，载《于赓虞诗文辑存》，第677页。

③ 《自传》，载《于赓虞诗文辑存》，第677页。

都是英文台词，有一口好英文不难找个好工作。正是在新的环境下于赓虞开始了他的诗歌创作之旅，毕业时23岁。

第六个学校是大学，燕京大学，学的是国文。他离开天津到了北京，入校是在1924年，这时的他已经是诗人了，出版过诗集，还是文学团体“绿波社”的发起人，有相对固定的诗作发表园地。不过仍旧遭歧视，多半是因为土气，“在头发油光，漂亮脸子，满嘴洋话的教授（！）的眼中，我是蠢伯、劣等”[①]。咬牙硬挺，整整两年之后终于坚持不下去了，直接原因还是一个“穷”字，资助他上学的伯父难以为继，他只好退学当北漂，卖稿为生。这是1926年，他25岁。

对了，还有一个学校在英国，入学是在1935年，于赓虞34岁。这么大年纪还去留学真不容易。校名不详，有说是英国皇家学院的，也有说是英国伦敦大学的，不过肯定不是《围城》中的克莱登大学。由于校名不准确，又在国外，暂且不论。

于赓虞，这位未来的大诗人、大理论家，虽然小学、中学、大学、留洋一个不少，但念得磕磕绊绊，始终为经济所困扰，最后还是肄业。

对中国教育，尽管是效法西方的新式教育，于赓虞评价极低。县立高小是“监狱式的学校”，那里的教师“愚蠢、呆板、苛刻”。中学一样糟糕，“没有一个不带法利赛人的气味”[②]。法利赛人出自《圣经》，指以正统自居的秩序维护者，而这类正人君子通常都是假模假式的伪善者。其时正逢五四运动狂潮翻滚，“人”被凸显出来，学校当局不是顺应大势进行人文教育、传播人文思想，而是反其道而行之，镇压学潮不说，甚至鼓励学生告密，践踏人的尊严，被于赓虞称为“流氓教育家”[③]。大学一样可恶，说起那些嘴里滚动着流利英语、脸色光光的教授就不免想笑，于赓虞打心里瞧不起他们，真奇怪当初不知道中了什么邪，竟一门心思地奔北京读燕京大学。

① 《学校如皮鞭》，载《于赓虞诗文辑存》，第679页。
② 《学校如皮鞭》，载《于赓虞诗文辑存》，第679页。
③ 《月色朦胧中的白河》，载《于赓虞诗文辑存》，第660页。

后来于赓虞以教师为业，看得更清楚了。这样说：“七八年来，在高中、师范、大学教书，所看到的学校生活，似乎更透彻，更入骨些。在学生时代所不能想象的人间的丑恶，已一幕幕的放在眼前。办教育者，十之七八是刽子手，是野兽，教书者，十之八九是骗子，是误人子弟的蠢猪或狡猴，徐炳昶先生发誓不教书，不再帮助人‘杀’人，还不是给人深思的箴言么？”[①]徐炳昶，史学家、教育家，曾任北京大学教务长、北京师范大学校长。

于赓虞眼中，学校是魔鬼世界的一部分，“从小学到离开大学，所谓学生生活，于我成了惨痛的回忆。”[②]

面对如此黑暗的现实，于赓虞反倒生出一线希望，萌发了创办教育的想法，力图通过亲身实践做出一番样子。如果说做教师是不得已的谋生手段，那么办学则是自觉自愿的行为。主导思想很明确：“为‘人’而办教育，为‘文化’而办教育，从小学到大学，这高贵而有生力的精神，是被需要着的！”[③]用今天人们熟悉的语言说就是以人为本，以文化为本。这里的文化应该是现代科学文化。

他办了两所学校，都在家乡西平。一所是小学。祖居的玉皇庙村得名于村内的玉皇庙，此庙为供奉道教至尊玉皇大帝所建。于赓虞变宗教教化为人本教化，利用庙宇创办小学，校名就叫玉皇庙小学。由于贯彻人与文化两个根本，教学质量很高，培育了不少人才，玉皇庙村发展成西平的一个文化中心。另一所是中学。1940年于赓虞回乡养病创办的。正是这所学校给于赓虞带来牢狱之灾，断送了他本来应该有所作为的中晚年。

（三）娶了个背叛的爱妻

于赓虞一生有两次婚姻。头婚妻子的姓名籍贯等已无从考。关于此人，他对后代至亲从不提及，更别说透露个中情节了。过去整整一个世

① 《学校如皮鞭》，载《于赓虞诗文辑存》，第680页。
② 《学校如皮鞭》，载《于赓虞诗文辑存》，第679页。
③ 《学校如皮鞭》，载《于赓虞诗文辑存》，第680页。

纪，当年轰动一时的事件如今已烟消云散，玉皇庙村人仅仅听老人念叨过有这回事，再多就无人知晓了。

从前妻留下的女儿年龄推算，于赓虞的头婚大约在15岁，也就是他高小毕业后失学的那两年，两人是真正的少年夫妻。对于拿不起学费的家庭来说，婚礼可能相当草率，但小两口感情笃好。除了他们很快有了孩子外，尚可以诗为证："窗外梧桐树叶飕飕作响，/ 远近犬儿汪汪狂吠，/ 忆起那夜灯前别语，/ 那人儿便存于我晶莹的泪珠了。/ 我们同睡于广漠的夜幕里，/ 月儿一样，/ 星儿一样，/ 但梦会时总是含泪无语呵！"[①]诗发表于1923年。比较好的是这首（也写于1923年）：

绿生生的草儿徐徐在动；
翩翩的飞燕绵绵在鸣。
深碧的塘中的晚霞丝丝去了；
羞涩涩的皓月含笑般的来了。
沉眠寥寂的清塘呵，
在你的晶莹的玉体中
荡漾着醉我的人儿的娇影。
这般柔媚皎洁的月夜呵！

月光清露中在曲曲青霰的草径里
缓缓沉默的徘徊着。
低头看着绿叶上的孤影，
仰着看见蓝幕中的明月；
漫漫在翔的情丝
终究一缕缕的取集起来
寄于梦寐间会晤的伊人了。

① 《夜幕》，载《于赓虞诗文辑存》，第11页。

这般柔媚皎洁的月夜呵！①

这时于赓虞正在天津求学，边攻英文边写作，忙碌中还能情真意切地思念妻子，可见爱得很深。

然而，就在他写诗寄情的当口，少妇耐不住寂寞移情别恋。这在那个时代，特别是乡下，是惊世骇俗的大事，要承担极其可怕的后果。仅此即可断言，前妻不属于止经到木讷的传统女子，漂亮多情是肯定的，而且性格刚毅，行为果敢，也许还识几个字，甚至能与丈夫唱和，娘家很有些势力，足以与于氏相抗衡。

那么，于赓虞做何反应呢？

1927年，于赓虞曾经去山西太谷的一所中学教书，那里有个学生受不了失恋的刺激疯掉了，逢人便索要失去了的爱情，把全校师生追得乱跑。后来于赓虞把这个学生写入散文诗《魔窟流浪记》，说他死了，死于毒杀，像个圣者似的静静卧在山巅的古塔里。

写这个青年的时候于赓虞多半想起了自己。当然，他没有疯，更没有死。但是非常痛苦。其中，一半是爱情，一半是男人的自尊。这种痛苦折磨了他一生。

于赓虞是五四青年，思想西化，追求个性解放。高唱爱情自由的他如今身陷情劫，既放不下又必须放下，精神上的折磨可想而知。他1929年发表小说《失踪者的日记》，以第一人称出场，实则展示的就是这件事中自己的心路历程。得知妻子背叛，“前天，昨天完全过着酒的生活，醒了又醉，醉了又醒，现在不但感觉着外面的压迫日重，使我抬不起头来，心情亦日恶，不能再振作！我叹息我的梦，一个光明玲珑的理想，慢慢的变为一团黑暗的影子了！眼前只有空虚，未来亦渐渐生了菌，完了！”②妻子出轨的消息传来，天昏地暗，整个人塌了台。

① 《南郊晚步》，载《于赓虞诗文辑存》，第398页。

② 《于赓虞诗文辑存》，第675页。

于赓虞关于前妻的诗文直接和间接的当以十计。可分为四类：一是强烈的思念，一是汹汹的报复，一是自欺欺人的宽慰，一是哀婉的自怜。第一类谈过了，这里看后三类。

《失踪者的日记》开篇就是：“今天，我得到了意外的喜讯，因为我的妻逃了。”[①]老婆跟人跑了还高兴？是的，因为她纯粹是一只母老虎，每当我喝醉了酒，那狠毒的少妇就用抽牛的皮鞭打我，所以我早就厌烦这人了，她的出逃正好把我从人类制造的婚姻狱笼中解放出来，复归浩浩的自然之子。妻子肯定不是悍妇，也不搞家暴，鞭打之说其实是男人正在经历的心理磨难。这是说给前妻听的，走得正好，我正巴不得呢，早就想休了你。

所谓解脱不过是自我宽慰，他是硬充好汉。这样说服自己：“真正岂有此理，一个人为什么要一个女人，要永久占有一个女人，更为荒谬！我的妻之私逃，正中我意，因为我们的共同生活里，充满了悲剧的惨影，如此，或者个人能找到自己的幸福。”[②]这种西式思维是他这类五四青年必须具备的：分开得好，给双方重新选择的机会，会找到更合适的人；振作起来吧，新的更大的幸福在前方招手呢。

什么报复、宽慰都是表面文章，其实他伤透了心，曾经的爱妻权当死了。他这样唱：

> 星凭空，月高悬，我孤自徘徊于废墟之墓园，
> 孤魂萦绕在往日凭吊的桥栏，苍夜正阑珊；
> 为了爱我奔涉远山，险流，不知道霜雾凄寒，
> 她曾在那红楼倚窗辽望，痴想着我的归还。
> 而今孤坟上芳草萋萋，我不忍孤自来留恋，
> 恐怕惊醒她黄土下的灵魂之含泪的永眠！

---

① 《于赓虞诗文辑存》，第668页。

② 《失踪者的日记》，载《于赓虞诗文辑存》，第674页。

今宵，我醉意正阑，采结着黄花敬献于墓前，
这是主宰的惩创，这是爱神罚射我的毒箭。
东方有榴红的出现那是我怆痛的心肝，
点点血泪洒于芳草，听，她是永永不再归还！
无情的云天沉默无言，在此地我再无欢颜，
星凭空，月高悬，我似墓前之石像郁郁无言！①

过度的悲伤往往导致绝望，又唱道："我来自野郊的荒冢在残草下埋葬了爱情，/ ……苍色之情爱装饰了以往凋落寒霜之生命。"②他用苍色涂抹那场夫妇之爱。要知道那是一种怎样的颜色，不妨拣个初冬的早晨去外面看看霜打过的叶子，蔫头耷脑，青中泛黑，那是死亡之色。

经霜的花叶饱受阳光可能缓过劲儿来，破碎的婚姻也会出现复合的转机。得知于赓虞还乡，前妻来了，倒地不起。于赓虞问："你襟边遗弃了我的红花，/ 为何又蓬首垢面的跪拜我？……"同时答复道："灰化的万情已随流云逝去，/ 山风寒透心，苦栗，空漠……"③告诉对方，对她的感情已经冻结冰封，没戏了，去吧。

人很难绝情，特别是对于一个诗人，而且曾经爱得那么深。于赓虞有时也会想起前妻："旷野里我也披上了孝衣寻求——/ 寻求早已忍心弃我的伴侣……/ 故人，故人！何妨从坟墓下的/ 白骨中显一显旧日喂我的幽魂？/ 故人，故人！何妨将我的眼泪/ 渲染在你常常服用的皎洁衣襟？"④

当然这只是偶尔为之，更多的是观念的彻底倾覆。妻子背叛的打击实在太突然太强烈了，于赓虞性情大变，女人、爱情、家庭，从而延伸到整个世界，都被他视为魔域，即恶魔统治下的世界。"醒了——/ 醒于爱恋的梦幻，/ 我——可怜的我哟！/ 依然辗转于黑黝黝无定形的生命海中

① 《星凭空》，载《于赓虞诗文辑存》，第228页。
② 《葬情》，载《于赓虞诗文辑存》，第118页。
③ 《海天辽阔》，载《于赓虞诗文辑存》，第51、52页。
④ 《雪夜祭故人——迷途之羊之一》，载《于赓虞诗文辑存》，第403页。

呵！/ 庞杂而粗鄙的声调，/扰攘而肮脏的人物，/ 在在皆是。/ 遇着的是/ 阴险的野心家呵；/ 身受的是/ 病魔的践踏蹂躏呵！/ 悠悠而黑暗的前途哟！/ 何堪设想！/ 呵，宇宙——/ 名利的宇宙！/ 呵，人生——/ 痛苦的人生！”①

他不再相信女人：“爱之火焰烧毁了无数的欢愉的梦想，/ 少女之玫唇如乌鸦一样带来了不详。”②女人成了空虚、黑暗、枷锁的代名词，祈求上苍在自己的世界消灭女人，要不就把他变作一块毫无知觉的石头。恨极了竟然高呼：“杀尽天下之美女，毁坏了光阴之行律，今夜！”③

当然也不再相信爱情。

他眼中“情爱是一泓无底之苦水粉饰着美的颜色”④。是“毒药，利刃”⑤。“我做了一世的奴隶，受了一世的苦厄，为了那醉人的玫唇，微笑，而今我变成一架骷髅，一个孤魂！”⑥所以：“我将不以爱情为宇宙的至尊，/ 这冲突之心只歌唱骷髅之村！”⑦

但他还是恋爱了，而且结婚生子。这是于赓虞第二次也是最后的婚姻。

女方姓夏，名继美，又名寄梅。后者文艺范儿，而且有故事。她是北京女子师范大学的学生，与三·一八惨案的烈士刘和珍是同学。

于赓虞与夏继美结婚是在1928年，育有一女一子，女早夭，子亦育三子。两人很早就开始交往，至少在1926年已经是男女朋友关系。赓虞有个笔名东美，不知跟继美有没有关系。于赓虞是1924年到的北京，两人相识应该在这之间，也就是1925年。

可以肯定地说，这发生在于妻背叛之后。那首写妻子忏悔的诗大约作于1924年中秋，应视为他们分手的最后界限。于赓虞与夏继美的交往完全

---

① 《醒后》，载《于赓虞诗文辑存》，第389页。
② 《春之歌》，载《于赓虞诗文辑存》，第448页。
③ 《夜》，载《于赓虞诗文辑存》，第205页。
④ 《荒林》，载《于赓虞诗文辑存》，第191页。
⑤ 《恋想》，载《于赓虞诗文辑存》，第291页。
⑥ 《恋想》，载《于赓虞诗文辑存》，第291页。
⑦ 《醉后》，载《于赓虞诗文辑存》，第450页。

合情合理。其实这期间与之密切来往的女性不止夏继美一人，还有女作家庐隐[①]和石评梅[②]。他的第一部散文诗集《魔鬼的舞蹈》就是献给庐隐的。对石评梅，他投入得更多一些。石评梅去世，于赓虞悲恸不已，写了散文诗《献于评梅之灵》和诗歌《悼评梅》，未冠以评梅之名的几首诗也使人疑心倾诉的对象是这位才女："这异地的芷草与花香业已残消无痕/……那东方银灰的月色我忆念故人，/水天一色的远方正立着司爱之女神。"[③]"相伴的歌女，英雄如今业已死亡，流散！/……将一年来无人共语的苦难写于墓畔。"[④]这当然证明不了什么，但说于赓虞钦慕或者试图追求两位女作家恐怕也并不过分。

如此，他在爱妻背叛后不再相信女人和爱情之类就只是一个说法，一时的激愤之言。

那么为什么话说得那么绝，而行动却背道而驰呢？

前面引用的小说《失踪者的日记》设计了这样一个情节：头天还为因妻子出走获得解脱而庆幸不已的我，今天立马又动了色心，对方是个常在酒馆出没的小荡妇。我不由叹道："人种永远走不出情欲的狱范，我的妻子才逃走这样短短的时候，我的心就又生了翼。这两天我所感受到的自由之快乐，比诗人所描绘的天堂还美妙得多，我恐怕又要走入迷途，陷于幽森不拔的地狱，我于是自泣……"[⑤]

答案就在这里：情欲。不管女人把你折腾成什么样，也不管你认识多么深刻、下的决心多么大，最后都得举手投降，重入围城。正如佛家讲的轮回，你可以在六道中往返，或者下地狱，或者做畜生，或者再为人，或者进入天道，但绝对跳不出轮回。孙悟空再厉害也逃不过如来佛手掌。

于是，于赓虞话音变了："喝酒并不犯罪，一个人赤裸裸吐出他的思想

① 庐隐（1899—1934），女作家。著有短篇小说集《海滨故人》《曼丽》《灵海潮汐》，中篇小说《归雁》《象牙戒指》等。

② 石评梅（1902—1928），女作家。著有小说散文集《偶然草》、散文集《涛语》等。

③ 《芳草萋萋》，载《于赓虞诗文辑存》，第231页。

④ 《孤船》，载《于赓虞诗文辑存》，第233页。

⑤ 《于赓虞诗文辑存》，第670页。

并不犯罪，寻求灵魂的人并不犯罪，是以，我崇拜女人。”[1]追求女人与喝酒、思想、信仰一样合理，植根于人性。

所以人总是长不了记性，伤疤没好就忘了痛，吃二遍苦受二茬罪，吃三遍苦受三茬罪……

于赓虞诗作中，相当一部分属于爱情题材，不少是歌颂性质，如下面这首：

从暗苍的天幕我见你美丽的容彩，
但我这地狱业已生遍了毒菌苍苔。
如一个梦想者我虚度了一世生涯，
为的是等待沐浴于你的爱之光泽。

呵我的情人你为什么迟迟的不来，
在你的玫唇我该有一次毒醉欢快！
我的灵魂生了虫蛆即因我无情爱，
失去了你即是我可怜青春的巨灾！

我轻悄的向你致语宛如向神诉哀，
而你只沉默的并未给我星星欢快；
在凄冷阴森的苦寒我忍耐的等待，
将如在春天开过花的残茎的尸骸。

你像是皇家的公主而我宛如乞丐，
只有在你面前我如是的卑微怆恻。
为了你我做无知的圣徒向神膜拜，

① 《失踪者的日记》，载《于赓虞诗文辑存》，第674页。

在这地狱何时呀才能有你的神采！[①]

爱情是照亮人间地狱的朝霞，而情人则是带来欢乐永葆青春的女神，为此男人不惜做乞丐当奴隶。

回到首任。于赓虞与前妻恩断义绝，连她的姓氏都不屑提起，只有他们共同的女儿才令人忆起那段不堪往事。此女名于立人，这也是一个儒家名字，从《论语》的“夫仁者，己欲立而立人，己欲达而达人”演化而来，意即以人之为人的理想人格为准则打造和修正自己的人生。

前妻离开于家后，立人由祖父母教养，后被父亲接到北京读书，参加了一二·九救亡运动；1938年经组织安排前往延安，分配到新华社工作。与同是一二·九运动的骨干丁秀相识，两人于1942年11月在延安结婚。抗战胜利，于立人、丁秀于1945年底到达东北开展对敌斗争，后丁秀出任中共鞍山市委副书记。鞍山是当时中国唯一的钢铁基地，他们为恢复经济、发展生产辛勤工作。1953年11月18日于立人因先天性心脏病溘然长逝，安葬时骤降大雪，飞花满天，山河皆白。于立人生育两子，他们是于赓虞仅有的外孙。

（四）乡愁的悲哀

于赓虞的诗，乡愁环绕，亲情钉子般深深楔入。

于赓虞对故土的爱恋前面已有涉及，他创办的两所学校都在家乡，目的就是通过培育新式人才发展地方文化和经济，改良政治。故乡在他的诗中以九女山为象征，频繁出现，有首诗就叫《九女山之麓》。于赓虞乡愁很重，风声雨声会把他带回九女山下。更多的时候是在梦中，九女山蓦然闯入，让他亲切、温暖。但随后而来的便是惊惧、凄寒——曾经美好的乡土如今破产了，衰败了，正在一步步走向毁灭。

① 《黎明》，载《于赓虞诗文辑存》，第465页。

阴森的北风呵！
你吹我往西南，
踱过黄河，
路经漠海，
到西平九女山下。
呵！故乡，
一堆堆灰烬……坟墓的故乡啊！
离你才几天，
竟这样的苍凉，破荒！
我已看得……
我那……
往哪里去了！①

凄然的感觉已经说不出来了。梦中的故乡也一样：

在朦胧的梦幻里，
……
九女山旁的故乡呵！
怆凉，破荒！
只有一堆堆的坟墓了！
只有一堆堆的灰烬了！②

那么九女山什么样呢？

九女，道家女神。两种说法：一指九天玄女，不仅美丽而且很有本事，宋江就得她亲传天书三卷，从而获得替天行道的合法资格；一指玉皇

① 《那里去了》，载《于赓虞诗文辑存》，第377–378页。
② 《梦》，载《于赓虞诗文辑存》，第13页。

大帝的女儿，共九位，在天上待腻了就下凡转一圈。西平九女山应该是前者，一位神女，因为那山只是一座孤峰。峰用在这儿不合适，实则是一个山包，方圆2000余米，高不过百米。据说从前要高大些，后来被人瞄上开采石料，矮了一截。再后来发现汉墓，列入文物保护单位，这才安静下来。于诗中经常出现荒山老林中坟茔的场景，最初的来源恐怕就是九女山。看来，这里风水不错，自古便是安葬亡人的理想之地。

孩童和青少年时期的于赓虞经常去九女山，有时白天，有时夜晚。读于诗，似乎玉皇庙村就在这座山的山脚下，其实不是，两地相距足有八里地，步行要用去将近一个小时。中国文化蕴含山岳情结，山离天更近，所以崇拜山，山愈高声誉愈隆。九女山虽然不高，但很显眼，西平一马平川，铺到这里戛然止步，被突兀一峰劈面拦堵，地势陡然爬升。山包南边是七八里宽的缓缓坡地，再过去就是连绵大山，重重叠叠，无边无际，那是著名的伏牛山脉。玉皇庙村所在地叫出山镇，也就是出伏牛山遇到的第一个市集，人们在这里歇脚打尖，市集终于发展成大镇。

九女山与伏牛山之间的那片缓坡也有故事，主角叫韩非。他是战国七雄之一韩国的公子，西平属韩国，多半有韩非家的封地。游学之后他回到家乡著书立说，地点就在那片坡地上。秦王嬴政读了他的文章，佩服得不得了，提兵临韩，索要韩非。韩非劝说嬴政保留韩国，全力对付赵国，嬴政觉得这个书呆子跟自己不是一条心。这时韩非的同窗好友李斯出场了，说：既然大王不用这个旷古奇才，留着干啥，难道让他给别人出力来对付您吗？于是嬴政把韩公子下了死牢，李斯派人送去毒药，走投无路的韩非只好自尽。据说韩非的族人把遗体运回安葬，地点就在九女山。韩非读书时常常登上一处高台眺望，为纪念他后人把高台叫“孤愤台”。韩非著书五种，首种名《孤愤》，以这两个字命名非常恰当非常传神。他恨啊，死不瞑目。

韩非是法家集大成者，法家的全部理论和实践都建立在“人性恶”的基础上。韩非总结人性，六个字：“非名之，则利之”，不是追名就是逐利。于赓虞历经磨难，对人性、人生、世界的看法趋于恶评，故而才有“魔鬼诗人”一说。打通古今，许是巧合，许是冥冥之中隐藏着某种玄机。

故乡与亲情是捆绑在一起的，两者一而二、二而一——一些外文的故乡单词直译就是父母之邦——所以于诗才把九女山与亲人融为一体，同吟同唱。“九女山旁的人儿，/ 却阵阵波动我的心弦了。”这说的是妻子。接着是母亲：“别母亲时的眼泪一眶，/ 背地里再也擦不干了！ / 呵呵，原来母亲的泪，/ 早已包渗在行装里了！ / 心里的母亲，/ 月里的母亲呵！”[①]还有与母亲一起的父亲：“唱起忆乡的悲歌，仿佛/ 恳恳切切告诉黄河彼端九女山旁的父母说：/ ‘你们的献儿现时/ 仍然在这里——/ 辽辽的异乡生活着……’”[②]献儿是于赓虞的乳名。

其他亲人也在牵挂的名册上。除了前面提到过的叔叔外，还有哥哥和表兄。“相思——/ 相思苦酸的罗网，/ 永远，永远密密的缠绕着。/ 二哥哪里去了？ / 表兄哪里去了？ / 你们知不知苦酸坑中的弟弟，/ 还正在人间的牢笼呢！”[③]二哥名赓勋，表兄名国俊，三人起小一起长大，他俩前两年里先后死去，令赓虞无限伤怀。

这种对故土亲人深深的依恋是儒家文化的一个要素。相对于今天说的爱，中国古代叫“仁”。仁是人的本质性提炼，从根本上说人即仁，就是说只要是人一定怀有仁心，区别仅仅在于多寡、自觉与不自觉。仁的精神是爱，孔子提倡“泛爱众”[④]，普遍地去爱一切。这个一切可分为两大类：一是人，一是物。人当以亲人为首，其次是乡人，再次是国人；物也分远近亲疏，标准是与人的感情强度，其中以故乡为首。这种级差划分体现着“礼”的原则。礼的一大特点是等级性，人以及物按照与主体的关系被安放在不同位置上。

于赓虞是儒家文化熏陶中成长起来的。尽管他秉承五四精神高呼打到

① 《异乡》，载《于赓虞诗文辑存》，第3–4页。

② 《告父母》，载《于赓虞诗文辑存》，第406页。

③ 《痴视》，载《于赓虞诗文辑存》，第9页。

④ 《论语·学而》。

孔家店，其实骨子里浸透了孔孟之道。特别是在人际关系方面，无论是在诗作中还是实际生活中，总是不经意地流露出来。

无比爱恋故乡，故乡却饱受恶势力的摧残而日益凋零；无比爱恋妻子，妻子却移情别恋弃他而去；无比爱恋父母，父亲却陷于毒品不能自拔毁了身家性命；无比爱恋亲人，亲人们却一个一个相继而亡：于赓虞的爱有一种悲情意味，用他的话说苦苦的、酸酸的。

（五）酒徒加病夫

中国文人自古以酒为朋，纵酒、嗜酒、醉酒都不是个事，那是个性的张扬，自由的飞升，本色的展现，是一种情调、气象、态度。

秦末刘邦起兵，最讨厌儒士，嫌他们头戴高帽光说不练，常常一把扯下人家帽子朝里面撒尿。这天郦食其求见，刘邦正在洗脚，听说来了个大儒生，不耐烦挥手道："去去，爷哪有工夫跟读书人扯闲篇。"使者传达给郦食其。老先生勃然大怒，手按剑柄瞪眼喝道："给我再通报，就说你老子我不是书生是高阳酒徒！"高阳，古乡名，在今河南杞县西南，是郦食其家乡。使者惊得手中的名片都掉了，跪地拾起，跌跌撞撞跑进军帐，报道："不，不不得了，来人是天下壮士，吓得我竟然拿不住名片，说'你老子我是高阳酒徒！'"刘邦忙擦干脚，吩咐请客人进帐。酒徒比文士好使。

魏晋士人虽然没有这般气势，但真喝真醉，没个人样，全然不顾世俗后果。人家阮氏一族用的是大酒缸，众人围坐一圈面对面狂饮。猪也赶来凑热闹，长嘴伸进酒缸里吧唧吧唧。人们把上面一层酒舀起泼掉，继续接着喝。他家的阮籍名列"竹林七贤"，上书求调步兵校尉，就因为打探到衙门里存放着几百斛酒。邻居有个漂亮小媳妇，当垆卖酒，阮籍常常跑去买酒，喝高了就往她身边一躺。如此荒唐也没人指责，反倒传颂古今，把阮氏说得跟哲学家似的。还有陶渊明，不想当官却做了彭泽县令，吸引他的是100亩公田待遇，可以种植高粱，然后酿酒一醉。

到了唐宋诗人词客那里则雅致了许多：善诗词者同时好酒，诗和酒不离不弃相辅相成，“李白斗酒诗百篇”[①]即是证明。李白作诗天下第一，称诗仙；喝酒也可谓天下第一，送他酒仙也不为过：“钟鼓馔玉不足贵，但愿长醉不复醒。古来圣贤皆寂寞，惟有饮者留其名。”[②]看穿了世事人情。

于赓虞秉承前辈遗风，与酒伴终身，自称“酒徒”。除文化传统外还有两个因素，一是尽遇糟心事，几乎就没有顺利的时候，借酒浇愁；一是家乡盛产酒，物尽其用，现在出山镇就有一家相当规模的酒厂，牌子还挺有名。

他坦承自己好酒，声明生来就不是什么文质彬彬的雅士，而是狂放不羁的野人：“唯有酒对于我是宽大的。酒之颜色酒之香味，对于我有超乎一切的魔力。”[③]“这又是一个醉酒之夜，也是我的生命中最生动的时辰：可以舞剑，也可以作曲；可以沉默微笑，也可以放怀高歌。”[④]酒使他成为主体，随意支配自身，自由自在。

即使在他初到天津一贫如洗的时候，也控制不住花钱买醉。酒入愁肠，面对中秋圆月，只觉得冰寒彻骨，竟在上面看见了父母的眼睛。于是踉踉跄跄走上白河堤岸，荒草漫漫，野径幽幽，夜空朦朦，本打算醉后投河的，结果醉得过了头，一觉睡去，醒来又不想死了，权当死过一遭。

他为酒专门写了一首诗：

　红酒，红酒，我的生命，
你的香艳宛如女人的玫唇；
　一杯，两杯，满瓶已尽，
现在才知你之可贵与鲜新。

　饮罢，饮罢，我的好人，
有谁能享受自己真的欢运；

① 杜甫：《饮中八仙歌》。
② 李白：《将进酒》。
③ 《失踪者的日记》，载《于赓虞诗文辑存》，第672页。
④ 《〈文学〉创刊前言》，载《于赓虞诗文辑存》，第738页。

吻罢，吻罢，时已飞迸，
现在才知生命之来路无痕。

红酒，红酒，我的生命，
在此宇宙你以外我无知心；
一杯，两杯，满瓶已尽，
现在才知你将消散如流云。①

在于赓虞那里，酒与生命画等号：是好友，是知交，是自己；最贴心，最可信，最和谐。他的世界透着凄凉，举目四望，寻不到一个可以换命之人，只好投向酒了。

这么喝酒肯定伤身，况且于赓虞身子骨本来就弱，用乡下话说是个“病秧子”。秧苗自带病毒或者遭了虫害很难缓过劲儿来，不管怎么侍弄也壮实不了。他的诗文让人明显感受到这一点，不时出现“因病不能尽意”“赓虞在病中”“赓虞在病中校后写”等字样，并且满怀歉意地向朋友解释：“病魔缠着我！所有的功课，都已牺牲，故每天没有工作。”②“你给我的信，因病魔的关系，医生的玉言，不得不，不能不草草看了一遍。”③

糟糕的身体状况严重影响创作。“我很想写篇论文，这强烈的信念，竟被病魔所征服了！脑筋麻痛，信都不能写，何况其他？”④“文章虽然写成，但是从此旧疮复发，不能行动，在病榻上，我校这篇文时，流着伤心的哀泪。”⑤

这还是在家里，赶上出门情势更加险恶。他曾在回西平老家的路上发病，到了郑州走不动了，差点把自己撂那儿。还有去山西太谷任教的那次，

① 《红酒曲》，载《于赓虞诗文辑存》，第74页。
② 《写诗的讨论一》，载《于赓虞诗文辑存》，第516页。
③ 《写诗的讨论二》，载《于赓虞诗文辑存》，第518页。
④ 《写诗的讨论二》，载《于赓虞诗文辑存》，第520页。
⑤ 《诗之艺术》，载《于赓虞诗文辑存》，第599页。

几乎都在病中苦熬，病得最重时竟然打算放弃生命，写了遗嘱。正是这个经历使于赓虞真切认识到病人的不幸，他最关注的唯有自己的生命，什么理想、事业统统都是多余。病人宛如一只无舵的孤舟在汪洋里漂泊颠簸。

于赓虞患的什么病没有透露。不会是某一种病，似乎哪儿都不合适。借用他散文诗《空梦》中的话："我正患着无名的剧病，生死之界限像是无边之惨雾，模糊黯淡不分明。"[①]他是一脚留在生门，一脚踏进死门，可谓病入膏肓。

他痛恨自己身体不争气，还是借用散文诗的话，视其为"灵魂辗转的地狱"[②]。说得哲学一些，身体是他的地狱。这个表达接近佛家了。

拖着病躯，即便是英雄也活得分外艰难。

像一头疲病的狮子，伸首
探望着山麓食草的老牛，
心冒着火，眼流着泪，四肢
无力似飞鸟失去了双翅！
暗云霎时从山上猛然奔
下，远远近近老天的嘴吞
去了光，咽下了牛，只剩下
身边几株枯树，嶙嶙石崖，
同心里无力的焦躁。愤怒
与力被病魔从口中吐出
又咽下，被玩弄着好像泥
在雕工的手里。最后一息
也只以回忆欺骗着现实，

① 《于赓虞诗文辑存》，第158页。

② 《人散了》，载《于赓虞诗文辑存》，第160页。

听山雀嘲笑着他的聋痴！[①]

更何况于赓虞不是英雄。

（六）知行不同步的矛盾体

于赓虞的确不是英雄，他以狮子自喻，尽管是病狮，其实相去甚远。英雄最基本的一条是心大而行坚，于赓虞的心是够大的，但行动不同步，关键时刻上不去，甚至落荒而逃。

前面说过，他认为现行教育是魔域，管理者是刽子手、野兽，教师是骗子、蠢猪，称赞徐炳昶是好样的，这位教育家发誓不教书，不再帮助学校杀人。这个认识够深刻的，可谓字字见血，再加上他试图以开创人本主义的新式教育取而代之，可以说是雄心勃勃，狮心昭昭。

然而于赓虞还是做了教师。

他的教师生涯始于1922年，21岁，属于勤工俭学性质。那时的他是天津南开学校的贫困生，做的是家教，辅导代数几何。这对到县城上了高小才学算数的他并不轻松。

正式以教书为业是5年之后的1927年，26岁。那时他做北漂，卖稿为生。老友焦菊隐[②]见不是办法，给他找了个中学教师岗位，不过在山西太谷，叫铭贤学校。山高路远，本就不想离开京城，路上又遇到打仗，于赓虞感觉特别不好。到了学校感觉仍旧不好，教了9个月的书病了9个月。

回京是1928年，还是焦菊隐拉他一把，进北京二中教国文，老友在这里当校长。任教的同时还兼两份课，一份在北平中华戏曲学校（可能是代庐隐讲文学概论），一份在河北省立十七中。

两年后于赓虞又离开北京，前往孔子老家曲阜的师范学校任教。这次是主动离京：他与夏继美的孩子刚出生便患黄疸病夭折，两人决定离开伤

① 《生活》，载《于赓虞诗文辑存》，第469页。

② 焦菊隐（1905—1975），中国戏剧家。翻译了《契诃夫戏剧集》。先后导演《龙须沟》《茶馆》《蔡文姬》等，著有《焦菊隐戏剧论文集》等。

心之地。这一年于赓虞29岁。

很快于赓虞便由山东去了开封，在省立第一高中停留了一下，落足于河南省立第一师范。这是他的母校，当年曾因闹学潮赶走了他，现在邀他回来当老师，教的还是国文。于赓虞一干就是四年，这在他教师生涯中算是较长较稳定的了。1935年去英国留学，离开一师，这一年他34岁。

1937年中国抗战全面爆发，于赓虞回国，受聘于设在开封的河南大学。烽火中学校搬迁，他随之奔波，最终转移进伏牛山区。那里阴寒湿冷，于赓虞风湿复发，1940年回到西平玉皇庙村养病。不甘寂寞的他筹办中学，不想施工中出了人命，便匆匆离开老家前往洛阳谋生。

又是焦菊隐，时任西北大学文学院院长，写信叫他去，就这样于赓虞1942年到了学院所在地陕西省固城县。这回不教国文改英文。他本来学的就是英文，又在伦敦留过洋，还翻译过书和诗歌，英文水平应该很高。不久焦菊隐离开，于赓虞接任文学院院长，这是他这辈子当过的最大的官。同在固城的西北师范学院也请他去讲英文，可见这门课教得不错，出了名。

挂上这个关系，于赓虞的岗位调到西北师院，随学校迁到兰州。他不光教英文还拾起老本行国文，是双料教授，同时担任英文系系主任。这回轮到于赓虞出力了，把焦菊隐请来做教授。

1945年抗战胜利，于赓虞南下开封，回到河南大学教书。内战爆发，学校又开始搬家，于赓虞也被抛入新一轮动荡。新中国成立，终于安定下来，但于赓虞个人却没有迎来岁月静好。当年建设家乡中学死人事件被翻拾出来，1953年他被判刑入狱，公职自动解除，不再是河南大学的人了。于赓虞的教师生涯画上句号。

与前妻背叛时发誓赌咒与女人以及爱情一刀两断却又反其道而行之一样，于赓虞也没能学成徐炳昶。前者的根本原因是人性，后者的根本原因是生存。就他的条件而言，最适合的职业无疑是教书，他总不能弃之所长去从事他干不了或者干不好的职业吧，特别是在那个无比艰难的时代。我们不应该也不能苛求于赓虞，只是想以此表明他属于思大于行一族。这其实是知识分子的通病。这方面于赓虞已经做得不错了，他毕竟办了两所学校。

教师是于赓虞的职业，他还做过编辑和出版，基本上是兼职。

他参与的第一个刊物名《诗坛》，是文学团体“绿波社”与天津《新民意报》合作的产物。作为“绿波社”的主要发起人，自然要负些责任。

第二个刊物叫《中州文艺》。说是中州其实地点在天津，是在津读书的几个河南同乡联手创办的，为首的是于赓虞。

之后是《诗刊》。创办人是当时的小人物后来的大人物闻一多、徐志摩、于赓虞几位。这时的于赓虞已经是燕京大学的学生了。他们与北京《晨报》合作，刊物全名应为《晨报副刊·诗镌》，但大家习惯称《诗刊》。

第四个刊物名字繁复，《世界日报副刊·文学（周刊）》，是文学团体“无须社”与《世界日报》共同开辟的园地。于赓虞是这个团体的创始人之一。

再下去是《鸮》。鸮即猫头鹰，在西方是智慧的象征。希腊神话中司智和司战之女神雅典娜手持长矛，肩膀上立着的就是猫头鹰。战斗是勇敢加智慧。《鸮》是“无须社”的另一种刊物，合作方是《河北民国日报》，所以全名为《河北民国日报副刊·鸮》，于赓虞承担编辑职责。

第六个刊物名字有点佛学味道，叫《华严》月刊。这是一本同人杂志。几个人合伙办一家书店，字号“华严”，就手出一本刊物，由庐隐和于赓虞具体操作。

接下来是《银砂》，办刊地点河南开封。这应该是于赓虞从山东转往河南之后的事，他是三位主编中的一个。

第八个刊物是于赓虞几人与《河南民国日报》的合作，名《河南民国日报副刊·平沙》。

接下来是《风雨周刊》，宣传抗日推动救亡，地点开封，于赓虞任编委。

第十个叫《笔阵》，是甘肃《和平日报》的副刊，于赓虞任主编。这是他随西北师范学院搬到兰州之后的一个兼职。

于赓虞最忙的是1928年，本职工作是北京二中国文教师，同时兼任两份课，还兼办《鸮》和《华严》两种刊物，共承受5种责任。

需要提及的是，与以上兼职不同，于赓虞还做过专职。办学致死人命，他出走洛阳，落脚的是河南省印书馆（局），出任总编辑，这时是1941年。印书馆是河南教育厅下属单位，负责人（经理）是小学教育科的主任科员。主要出版教科书，还办了两种与教育相关的期刊：一种名《新教育》，服务对象是教师；一种名《新儿童》，是给小学生看的。于赓虞具体负责业务运行，做得有声有色，结果只干了一年左右便遭解聘。

起因是人事。

于赓虞有个学生叫赵悔深，又名李蕤，笔名赵初、华云，左联成员，担任胡愈之、范长江组织的国际新闻社洛阳站站长，1940年因共产党嫌疑被逮捕，关押在洛阳北窑劳动营。赵悔深出狱后投奔于赓虞，被安排接手《新儿童》。除此之外，于赓虞还去参加营救进步学者嵇文甫的活动，他们曾一起办过《风雨周刊》。这下惹恼了国民党当局，印书馆不敢再用他。

这可能是于赓虞经历中的特例。他常常是事到临头三十六计走为上计。

他亲手创办了诗歌阵地《诗刊》，在上面发表了多首诗歌，这些作品后来收入诗集《晨曦之前》。可他越来越觉着不称心，自己与《诗刊》创作理念日益不合拍。诗友们对他也有看法，认为于诗的格调太过低沉。一种孤独感油然而生，于赓虞索性选择离开，就此割断了与刊物的联系。要知道此时的他以卖稿为生，失去发表平台将造成怎样的被动？然而还是离去了，他要的是心情，是自我。

这才有了去太谷教书的后续。然而还是不称心，水土不服有一点儿，但不是本因，正是处处都别扭，才觉得环境跟自己过不去，结果又选择离开。朋友好不容易介绍来的工作就这么丢了。其实，他的走，主要是出于人事，跟铭贤学校的当权派合不来。与离开《诗刊》时一样，他并没有找到下家。结果无处可去，只好返还河南老家住了两个月。

事情远没有结束。经过不少合合分分，他再次出走。这里指的就是办学死人事件。作为学校筹备和建设的召集人、实施人，肯定是要承担责任的，但他怕责任，更不愿意陷入麻烦，所以采取回避态度，扔下工程一走了之，为后来的更大麻烦乃至灾难埋下了伏笔。

缺什么就追求什么，于赓虞特别羡慕勇武，幻想自己仗剑走天下："诗与酒与剑已为我的生命想象的妆饰。"①这是李白的形象啊，左手诗右手剑，治国平天下的架势。

他渴望战斗，总结道："一部人类史即一部战斗史"，高叫："人生就是战斗。"②这等于说，放弃或者脱离战斗的生活不是真正的人生。他嘲笑孔子和亚里士多德这两位中西文化的代言人，说他俩"所主张的'中庸'至德，只应是一种理想"。他认为斗争才是真幸福，呼吁"将一部人类战斗史改为一部幸福史！"，主张"由奴隶的记录，改为'人'的记录"，意即以斗争取代中庸，说这"是文化斗士的职责"。最后是呼口号："以牙还牙！为真理受苦！为真理战斗！为真理微笑！"③

然而冷静下来回头掂量掂量自己，能做到吗？他曾经战斗过，然而大败而归，毕竟缺少英雄的坚韧，"我亦变为颓败之英雄！"④，这属于命中注定，是"命运下陨落之英雄"⑤，终归以"我为失意的英雄"⑥而收场。他知道自己做不成李白，缺少英雄的底子，最终摇头叹道："怯懦的我呵。"⑦象征英雄的剑只能入梦了："酒一瓶，诗一卷，沉醉里将美梦付予宝剑。"⑧

这就是于赓虞，一个知行不同步的矛盾体。

（七）站在自我的脚跟上

于赓虞的行动为什么跟不上言论呢？因为他给自己设定的目标太高

① 《长逝》，载《于赓虞诗文辑存》，第104页。
② 《以牙还牙主义》，载《于赓虞诗文辑存》，第681页。
③ 《以牙还牙主义》，载《于赓虞诗文辑存》，第682页。
④ 《修道者的忏悔》，载《于赓虞诗文辑存》，第139页。
⑤ 《夜思》，载《于赓虞诗文辑存》，第99页。
⑥ 《血流的梦幻》，载《于赓虞诗文辑存》，第435页。
⑦ 《我怕》，载《于赓虞诗文辑存》，第20页。
⑧ 《夕阳残了》，载《于赓虞诗文辑存》，第216页。

了，他根本迈不过这道槛。声明甚至发誓抵制女人及爱情，这个门槛不高吗？鼓动甚至号召与教师职业相切割，这个门槛不高吗？高唱斗争甚至倡导以牙还牙为人生真谛，这个门槛不高吗？很高，不要说于赓虞了，就是换了更厉害的人怕是也得妥协。

高门槛后面是极端性思维：天下女人都靠不住，爱情带给人的只是小快乐而终究归于大痛苦；学校乃是魔鬼的地盘，管理者大多是刽子手，教书者大多是骗子；人类的别名叫斗争，无论是人类史还是个人生活史都是斗争史。凡此种种，不是全盘否定就是全盘肯定，激进、无情、斩钉截铁，不留丝毫回旋余地。于赓虞思维中，不存在着这样说成立那样说也成立的态度，不存在着既可以这样看又能够那样看的方法。他看不起中庸，讥笑这样的思路不过是空想，现实中根本行不通也根本找不到。总之，于赓虞的观点非常鲜明，表达非常清晰，论述非常明确，见不到一点犹豫迟疑、模棱两可、似是而非。他的文章给人以干净利落而又底蕴深厚的感觉。

对于他的极端性，老友赵景深①就进行过委婉批评。起因是探讨作诗的规律。于赓虞看重内心激情的强度，认为，当感情喷涌而出，推动作者不得不、不能不去抒发，这时候作出的诗句分量最重，流动着魔力，令读者不觉怆然涕下。于赓虞特别强调，如此创作才能避免无病呻吟这个创作之大忌。赵景深回信答："你说内情奔放汹涌写出的诗，悲乐都至极处，才是你的主张；我却有一点疑惑。内情奔放写出的诗自是好诗，但那平淡的含义深远，像朗弗落②那样寂静的情感，不知写出来能算诗否？我以为与其说内情奔放汹涌，不如说情之真切要好些。"③一个主张诗情激烈，要的是极致，侧重量；一个主张诗情适宜，要的是真切，侧重质。如果划标准的话，于赓虞执着于一端，赵景深则是中庸。说真的，赵景深的观点四平八

---

① 赵景深（1902—1985），戏曲史家、戏曲理论家。早年从事小说、诗歌创作。著有《宋元戏曲本事》《中国小说丛考》《中国戏曲丛谈》《元明南戏考略》《曲论新探》等。

② 朗弗落（Longfellow，1807—1882），今译"朗费罗"。美国诗人。代表作长篇叙事诗《海华沙之歌》是美国文学中第一部关于印第安民族的作品。

③ 《写诗的讨论三》，载《于赓虞诗文辑存》，第525页。

稳，面面俱到，还真难驳倒，然而在实际创作上意义并不大，也就是没有多少实战性。于赓虞才是真功夫。

其实很多时候极端性恰恰是创立事业的必需。于赓虞曾与人策划创办刊物，想了几个名字都不满意。其中一名《南风》，于赓虞觉得不够劲儿，从反面联想到《北风》，顿时来了灵感。"《北风》要冷，要锐，要把人们的血液刺出来！要把那无用的机关吹裂，片片的掉下来，要把那纤彻骨骸暴出来。"[①]于赓虞是对的：北风虽寒，但给人感觉强烈；南风虽暖，温吞吞令人昏昏欲睡。

于赓虞本人就是北风，从来不去迎合谁讨好谁，批评起人来生冷坚硬。

郭沫若，新诗头号权威，人们追捧的对象，每有作品问世，必有人迎上去吹捧，连称深刻。于赓虞却大摇其头，说根本不是那么回事，此君近来的诗作与其创造社同仁王独清、穆木天、冯乃超相比明显退步。

梁启超（号任公），国学权威，文化改良学者，中国文化走向现代的推手，学界最受尊敬的人，于赓虞也要讲上一两句。于赓虞说，国人没有创造力，必须死记硬背大量的古文古诗打底子，然后才敢去写文章，所以充斥着对前人的抄袭和剽窃，却美其名曰模仿优秀，并且沾沾自喜而视为上档次，似乎不走这个程序就成不了绝代文豪。接着笔锋一转，对准梁启超，说先生是中国人，当然也免不了这个毛病。这等于说梁启超侵犯前人知识产权。随后还来一句，任公您老别介意，我一个小人物再怎么着也损害不了您如日中天的权威。

这是对大人物敢于出声，对小人物也不放过。

有个王希和，出了两部书，一名《诗学原理》，一名《西洋诗学浅说》，作者栏分别填的是编和著。这引起了于赓虞的不满，发现后者其实是一位美国教授《诗学导言》的译本，明明是翻译过来的，却说是自编和自著，不是欺世盗名吗？所以于赓虞送他一个"野"字，叫野译，既偷偷摸摸又错误百出。于赓虞说，瞧瞧人家郑振铎，名声比你王希和大得多，他

① 《北风之先声》，载《于赓虞诗文辑存》，第774–775页。

的《文学大纲》即先声明是以纯克瓦特[①]的同名著作为蓝本删节、增益而成，这就叫光明磊落，而你不过是文学上的盗贼。至于我于赓虞，知道自己分量不足，学养有限，只能博览不能立言，所以我的书定然标明为译。

在这种场合，也只有在这种场合，于赓虞可称斗士，眼里不揉沙子，绝不中庸。

极端性往往与自我视角联系在一起，是固守个人经历的产物。对异性以及爱情的怀疑来自前妻的背叛，对教育的妖魔化来自学校的歧视乃至迫害，对人生即斗争的认识来自于诸事不顺的挫败和苦楚。而以极端面目示人，也往往是坚持和张扬自我的需要。《北风》的冷调和强刺激宗旨为的是打造与众不同的刊物风格，铸成《北风》的自我。

培养和坚守自我是于赓虞的生命哲学，无论是做人、行事还是治学和写诗无不如此。他的诗即便不标名字也能够一眼看出是于诗，他的诗论即便不说作者也能够推断出自于赓虞之手，总之他的作品个性极其鲜明。关于自我的地位和意义后面的诗学部分还要专门讨论，这里只概括的提一下。可以用一个词总结于赓虞，即“主体性”，说得具体些就是：为人处世上的独立性、学术理论上的独创性、诗歌创作上的个人性、作品情思与形式上的自由性。他的全部人生以及三观，都建筑在自我的基石上。孔子是“立于礼”，于赓虞女儿是“立于人”，于赓虞本人是“立于我”，他站在自己的脚跟上。

特立独行是于赓虞在这个世界上的存在方式。“黑暗长途只我个人孤行”[②]，“在此孤寂寂的幽境，我缓缓独行，自歌自应”[③]，“冷静的途中我个人踽踽独行”[④]，“风沙中，雪雨中，踽踽的独自步行，低吟”[⑤]，“在黑纱的天宇

① 纯克瓦特（Drinkwater,1882-1937），今译“德林克沃特”。英国诗人、剧作家、评论家。1924年出版《文学大纲》（*The Outline of Literature*）。

② 《寄到天堂》，载《于赓虞诗文辑存》，第133页。

③ 《毁灭》，载《于赓虞诗文辑存》，第108页。

④ 《葬情》，载《于赓虞诗文辑存》，第118页。

⑤ 《仿佛孤帆在烟波里》，载《于赓虞诗文辑存》，第59页。

下踽踽独行”[①]……踽踽，形只影单，小步慢走，凄凉、孤寂、无助是一定的，做什么都要付出代价，坚守自我也一样。

于赓虞很清楚这一点，他早有准备，哪怕牺牲也绝不出让自我。

悲哉！惨黑之山道上只我个人酩酊，独行，
挽不回的青春如一尸体正沉默于夜茔；
从此我嗟叹着去了，无论走入地狱，天宫，
将一切贻于人间之废墟，辗转骷髅之冢。[②]

这是豁出去的节奏啊，一个坟间夜道上的独行客，葬送了青春如今又押上包括生命在内的一切。

（八）罪徒

于赓虞晚年最大的不幸，也是一生中最大的不幸，即判刑入狱。

事情的起因前面提到过，是办学出了人命。按照一般说法，大致过程是，1940年于赓虞回乡养病，发现当地仍旧存在上学难问题，学生小学毕业后难以继续学业，没有中学可上，于是便萌生了创建中学的想法，校址选在出山镇，叫出山中学。这个倡议得到当地上层人物的积极响应，形成了以于赓虞为核心的办学同仁组织，成立了董事会，推举于赓虞为董事长。运作很顺利，校舍开工。

为解决建设工程用水，于赓虞委托其族叔负责打井，结果一个民工落井遇难。他的家人寻上门来，双方意见差距过大，根本谈不拢。矛盾无法调解，麻烦不断，令于赓虞头痛不已。于赓虞无法继续工作，便采取回避的办法转移到洛阳。

多年后，新政权取代旧政府，时过境迁，按理说事情应该已经自然消

① 《骷髅上的蔷薇》，载《于赓虞诗文辑存》，第98页。

② 《山头凝思》，载《于赓虞诗文辑存》131页。

解，不想旧事重提。1953年，有人出面告发家庭成分为地主的于赓虞欺压百姓，致人死命。当时于赓虞住在开封，在河南大学教书。法院裁定于赓虞有罪，1954年2月判处有期徒刑10年，这时于赓虞已经52岁。于赓虞不服，上书申诉，法院受理，认为量刑过重，酌减4年，改判6年。

这里有一点需要更正，还有一点需要说明。

需要更正的是，那口井其实不是工地所凿而属于农户私有，工地的堆料场紧邻他家菜地，水井的位置就在双方交界处；落井者也不是民工而是菜园干活的人，至于他是怎么掉下井的是一件无法说清的事，可能是地方狭窄自己滑落的，也可能是施工时被挤坠落的，所以出现了双方各执一词、无法协调的局面。

需要说明的是，举报者不是事主而是办学同仁。此人属地方知识贤达，对于赓虞这个外来和尚始终心存嫉妒，对方眼界比他宽，人脉比他广，知识比他深，名气比他大，拥趸比他多，呼声比他高，心理不平衡是自然的。加之经营共同事业难免会产生分歧，言语之间或有不当，不知道哪句话就得罪了人，心生愤恨也是自然的。如果对方人品可疑，或别有所图，嫉妒恨就会把人推向极端，采取出格举动。这是一个“人性恶”剧情。

这就是于赓虞被判刑入狱的真相，事由是办学，起因是死人，关键是遇人不淑。

即便改判6年徒刑，于赓虞也不服，还是上诉，申明不平。他是文人，写诉状自然不在话下。也许是他在狱中表现良好，也许是狱方觉得他确实冤枉，没等坐满6年牢便提前几个月解除监禁。这时是1959年末，回到开封家中的于赓虞已经是58岁的老人了（当年还是人生七十古来稀）。

对诗人、文士来说，坐牢是一件很屈辱的事，于赓虞当然不甘心，继续上书申诉。还请求原工作单位河南大学出面配合，但因案发地是西平而并非河南大学，名不正言不顺，河南大学爱莫能助。再说这是一件积案，其中关键细节根本无从查起。结果事情便拖了下来，越拖越久，越久越无望。

面对僵局，于赓虞无可奈何，内心悲愤、烦乱、绝望，加上本来就体弱多病，这么硬撑了几年，于1963年8月14日辞世，终年62岁。

于赓虞把世界视为牢笼，把人生喻为监禁，还喜欢自称“罪人”：“我像是湍急中流的罪人披长发惋叹”[①]；“罪人曰”[②]；“我身披蓝衣来此海滨在忏悔，在洗涤作人的深罪/ ……感谢我的神这不赦的罪人还有机会来看星海如玉”[③]，等等，最后于赓虞真的坐了牢，真的成了罪人，而且不赦。悲乎哀哉！

> 诗骸，诗骸，静静的睡去吧，不要在此霜雪的夜深思归，
> 如今我正摇舟于险恶深谷之毒水，从无人安渡其内。[④]

二、悲苦的命运

（一）患难之子

于赓虞推崇法国近代画家让·弗朗索瓦·米勒。米勒来自乡野，是农民的儿子，又长期住在农村，以农民及其生活为题材创作了不少传世之作。其中一幅名《晚祷》，画面居中是一对农人：农妇侧面，肩背微躬，头颅低垂，双手交叉胸前；农夫正面，手里捏着摘下的帽子，同样低垂着头——他们在默默祈祷，空中传来低沉的晚钟。大地阴沉厚重，地平线上露出教堂半明半暗的尖顶，大半个天空放出明亮而沉甸甸的光晕。

于赓虞为什么颂扬米勒？因为“米列是终身与苦难搏斗的农民画家。人类逃脱不了苦难的磨炼”。米勒也一样，“苦难就形成了他的生命之意义，生命之伟大”[⑤]。

于赓虞写过两首名为《晚祷》的诗，分别收进诗集《晨曦之前》和

---

① 《血流的梦幻》，载《于赓虞诗文辑存》，第435页。
② 《文艺观念十家言》，载《于赓虞诗文辑存》，第697页。
③ 《苦水》，载《于赓虞诗文辑存》，第110页。
④ 《祭诗》，载《于赓虞诗文辑存》，第92页。
⑤ 《米列自画像跋》，载《于赓虞诗文辑存》，第755页。

《骷髅上的蔷薇》，大约是向米勒致敬吧。

于赓虞从米勒的画作和经历中看到了自己，上面的话实际上也是对自己讲的，终他一生其经历不过是苦难乃人类宿命这一论题的小小注解。他说，自己所走的道路太窄，太苦，根本无幸福可言，病痛的纠缠已经让他感到生命不堪重负，如今的一系列变故让他不断受伤，苦不堪言。个人给社会为奴已经几千年了，到他这里不能再继续下去了，于是他奋起抗争，然而却每每遭到迎头痛击，留下无数惨痛的暗影，灵性慢慢地也就被剥蚀掉。这种麻木状态更是惨不忍睹。

随便从经历中截取一段即可看到于赓虞是多么悲催。那是1928年年底至1929年年初，他正在写诗论《诗之艺术》，不知发生了什么，他竟然回不去自己的家，新婚不久的妻子哭着要去跳海，他只好跑到工作单位北京二中避风头，一夜没睡硬是完成了书稿的第二节。之后他转往西平老家，传言追着说他是共产党。恐怕遭到地方缉拿，结果他只住了一夜便匆匆离去。他与父母已经几年未见，如今只能与病中的二老忍痛作别。他记得很清楚，走时正值午夜，满天繁星闪烁。回到北京后仍旧摆脱不了困境，窘迫不已，想写一份不是共产党的声明都做不到。

就像长久的阴霾使人忘记了晴朗而下意识认定明天仍旧是阴天一样，于赓虞形成了随时准备接受更大更深苦难的心理。用他的话说就是“我追悼着过去，伤感着现在，恐怖着将来。”[①]

江心中惨雾冥冥，只我这旅船在慢慢的行，
四周有着黑暗的影，这舟船像是一个幽灵。
这长波之歌吟漫和着江岸之芦声与天风，
我镇静的苦泪慢慢消失于黯雾中之惨梦。
一片秋声使我从激流惊醒，月色无限朦胧，
星子点点，未知船儿已过何处，向那里进行。

① 《月色朦胧中的白河》，载《于赓虞诗文辑存》，第660页。

烟波万里不曾破灭我的安静，捣毁我的梦，
从梦里生，从梦里死，看过了万枝千色落红。
我，我不曾如那旷代悲观的诗人自书墓铭，
在这漂泊的船头将于烟雾中失去了痕踪。
行！行！天知道，在前边有更险恶，黑暗的苦境，
我将以一杯鸩酒自祭我飘渺江心的魂灵。[①]

除了苦难还是苦难，由于还抱着梦想，落差更大，这太令人沮丧了，于赓虞动了服毒自尽的念头。

他没有去死，因为忽然想通了苦难乃生活的本质，乃人生之常态，只要做人就得承受苦难，就得浸泡在苦水中。

于赓虞没有造假，魏晋名臣羊祜云：“人生不如意事十之八九。”南宋文豪辛弃疾作词曰：“叹人生，不如意事，十常八九。”天真少男少女以为世界围着自己转，哪里知道这是自欺欺人。实际上，合心意的事最多占一成，其他都跟你别着来，所以你烦，你悲，你痛心疾首，恨不得一把火与周围同归于尽。

人类即苦难，人生即地狱，这个认识已经入了佛道。佛家有“苦谛”一说，所谓关于苦难的真理。简要说就是，生命归之为生老病死爱恨情仇的诸项，哪一个把人引向的都是苦海，是以苦海无边。苦难能躲开吗？躲不开，因为一，你的人身具有感受性，就会感受到痛苦，这叫“受苦”；如果是砖瓦木石，即便粉身碎骨，也不会有痛苦，因为没有感受力。因为二，你的生存环境世界本身就是一个制造和提供苦难的处所，它充溢着欲望，其中的种种事物都刺激着生命的冲动，引诱人们去追求。因而苦难是本质性的，只要来到世上，不分贵贱、贫富、老幼、男女一律饱受折磨。佛家说人天生就长了一副“苦”相：眉眼像是草字头，鼻子好比十字，嘴

① 《江心中惨雾冥冥》，载《于赓虞诗文辑存》，第222页。

巴就是最下边的那个口。

于赓虞接受了这个解释，说上帝“将人脸上铸了个苦字。”[①]佛家不是为了苦难而讲苦难，它的目的是通过揭示苦难的本质性使人认清自己的处境，以豁达、超然的心态对待人生，从而获得升华以摆脱烦恼，进入岁月静好。于赓虞将苦难作为他的诗歌的一个永恒情思，不排除也有这个方面的考虑，但更多的是自我经历的记录和自我感受的抒发。他是诗人，不是哲学家和政治家，更不是革命家。

于赓虞从血气方刚走来，不甘心，抗争过，结果却碰得头破血流，不得不向苦难命运俯首称臣。“自有生之始，我即服了人间痛苦的毒药，生命即浮上暗淡的黑云，那光明的青白之世界，已遗失于不可知的梦境。以我痛苦之声，表示我不堪容忍这地狱的灾害，表示我平静光明之世界的残灭。但是，我已深坠于无底的黑暗之陷阱，落于命运之掌心，将永远不能自拔，因为，我已是一个不能自救，无力自救的奴隶了。”[②]

人人都在苦海中，区别只是深浅而已。于赓虞就属于陷入较深的不幸者，说自己背负着他人负不起的“刑链”，所以伤情更重更久。他与花树比试：“我耻笑那自开自落的蔷薇，/ 她不如我的悲哀永不凋蔽。”[③]他开放的是永恒的悲之花。

由于经受的苦难太多太重，苦字在他作品中的出现也就格外频繁，而且编排出众多词组。比如：苦人，苦泪，苦思，苦梦，苦笑，苦栗，苦情，苦战，苦吟，苦境，苦狱，苦厄，苦运，苦酒，苦汁，苦海，苦霜，苦风，苦寒，苦烈，苦毒，苦酸，苍苦，酸苦，烦苦，孤苦，悲苦，等等。

如果从中挑一个用在于赓虞身上，可选“苦人”；如果挑两个，可再选“悲苦”。前者说的是人，后者说的是生。于赓虞是苦人，所有痛苦角色他都扮演了；于赓虞的一生是悲苦的一生，苦树悲花。这两个他都接受，后

---

① 《世纪的脸》，载《于赓虞诗文辑存》，第344页。

② 《沉默》，载《于赓虞诗文辑存》，第274页。

③ 《地狱里的春思》，载《于赓虞诗文辑存》，第455页。

者已经说过，前者他这样唱：“残草上徘徊着我永世孤零的苦人！”①

人类即苦，他更苦，是苦中之苦，这种状态谓之惨。这个字于赓虞用得更多。诸如惨笑，惨恸，惨鸣，惨歌，惨愁，惨声，惨泪，惨唤，惨哀，惨韵，惨栗，惨寂，惨忆，惨痛，惨动，惨情，惨死，惨杀，惨害，惨逝，惨战，惨暴，惨败，惨毁，惨灭，惨毒，惨天，惨夜，惨光，惨雾，惨风，惨流，惨狱，惨刑，惨迹，惨刻，惨转，惨变，惨毁，惨遭，惨乱，惨陨，惨入，惨梦，惨病，惨影，惨苦，惨淡，惨然，惨酷，惨烈，惨绝，惨厉，惨色，惨黑，惨白，惨红，伤惨，黯惨，寒惨，痛惨，悲惨，凄惨，丑惨，羞惨，暗暗惨惨，惨惨，惨毙了，等等。

所以他自称“患难之子”②。

（二）一生漂泊

孤独的漂泊着，
很兴奋地奔往墓的世界。③

夕阳残了，荒途上只我疲惫的旅人。
……
寒月暗了，荒途上只我疲惫的旅人。④

就这样走啊走啊，不知从哪里来也不知到哪里去，就是走，一直走到死。于赓虞以第一人称出现在诗里，说自己是“路人”⑤“流浪人”⑥“天涯沦

① 《秋途》，载《于赓虞诗文辑存》，第415页。
② 《寒夜》，载《于赓虞诗文辑存》，第664页。
③ 《漂泊》，载《于赓虞诗文辑存》，第7页。
④ 《疲惫的旅人》，载《于赓虞诗文辑存》，第115页。
⑤ 《古庙之夜》，载《于赓虞诗文辑存》，第83页。
⑥ 《送君流落天涯》，载《于赓虞诗文辑存》，第152页。

落的人”[1]。

旅途凄苦，危机四伏。于赓虞有一首《迷途之羊》歌咏的就是这种境况。一只羊在风雪中迷失，不见青草，荆棘刺穿了皮毛，滴滴鲜血染红了白雪。近旁是凄厉的北风，远处传来阵阵狼嚎。当然旅途中也有欢乐，但倏忽即逝，愈加衬托出艰辛漫漫。

于赓虞的漂泊感主要来源于三个方面。

第一个方面，生存的奔累。于赓虞家境艰难，无所依持，只能自己拼搏。他是读书人，学的文科，就业道路狭窄。他比大多数同类强，除了做教师还能写作，亦可从事编辑工作。写作从来就不是一种可以维持生存的职业，只是一种爱好或事业，除非你搞出几本畅销书，否则是做不到卖稿为生的，所以作家历来被称为穷作家。

教师岗位不少，但求职者众多，要想谋得一个稍微理想的教职不是容易事。于赓虞燕大退学后，做了半年北漂，才获得第一份教职。尽管远在山西太谷，人生地不熟，但还是咬牙去了。九个月后坚持不下去返回北京，幸运进入北京二中，这才算安顿下来。人逢喜事精神爽，一下子竟兼了两份课和两本刊物的编辑——他需要钱，此时正值新婚，必须承担起家庭开销。然而好景不长，孩子夭折，换个环境前往山东曲阜，还是人生地不熟，遂转往原籍地河南开封母校执教。终于等来出国留学机会远赴英伦，总算镀了金，可国家破了，抗战全面爆发。他匆匆赶回，上不了前线就好好培养抗日人才吧，便进大学做教授。战场形势严峻，学校迁徙，他也进入动荡生涯，西去陕西固城，又进入伏牛山区，最后到了兰州才驻足。抗战胜利又逢内战，跟着任职的学校南迁苏州。解放后才回到河南开封，不想自己却入了狱。

这就是于赓虞的一生。只是因为求职便辗转于河南、天津、北京、河北、山西、山东、陕西、甘肃，中间还去英国跑了一圈。他没有自己的根，在一个城市待不长，少则几个月多则几年，颠沛流离，浪迹天涯，漂

① 《天涯哀曲》，载《于赓虞诗文辑存》，第126页。

泊四方，一辈子待得最长的地方竟然是监狱，将近6年。

今天的人很难想象那个贫穷动荡年代旅程的艰辛，没有飞机，坐不上火车和汽车，很多时候靠的是两条腿，能搭上马车就算是不错的了。于赓虞有篇散文名《难途》，写的是他赴第一份教职路上的感受。他是含泪离京的，跟着一个骆驼队骑在骆驼背上。臭气熏天，魂都被呛跑了，只剩身体浑浑噩噩混迹于其间，食欲消失，便以开水维持生命。夜宿河北正定，为在肮脏的茅草店里挨过漫漫长夜而喝得大醉淋漓，却无法入睡，只好睁着眼看月光移动。起大早赶路，一出城即上了前线，两支军队对垒，杀气腾腾。旅途的折磨令人精神极度颓丧，觉得是死是活已经无所谓，所以并不恐惧。到了石家庄总算坐上宝贵的火车，却也高兴不起来，迷迷瞪瞪的麻木劲儿还没过去呢。火车沿石太线在群山中蜿蜒穿行几百里，傍晚时分抵达太原，住进正规旅馆，这回高兴了吧？不，仍旧一醉方休，因为不愿意跟同路人打交道。半夜被噩梦惊醒，枕畔泪痕斑斑。披衣徘徊楼廊，月色皎皎，想起自己遭受的不公正待遇不由黯然落泪。天亮后继续乘火车，午后终于到太谷。在学校住下，结果夜里又醒了，这回是因为悲哀，是难过醒的。

旅程是漂泊，安顿下来还是不安。得到第一份稳定工作，按理说应该感到踏实，他不，仍旧“在渺茫中，宛如一个无舵的孤舟漂泊于汪洋”[①]。

于赓虞的漂泊感是人生层面的，所以才时时处处觉得像是在流浪，而与是在路上还是在家里的具体状态无关。这是我们要说的第二个方面，他把整个人生视为一次地狱之旅。

漂泊是于赓虞的命运，如他所说“赐我漂泊之上帝”[②]，所以他的“生命永远立于漂泊的船舵”[③]。由于相信漂泊是自己的命，便生出一种处事不惊的坦然：

① 《寄到凤山之麓》，载《于赓虞诗文辑存》，第781页。

② 《春夜曲》，载《于赓虞诗文辑存》，第128页。

③ 《送君流落天涯》，载《于赓虞诗文辑存》，第153页。

他仿佛已得了人生完满的快慰：
虽说在灰色城圈的肮脏旅舍中
已被强盗劫掠搜察了他所有的一切；
但待他既露出瘦削灰白色的膀臂后
看看并没有什么深刻的伤痕；
于是自己笑了笑，披上靛蓝色的布衣
又很兴奋的奔向他的旅程去了。[①]

于赓虞的漂泊感很大程度来源于探索。他穷学生一个，家里无权无势，也没有可利用的关系网，没有谁给他设计、安排好生活之路，一切都得自己闯荡。即便这一切翻转过来顺风顺水，于赓虞也不屑于利用，他是一个自我性非常强悍的人，绝不接受摆布，绝不跟在别人后面亦步亦趋，哪怕踏上别人曾经走过的路也不甘心，一定要选择自己独特的道路，走出于赓虞特色。由于没有预设，没有重复，他形容自己的旅途是黑色的，根本看不清，是一个“异代的游客”[②]在“黑暗中摸索”[③]，以“我是黑黯长途的摸索者”自喻[④]。

以上是具象的漂泊，看得见，摸得着。下面要谈的是无形的漂泊，即精神上的流浪。这是于赓虞漂泊感的第三个方面，也是最重要、最深刻、最有意味的方面，表现为对人生方向的寻找以及信念的树立。

于诗常常把人带进迷茫氛围，给人一种失魂落魄的惊恐与无助。“我的着了灰色丧衣无处殡埋的灵魂”[⑤]，举目四望，却不知把自己的灵魂安置何处。找不到安放之地的灵魂是“沦落之魂”[⑥]，只能看着它在世俗世界随波逐

① 《秋蝉·五、旅客》，载《于赓虞诗文辑存》，第402页。
② 《慈悲的时代》，载《于赓虞诗文辑存》，第278页。
③ 《天使在流云》，载《于赓虞诗文辑存》，第143页。
④ 《梦痕》，载《于赓虞诗文辑存》，第146页。
⑤ 《晚祷》，载《于赓虞诗文辑存》，第111页。
⑥ 《疲惫的旅人》，载《于赓虞诗文辑存》，第115页。

流，一点点沉没下去。

与此相关的则是人生方向的迷失：

一叶孤舟，
漂泊于渺茫汪洋，
踌躇的舟子，
只有四顾彷徨。
去路呵……[①]

往哪里去呢？不知道。只是走，不辨方向，不识前路。于赓虞的漂泊感不单是无定的流落，还有无明的迷茫。

他需要一个精神家园。

这就牵涉到信仰问题。于赓虞的信仰是什么？他有信仰吗？

第一问的回答很模糊。

于赓虞可能曾经是基督徒。证据有三个，全部来自他作品的字里行间。第一，《学校如皮鞭》中谈起他的中学生活，最后说："因为想到外国去，所以不能不装糊涂，结果，凭了耶稣之名，我才拿到了允许进大学的那张可恶的纸。"[②]燕京大学是教会大学，由美国和英国基督教会联合创办，基督徒在入学方面是可以得到照顾的。此前在《月色朦胧中的白河》中他曾写道，当众人齐唱赞美歌时，唯独他一人在心里痛恨上帝，因为正是这位无所不能的神使自己漂泊穷困无地容身，尽管当时他不是无神论者——这似乎是在教堂里进行弥撒的场合。这两个材料多少透露出于赓虞入了教。而他就读的天津汇文中学校（成美中学校）是美国基督教美以美会主办的，课程设置强调宗教教育和英文教育。第二，说："我亦是亚当及夏娃

① 《无题》，载《于赓虞诗文辑存》，第14页。

② 《于赓虞诗文辑存》，第679页。

的后代”，[1]这是教徒的习惯说法，一般人不这么讲。第三，在太谷教书期间，他从失恋的那个学生（基督徒）身上看到了教会的失职，说：“我要个人的自由，生命，事业，努力，没有闲暇去祷告上帝了。”[2]看来此前他是要进行祈祷的。

即便于赓虞是基督徒这一条坐死，似乎跟信仰关系也不大。因为他信教主要出于功利目的想找个靠山，并非真正信仰，并且后来不再祷告上帝。

他曾经被怀疑是共产党，那么他信奉共产主义吧？也不信。这里最有力的证据就是反对普罗文学，虽然有几个左翼作家朋友，如丁玲、胡也频等，但绝不认可他们的文艺观，反对文学与政治挂钩，更反对给以工农为主的底层做代言，在自己与左翼之间划下一道深深的不可逾越的鸿沟。这样的立场绝不会站到无产阶级一边，当然也就不会去为共产主义而奋斗。

“五四”一代对西方情有独钟，于赓虞亦如此。他倡导学习西方，说自己不光相信读书，而且相信读外国书，并且要多读、精读，非如此不能启示我们以更深厚的思想、更雄伟的人生去做人。还告诉青年，在西方哲人艺术家群体中，你会找到最亲切的导师。这其实是矫枉过正，对传统文化的激进反叛，而且仅仅限于文化层面，不涉及社会改造和政治经济理想。这样的知识分子当年不少，所谓自由主义者，看重的是个人权力。与其说这是一种信仰还不说是一种生存方式。不错，于赓虞执着自我，但自我不能成为信仰，因为自己信仰自己乃同义反复，信仰的对象一定大于自我。正如前文说过的那样，自我只是他认识自己和外界的基石或出发点。

还有一种可能，于赓虞与绝大多数同胞一样，以中国传统价值观为人生依托，间或求神拜佛。这一条也不能成立。作为“五四”一代，以打到孔家店为己任。关于这点后面谈诗论时可以看得非常清楚，故而是应该排除掉的。最多他潜意识里留有仁义礼智信，但理性绝不会去追求。至于佛道，某些方面有共同语言，却一定不会作为信仰，他毕竟是西化了的人。

---

① 《灵与肉之灾祸》，载《于赓虞诗文辑存》，第302页。

② 《寄到凤山之麓》，载《于赓虞诗文辑存》，第782页。

第二问，于赓虞有信仰吗？回答是始终没有建立起来。看看他诗中精神的无助状态就清楚了：如果信仰明确的话，绝不会“拔剑四顾心茫然”（李白：《行路难》），迷失于人生方向中。所以他说自己是“漂泊千古，彷徨千古而无归宿的人！”[①]终身都在漂泊，终身都在彷徨，是迷茫的流浪者。

正是这种状态，决定了于赓虞的探索精神，一切都是未知，一切皆有可能，抱着一颗不安的灵魂去寻觅诗歌、人生、真理，永不停息。

“我为一世殉道的怪徒。”[②]他是殉道者，但不是圣徒，因为没有信仰，所以在众人眼中有点搞怪，自己看着也挺怪，索性自称“怪徒”。

（三）永世孤独

独踽街衢是于赓虞作品中反复出场的一个意象。比如，“冷冷寂寂只我在黑纱天幕下之街衢缓行”，一个人夜里从街上慢慢走过，拖沓的脚步声越发显出道路的空冷；“暗淡之路灯下四周锁着惨愁之天色无明”，几盏路灯放出的朦胧光亮立即沉没在夜色中，越发显出周边的黑暗；“前行前行冷寞之气随惨愁之落叶而栗动”[③]，除了飘零的落叶什么也看不到，越发显出前程的渺茫。街衢、夜幕、路灯、落叶衬托着一个独行客，铸就了于赓虞的又一种状态——孤独。

如果把背景置换成荒郊、旷野、山间、悬崖、墓地、湖畔、大海、天涯，那么我们就可以得到于诗中演化出的一系列图景，当然主角不变，始终是孤身一人。于赓虞非常孤独，“无人亦无鬼，只我孤零一人”[④]，最后连影子都要离去。正如前面引用过的“残草上徘徊着我永世孤零的苦人”[⑤]所言，不是一时一事的孤独而是永生永世的孤独。

用哲学语言说，孤独是本质性的，意即人一定孤独。萨特就是这么讲

① 《天使在流云》，载《于赓虞诗文辑存》，第143页。
② 《血流的梦幻》，载《于赓虞诗文辑存》，第436页。
③ 《冷冷寂寂》，载《于赓虞诗文辑存》，第209页。
④ 《放浪者》，载《于赓虞诗文辑存》，第500页。
⑤ 《秋途》，载《于赓虞诗文辑存》，第415页。

的，人茫然四顾，根本找不到可以依持的东西，所谓选择没有支撑点，他只能靠自己。庄子从另一个角度讲孤独，说事物一旦形成，便与其他东西有了界限，这个边界不可能拆除，也不可能彻底打通，除非他不再做自己。由此可以说，孤独是人的存在方式，当然也是于赓虞的存在方式，他把自己的孤独状态和孤独感凸显出来并且放大，精心打造出一种诗意形象。与漂泊一样，孤独跟一个人待着还是和他人在一起没有关系，是一种内在状态。

于赓虞的孤独感跟他的自卑有关。

他说自己出生的家庭虽然不属于幸福家庭，但父母对他还是蛮爱护的，就这样糊里糊涂地念完了乡下以及县城的小学。后来看到有些人把自己的童年塑造得如同鲜花一般，便不由得“感到惭愧”，又看到一些诗人打小便以诗作来证明天生不凡，也感到自己跟不上趟儿。

在天津求学期间，断了经济来源，虽然没有落到食不果腹、衣不遮体的地步，但也差不了多少，而同学们一个个衣着光鲜，精神抖擞，混在这样的公子堆里让人“觉得寒伧”。形容那时的状态，于赓虞用了“心情是日日的低沉，思想是日日的颓败”的词句，说“眼前完全被黑暗所充塞”[①]。

学会了写诗，也发表了不少作品，于赓虞来到北京读大学。他一定没少受教授们的气：这个又穷又土的文青不入他们的眼，被视为“蠢伯、劣等”，以至于后来回忆起这段生活时无情地讥讽教授们是外表看着气派非凡却肚里空空如也。

学校给于赓虞的感觉是屈辱，无处不在的自卑感追随着他。由于自卑，他不愿意与人交往懒得与周围沟通，从而变得格格不入，日益把自己封闭起来，切割出去。他这样总结燕大那两年：“现在回想大学生活，还难免出一身臭汗！”[②]脸红耳热，不堪回首。

于赓虞的孤独感跟他的特立独行有关。

---

① 《月色朦胧中的白河》，载《于赓虞诗文辑存》，第661页。

② 《学校加皮鞭》，载《于赓虞诗文辑存》，第680页。

他从不循规蹈矩，与众不同使人们把他当作另类。小学时候的他是野马和猴子，进了师范升格为害群之马，到了天津又多了重身份：疯子。他顺坡下驴，索性大大方方接受下来：

世人都说你是疯了，过客，
这讽讥，冷嘲，曾否飞跃于眉梢？
此时向你面颜上粉饰着苦笑，
夜半风声漫和你寒胆长啸……[①]

还写诗颂扬之：

无数，无数的世人儿都说我已疯了…………
这正是薄暮，冷风，枫林寒森的山径，在这里
我试跃荒谷，腾飞青空——一片荒漫的幽情；
　　迷濛濛的重雾冥濛着山影，
　　但远远处分明是沧海，青松；
　　　　沧海，青松；
　　　　生之活跃，永永，永永…………[②]

疯子有着奇思异想，上天入地，生命力爆表。说一个人是疯子那是夸他。

除了具备洪荒之力，疯子还是自由的化身。于赓虞有首诗就叫《疯者》，讲的是一个逃出牢笼的疯汉，手舞足蹈，回过头朝囚院高呼："呀呀，还我生命，还我自由，/ 此生呀，永永不再做囚犯！"[③]疯子眼里没有规矩，也不知道守规矩，所以是第一批冲决罗网不做社会奴隶的人。

① 《孤零的过客》，载《于赓虞诗文辑存》，第411页。
② 《仿佛孤帆在烟波里》，载《于赓虞诗文辑存》，第59页。
③ 《于赓虞诗文辑存》，第64页。

于赓虞把自己想成如同独来独往的天马一般的怪客，吃了人间毒草，疯了，却获得了不羁之力——谁也治不住的力量。他开始屠杀罪恶深重的人类，扬言如果上帝不思悔改，连他一块儿解决，摆出一副彻底摧毁旧世界创立新世界的架势。这个大毁灭中也包括他自己。在另一首名为《春之歌》的诗中，借着万物复苏的机会，他仰天呼吁："嗟夫，苍天，请将我的肉体和灵魂毁伤"①，借此来个自我更新。

是够疯的。谁敢跟这样的人交朋友？不孤独才怪。

于赓虞还被人看成傻子，不分黑白，不辨是非："我的眼睛瞎了，不能分辨惨黑与鲜红。"②也是，他不同流俗，有自己的观念和眼光，别人认为对的他说错，别人认为错的他说对，成心跟人别着来。用现在的话说就是杠精，你愿意身边总站着一位唱反调的人吗？

于赓虞的孤独感跟他的沟通不畅有关。

特立独行往往造成误解，这就需要沟通，但于赓虞怎么也打破不了人与人之间的那道壁垒。讲三件事。

第一件事，初到北京。于赓虞1924年进入燕京大学，时23岁。北京不同于重工商的天津，乃千年古都，文化荟萃，人才济济。青年诗人顿时沉默了。面对如此宏阔景象，叹道，世界是如此之大，人物是如此之多，深感自己根本排不上号，渺小得很，顿时便沉默了。加上本就不擅言谈，"所以，就几乎变成了一个孤独的人。孤独！在孤独里生活，在孤独里思索，抚摸着从社会碰来的满头血水，写着自己的诗"③。不善言谈是事实，但更深的原因恐怕在于不想交际，确切说是对人际交往怵头，人家还没有表示出轻视呢，自己先就自行惭愧，向后退缩。

第二件事，对待朋友的批评。于赓虞的作品朋友们是有看法的，以赵景深和沈从文为代表。前者认为于诗"潮湿"，后者说"阴暗"，一个意

① 《于赓虞诗文辑存》，第448页。

② 《春》，载《于赓虞诗文辑存》，第119页。

③ 《世纪的脸·序语》，载《于赓虞诗文辑存》，第308页。

思，湿即阴湿（这个词于赓虞用过，说的是墓穴。见《哀曲》），都落在阴上。通俗讲就是缺少阳光，套用今天的词叫负能量过剩，所以读起来令人心情沉郁、低落，提不起精神。于赓虞当然不接受，这里的分歧很复杂，从诗歌创作理念、实践、写作方式、审美观到个人生活等各方面都存在着差异，是需要沟通的，然而于赓虞却不去交流，说："这，我无从辩解。"仍旧持回避态度。接着说："倘若朋友们看了《剑与泪》，《世纪的脸》，也许他们会疑我不曾在太阳以下生活过，不知道人间有享乐的幸福，然而，这正是我的生活。还有那些讥笑我过于感伤，没有'健康'情调的人，也就无异于说我抹了诗神一鼻子灰，这，也用得着忏悔吗？平凡的人只有一个不聪明的孤独。"[①]也就是与朋友疏远，以孤独对待之。

第三件事，脱离《诗刊》。于赓虞到京后，结识了徐志摩、闻一多等人，于是志同道合的几个人与《北京晨报》合作在副刊版面开辟诗歌园地，取名《诗镌》（即《诗刊》）。于赓虞主张诗应该追求内容与形式的完美结合，然而在他看来《诗刊》却日益偏重形式，只求外形的工整与新奇，忽视内在生命的内涵，即使有所表现也是蜻蜓点水般的应付，最终走上形式主义道路。这个意见他谈过，但没有引起重视和共鸣，反倒收到一堆意见，说他的诗作情调过于伤感，不健康，属于无病呻吟。这种情形使他感到自己与诗友之间存在巨大鸿沟，越发觉得无论在生活上还是创作上都格格不入，结果不久就退出了《诗刊》。意见不合就分手，所谓道不同不相为谋，还是老办法，以孤独御之。

可以说，于赓虞是诗歌创作领域的孤立主义。"我是一个孤独的人。无论在诗的内容和形式上，我都没有伴侣。孤独的生，孤独的写作，孤独的死，也并非完全没意义的事。就以这样的孤独的情思作为创作的内容，所以曾得了不少受苦闷压抑着的青年的同情，也受了不少公子哥儿或有某种见地的人的嘲笑。在我，同情与嘲笑都给我可感的激励。"[②]这也是他的创作

① 《世纪的脸·序语》，载《于赓虞诗文辑存》，第311页。

② 《自传》，载《于赓虞诗文辑存》，第678页。

道路还有人生道路越走越窄的一个根本原因。

与认定漂泊是命中注定一样，于赓虞也认定孤独是自己的宿命。“上帝赐我这命定的孤单”[①]，“将无有归宿之心付与了命运”[②]。找不到或者不知道回家的路在哪里，存在主义把这叫无家可归，是现代社会的普遍现象，与孤独同义，其中包括了精神偶像（信仰）崩塌的那些人。

于赓虞孤独地来，孤独地去，故自称“孤人”[③]。

（四）终身失败

以世俗的标准来衡量，于赓虞是一个失败者。

这点前面已有所涉及：成家家不成，妻子跑掉了；办学业不成，中途死人了；合作事不成，半截撤出了；朋友处不成，不久散伙了；英雄当不成，斗场陨落了；日子过不成，最后入狱了……似乎没一样干得成功。

他把自己的以往比喻为秋天，落叶萧萧，落满墓地，不由大发感慨：

> 魂呵，这漂泊，战斗，终于为了谁？
> 好梦已似枯萎蔷薇上的露水！
>
> 往日如一绮梦，空惆怅，长逝于秋风，
> 青春，希望老了，今已是颓败的英雄。
> 现在，听，秋声，看，秋景，这主宰的恩宠，
> 笼罩着昔日的灾祸如落日之惨红！[④]

于赓虞并非顺民，逆来顺受，也曾英雄般奋争过，战斗过，然而被打得人仰马翻，用他的话说遭到“惨杀”。令人悲愤的是这些刽子手却装扮成

① 《血流的梦幻》，载《于赓虞诗文辑存》，第436页。
② 《醉后》，载《于赓虞诗文辑存》，第450页。
③ 《哀曲》，载《于赓虞诗文辑存》，第468页。
④ 《秋途》，载《于赓虞诗文辑存》，第414页。

天使模样，假模假式地以善的名义行刑，其实它们后面站着的是恶魔，致使被害者有理没处讲，有冤无处申。这样的现实真让人泄气，于赓虞悲观地说：“我曾有梦，与别人一样，但终于涂于古堡之斜阳。我亦有生命，但还不如马蹄下冤鬼，在秋雨之夜尚能做一两声惊人之嘶鸣。”①

回望来路，于赓虞用了这样一句话：“灰色不堪救药的往年！”②除了憎恶别无他哉，太失败了！

失败对于赓虞的打击并非仅仅停留在事件层面，而是狠狠地砸在意愿深处。美好的愿望碎了一地，令人备感疼痛。他有首诗这样唱：

花影洒遍了梦中的倦躯，寒露沾衣，
偶醒来满怀月光似殉道者的灵雨。
　　空虚的午夜只蔷薇知我哀意，
　　声韵，芳芬消了，漫天星海如玉。

噫，心头古的希望已变为情爱之墟，
时光天使的手里从未有爱之金粒。
　　幸福天堂充满了失望的长吁，
　　让花影伴孤寂永沉于幻梦里。③

爱妻的背叛令他失望的不只是这一个女人、这一次爱情，而是所有女人和所有爱情，毁了他对女人和爱情的美好意愿，使之变成废墟，而他则恍然大悟，原来世上并没有真实的爱，幸福家庭里听到的都是长吁短叹。

意愿的失落叫失意，于赓虞是个失意者。

他变得满不在乎，从前宝贝得不得了的东西现在都懒得瞧上一眼。他

① 《我的世纪之始》，载《于赓虞诗文辑存》，第263页。
② 《憎》，载《于赓虞诗文辑存》，第124页。
③ 《花影洒遍了梦痕》，载《于赓虞诗文辑存》，第137页。

说自己抛弃了一切，什么花冠（名誉）、爱、珍宝（价值）统统弃之如敝屣，然后毅然走向死灭的地狱。当然不是真地去死，比照于赓虞的相关说法，这意思是已经把心中的美好送给有光明、有爱情的人，以及追求光明、追求爱情的人。这个人其实就是以往的自己，那个怀抱着一腔美好愿望的青春。由于送出了精华，自己也就没有了灵魂，留下的只是麻木的空壳，所谓的行尸走肉，也就是活死人，肉体活着，灵魂死了。

于诗中的这个自己叫“骷髅之石像”[①]“复活之尸身”[②]，说“似一架活尸我徘徊”[③]。徘徊辗转之地都不是什么好地方，有战后的残墟、死城、坟地，荒芜破败，阴风阵阵，鬼影森森。可不，也就这些地方跟活死人般配。于赓虞如今眼中的世界就是这副模样。

这是于赓虞的另一种失败，光明的他让位于阴暗的他，充实的他让位于空虚的他。

以上种种失败已经让人不堪重负，接踵而来的打击是诗坛地位的滑落。诗歌创作在他的生命中才是第一位的，他首先是诗人。

于赓虞起步较早，与焦菊隐、徐志摩、闻一多等人同辈，排在郭沫若那茬诗人之后，为新诗的建设出了大力，虽然算不上中国新诗殿堂的设计师、工程师，但当砌墙抹灰的泥瓦匠还是够格的。

他的诗作后面专门分析，这里只谈一点，就是其中以鲜明个性所传达出的沉郁诗风和悲苦吟唱使他收获了大量粉丝。如他自己所言，正是那种孤独的情思引起了苦闷青年的共鸣。他的诗论也以高举自我大旗的立场和不同凡响的一家之言取得不少拥趸。

其中就有一个叫沈从文的人。这位后来名满中国、知名世界的大作家当年做北漂时候可是跟在于赓虞屁股后头的小弟。那时于赓虞也是北漂，不过已经戴上了诗人的桂冠，报刊上常见他的诗作。如果说于赓虞是诗歌

① 《今夜》，载《于赓虞诗文辑存》，第125页。
② 《长途》，载《于赓虞诗文辑存》，第130页。
③ 《梦痕》，载《于赓虞诗文辑存》，第145页。

殿堂工地上的泥瓦匠，沈从文便是搬砖的小工。沈从文很是钦慕那些技术高超的大工，便以于哥为样本进行模仿式创作。比如这首《我喜欢你》："别人对我无意中念到你的名字，/ 我心就抖战，/ 身就沁汗！ / 并不当到别人，/ 只有那有星子的夜里，/ 我才敢低低的喊叫你的名字。"管星星叫星子，纯粹是于诗的用法。

然而渐渐地反过来了，小弟的名声很快盖过大哥。单从任职单位看，沈从文先是受聘于西南联大，抗战胜利后转往北京大学做教授。丁赓虞就职的是河南大学，转西北大学、西北师范学院，最后又回到河南大学。北京大学与河南大学，一个是国家层面上的，一个是地方层面上的，这个区别似乎反映着沈从文与于赓虞的在名位上的差距。

如果仅仅是名气也还好说，问题是于赓虞实际影响力和创作能力的下降。他曾于1929年来个急刹车，停笔两年后才重新创作，虽然有些改观，但起色不大，数量更是萎缩的厉害，很有点江郎才尽的节奏。到了40年代，创作日益稀少，解放前后几乎见不到于赓虞三个字了——他渐渐边缘化，以至于再后来，人们，即便是念中文系的学生，知道他的也不多。于赓虞就这样淡出了中国文坛。

他以猛士的劲头闯进诗坛，却悄无声息地消失，而且去得无踪无迹。

于赓虞的失败感也是人生层面的，不是某一件或某几件事情的失败，是整个人的失败，是哲学意义上的失败。萨特把失败视为人的宿命，理由是人绝无可能正好达到设定的目的，不管你多么尽职尽责，也不管环境多么给力，就是做得再成功你离目标也还是保持着距离，所以人生是由一连串失败构成的。很悲观是不是？但这是事实，是真道理。于赓虞与萨特有共识，他诗作中表现出来的失败感可谓存在主义人生观的一个说明。

（五）理想的弃儿

"五四"一代的理想核心是个性解放，正如于赓虞所言五四运动发现了人凸显了人。个性实际上是人性在个人身上的体现，是人性的具体化、特殊化。所谓个性解放就是挣脱和砸碎束缚个人生长的制度的、意识的锁链，使人得以支配自身，自由自主地去爱，去选择生活和生存方式，去决定走什么样道路奔什么样的前程，也就是把自己的命运扛在自己肩膀上，自己对自己负起责任。“人类倘若是最有意义最有价值的动物，则其意义与价值即在其永远立于主人的地位。”①

于赓虞们之所以喊出打倒孔家店的极端性口号，就是因为认为儒家思想意识，特别是那套道德规范，是束缚个人生命的最粗最长的绳索。正是立足于这种认识，于赓虞才写出《学校如皮鞭》的短文，从小学到大学统统给予彻底否定，那激进态度真是打倒在地再踏上一只脚，实乃讨伐现存教育制度的控诉状和战斗檄文。

回到个性解放的理想。于赓虞是诗人，除了前面引用过的那位疯子以高呼要自由的方式直奔主题外，大量的表达是通过诗意形象诸如死亡、苦闷、流血、杀伐以及风霜花月等自然现象来喻示的。这里就不啰唆了，需要从他的诗作中去体察。我们下面从过去、现在和将来看看理想在于赓虞身上发生了什么？

过去。于赓虞曾经拥有丰美的理想，同时情愿为她献身。他有篇散文诗《梦痕》，说自己遇到块石碑，上头历数人类的种种罪恶：鞭打青年，残害少女。然而一束蔷薇的藤蔓攀援而过，那是人类希冀的信息。伫立良久，心绪如潮，最后他用剑刺入胸膛，拿血清洗石碑。他出过一部诗集，名字就叫《骷髅上的蔷薇》，蔷薇象征着理想。

于赓虞的理想有大有小。小理想：

读着心爱的诗集，
唱着甜蜜的歌曲；
悠悠的神情，
冥合于浑然的宇宙了。

① 《诗之艺术》，载《于赓虞诗文辑存》，第587页。

醉了——陶醉于
艺术之宫；
忘了——忘却
一切的一切，
冥冥的我——
自然的我哟！[①]

要是再添上一瓶红酒再有一位红颜知己，那就更完美了。大理想：

我若有一把想像的巨扇，
虽赤着身，
负着病，要将
宇宙间的恶魔病鬼，
扇入汪洋之底。

我若有一把想像的宝刀，
虽冒犯人间的成见，
责我以残酷，要将
宇宙间的野心横暴家
杀个血肉不分！[②]

这是给社会做手术啊！他曾经把自己的社会理想比喻成圣洁的天鹅：“那天鹅，根本她自己就是一个天国，不知世间有战乱的火花，不分金黄的宫殿与泥草之茅屋，白水与苦酒同味，葬钟与欢歌同调。”[③]平等是底线，越

① 《我》，载《于赓虞诗文辑存》，第390页。
② 《若有》，载《于赓虞诗文辑存》，第12页。
③ 《人间》，载《于赓虞诗文辑存》，第286页。

平等越好。

他呼吁“清道夫”，要像扫除乌云重现太阳那样荡涤人间愁苦，说诗人就是清道夫。这是他给自己确定的责任。苏俄的成功让他很是兴奋，二月革命推翻了沙皇专制统治，十月革命又赋予广大底层平等权利，这使他看到了人的解放的希望。他写诗欢呼：

> 喂，看彼辽辽东方银灰的云雾中火焰突起，
> 漫红红的燃烧了天之一角，驱散了星辉。
> 彼天之一角里深蕴着人间无限的新奇，
> 朦胧间心中忽然，忽然点燃起热烈的狂喜，
> 朋友，如今我决意弃别此辗转垢辱的大地，
> 飞踱荒山与漠海直赴红光缭绕的天际。①

狂喜之中他打算离开污泥浊水的故土投奔红光满天代表着人类希望的苏俄了。

现在。正如时下话所说，理想很丰满，现实很骨感。于赓虞遭的罪前面说了很多，这里只讲一件事，三一八惨案。1926年3月18日，段祺瑞执政府下令军警开枪射杀进行集会请愿的北京各界群众，当场打死四十七人，伤二百余人，其中最著名的死难烈士是北京女子师范大学的学生刘和珍。当时于赓虞也在现场，可以说眼见着刘和珍倒在血泊中。那时他还在燕京大学读书，去女师大找女友夏继美借钱，碰上刘和珍。刘问他去不去参加集会，回答是当然去。夏继美的鞋坏了，刘和珍让她留在宿舍看家，于赓虞便自己加入女师大队伍，亲身经历了北洋政府的暴行。鲁迅先生把这一天称作“民国以来最黑暗的一天”。

于赓虞一夜悲愤难眠，第二天就拿出一首诗《不要闪开你明媚的双眼》，后面注明“三月十九日，即国务院大惨杀次日”，是写给刘和珍的：

---

① 《遥望天海》，载《于赓虞诗文辑存》，第44页。

阴云漫布的午后你披散着黑发呻吟于血泊的府院，
我的姑娘，你忠勇的生命完结于毒弹，呼吸渐渐低缓：
　　静静的睡去吧，不要，不要在此阴暗的黄昏
　　再向，再向你心爱的中华闪开明媚的双眼。[①]

自身的挫败和社会的黑暗令于赓虞极度失望，理想渐渐褪色，终于凋零："吁，锦绣之心已变为黄叶，一个无稽的梦幻！/回忆着逝去惨情的往日我伏于泪之墓巅。"[②]"光明，情爱，天知道，这消息只在绝望中飘渺。"[③]"噫，美丽之幻想破灭了，如夕阳寂灭于天海。"[④]象征理想的圣洁天鹅死了，"好梦已着起葬衣"[⑤]。

后人整理于赓虞诗歌以及散文诗集，共得七部。他叙述说自己人生阅历大多"只有阴云而没有白日，所以，《晨曦之前》集子里偶尔显现的希望都消灭了"[⑥]。《晨曦之前》是他的第二部诗集。本来希望就不多，还让他弄丢了。

人失去了理想还怎么生存？想起来就不寒而栗："西山上残红的天宇雕饰着我浪漫之希冀，/吁枉想之幻梦将随苍夜变为恐怖之留遗。"[⑦]于赓虞写了首名为《希望之埋葬》的诗，噩梦不断的漫漫长夜扼杀了理想，他把已然死去的希望深深埋葬于荒崖，披一身寒霜伫立坟前，周围是摇动的枯黄草茎，冷风卷着落叶发出怨妇般哀吟。真是无比的凄惨无比的孤寂。

将来。理想属于将来时，将来总还有希望吧？不，那是"无望的明朝"，将来只是过去和现在的重演，所以"复何恋恋此无望之追求惨死正潜

① 《于赓虞诗文辑存》，第77页。
② 《我这狂者》，载《于赓虞诗文辑存》，第195页。
③ 《我的天女》，载《于赓虞诗文辑存》，第185页。
④ 《苍黑幕纱》，载《于赓虞诗文辑存》，第214页。
⑤ 《秋》，载《于赓虞诗文辑存》，第186页。
⑥ 《世纪的脸·序语》，载《于赓虞诗文辑存》，第309页。
⑦ 《天涯衰草》，载《于赓虞诗文辑存》，第202页。

于明朝”[①]。

过去是做梦的时候，现在是碎梦的时候，将来是断梦的时候，于赓虞与理想分了手。理想失落的幻灭感深深笼罩上来，使人越发的痛苦。于赓虞出版的一部诗集名《落花梦》，言明“这卷东西所表现的只是幻灭的生命”[②]。其实幻灭感不只是《落花梦》的旋律，也是整个于诗的一个情思，甚至可以说是于赓虞生活的一种常态，许多作品都由它引发。如散文诗《朝雾》，结尾说：“一切，一切都沦于幻灭的空虚……”[③]再如诗歌《深夜归途》：

> 一切旧梦与希冀生出了美丽健壮之翼，
> 天哪，我曾将蔷薇之美梦投于江流东去，
> 曾在盛筵后在荷池之畔低泣，孤听夜雨，
> 在惨痛之梦醒而复去，无所得亦无所弃，
> 如今，在我的孤寂之天宇，只有雾雨霏霏。[④]

为何无所得亦无所弃？因为美梦就是虚空（无），即幻灭；什么都没有，自然也就无所谓得失。

实际生活亦如此。于赓虞写道：“神呀，一度我将你虔诚祝祷，如今又被践踏于足底！你知道，我的荣华，名誉，情爱业已遗弃于荒途，被朋友，路人践踏，像一个霉菌遍体之残桔。这生命之丑恶，冷毒的遗迹，妆饰着生命史上惨暗地狱之美丽，气味……我不能想象生命之伟大，奇丽，爱与恨，罪与悔的调和，用我死了的幻想。”[⑤]发了霉的橘子我们都见过，被侮辱和被损害成这个样子，别提多么不堪，是自己的理想绝不能容忍的，然而理想已经死了，所以便苟活下来，霉烂橘子指向的正是幻灭。

---

① 《月儿孤悬》，载《于赓虞诗文辑存》，第210页。

② 《落花梦·小引》，载《于赓虞诗文辑存》，第182页。

③ 《于赓虞诗文辑存》，第154页。

④ 《于赓虞诗文辑存》，第236页。

⑤ 《叹息之梦》，载《于赓虞诗文辑存》，第165页。

这里要说明的是，于赓虞的幻灭感也是本质性的，是存在状态层面上的现象。

这并不是说关于理想于诗表达的都是幻灭，这只是一个方面，尽管是主流，但同时也可以看到正能量的诗篇。这部分主要是献给青年：

谁说天堂的门有如针眼，
　谁说幸福被锁在深山？
　太阳仍旧辛苦的奔走，
江河也不曾停止泄流。

春来时蜗牛又爬上了危墙，
　蚂蚁出穴向四处探望，
　纵然是无人走的荒径，
花草们也还不减少晶莹。

将眼睛展望那高的云天，
　看飞雁寻求他的梦幻；
　或者在白天沉醉不醒，
到夜晚人静看孤月游行。

无须管沙滩上那些足迹，
　似蜗蚁它们自由欢欣；
　更不必独自抱头痛哭，
反正总少不了一撮黄土。

向阳光喝彩献一杯美酒，
　即使生命随夕阳消瘦；

谁说幸福被锁在深山？
谁说天堂的门有如针眼。[①]

他劝告青年：

你不妨一眼望澈秋天，
　由他那一片肃杀，
　想到明年的艳花，——
谁知过今年还有明年？[②]

理想在自己身上死了，但愿它在青年身上复活、永驻。

（六）生命的原色

于赓虞评论米勒，说这位大画家使用的永远是灰暗的颜色，所表现的也永远是暗淡的光线。于赓虞还说这正是米勒的伟大之处，所以当有人劝他变换颜色以迎合潮流时，他断然拒绝。

那么于赓虞本人呢，如果让他给自己的生命着色，他选用什么色彩？

“现时，这种苍老或木然的心情，对于我宛如身披红斑的毒蛇，不但可怕而且厌恶。这心情又如铁窗内等待命运之神的囚犯，那春光，美花，鸟音已不会冲入他的幻想。我虽则未到颓败的老年，虽则未尝铁窗的风味，但我做了无形的势力的奴隶，将一切天赋的权利抛弃了……这是灵的伤害，在灵的眼睛中已没有幻象的天堂，只有地狱；没有青春，只有老年；没有娇花，只有败叶。”[③]这种未老先衰的囚徒般的生命你说应该用什么色彩？

首先是无色。于赓虞曾说他把一切“抛于烟海”[④]，也就是变成无，放弃

① 《天堂的门》，载《于赓虞诗文辑存》，第478页。
② 《秋思》，载《于赓虞诗文辑存》，第337页。
③ 《寒夜》，载《于赓虞诗文辑存》，第666页。
④ 《为了一片焦土》，载《于赓虞诗文辑存》，第156页。

对诸如名声、爱情、地位、财富，乃至安定生活的追求，或者是被动的放弃或者是主动的放弃：对于“无”是无法上色的。所以“在人间不需任何颜色作我生命之妆饰。赤裸的来于世间，复赤裸的走入空虚”[①]。无色与他的幻灭感相对应。

其次是黑色。于赓虞曾说，他把一切“弃于苍黑”[②]，称自己是“沦落的黑衣人”[③]，“在黑暗的空虚中生长，又在黑暗的空虚中恐怖”[④]。黑色是死亡之色：青春已逝，爱情已去，亲友已亡。黑色与他的失败感、悲苦感相对应。

再次是灰色。于赓虞曾说他把一切“捐于灰败”[⑤]，总结道，“往日怯弱的生命涂着灰色的羞辱之颜色”[⑥]，“我自己，我想，似一架无有生命的骷髅。漫浮着一片灰色之云雾”[⑦]。灰色是衰败之色：生命渐老，事业下行，人设凋敝。灰色与他的漂泊感、孤独感相对应。

也还有别的色彩，比如红色，代表尚未被外界磨损的带棱角的思想。但于赓虞在前面加了个惨字，为惨红，是苦斗失败后可怜巴巴的存留[⑧]。红色与他的理想梦相对应。

不妨这样表述，于赓虞生命的底色是黑色和灰色，间或闪出一道红亮，最后统统被刮掉，只留下空空的画布，熄灭于虚无。

于赓虞与米勒一样，生活中笼罩着阴暗的色彩和暗淡的光线，他的生命是低暗的。

把生活过成受苦受难，这样的人生值得吗？或者有意义吗？

于赓虞的回答是，很值得，很有意义：

① 《为了一片焦土》，载《于赓虞诗文辑存》，第156页。
② 《为了一片焦土》，载《于赓虞诗文辑存》，第156页。
③ 《公主墓畔》，载《于赓虞诗文辑存》，第70页。
④ 《归来》，载《于赓虞诗文辑存》，第260页。
⑤ 《为了一片焦土》，载《于赓虞诗文辑存》，第156页。
⑥ 《狂者之遗嘱》，载《于赓虞诗文辑存》，第282页。
⑦ 《何处》，载《于赓虞诗文辑存》，第252页。
⑧ 《何处》，载《于赓虞诗文辑存》，第252页。

我曾想把生命毁灭与人世诀别，
不再看枯萎的花朵，彩云的幻灭；
但希望在云苍却向我辽辽遥望，
讥笑我向暗壁碰首为无端发狂！

“幸福是一个大谎，地狱才是天堂，
试想，古来谁不把苦水当作甘觞，
待生命之酒瓶点点滴滴的流罄，
你就会明白了人生，你就会吃惊！

“我并不把人们欺骗，也并非毒箭，
只因为你无智勇走向我的面前，
古来伟大的英雄都曾经过战争，
他们的心胸也都有巨大的创痕！

“待你那怯弱的灵魂被虫蛆吞净，
你就会看见活的蛟龙，凶猛的鹰；
待你被少女遗弃，淫欲不在心胸，
你就会明白真的人生，真的爱情！

“倘怯懦与自私结伴你一直到死，
所有你的生命都是难救的病疵！
你应把旧的遗弃，将新来的呼吸，
以秋露为饮，以飞云做你的翅翼。

“然后你再从云端向下窥探人寰，
就会看见各色迷离悲绝的盛宴！

我正属于万有，我正如你那醇酒，
你的新的宇宙就将我当做锦绣。

“我常被那些无知的人诅咒，辱骂，
有人说我是娼妓，有的说是野马，
其实我只是一种雄心，一种真理，
只给那些有生命的人开放蕾蒂。”

我沉于梦一般的思量，这种声响，
乃是天帝的启示，凡人不能分享；
于是我抬头远看，希望早已不见，
但心头已充满了狂欢，再无哀怨！①

这首诗讲的是人生观和价值观。于赓虞告诉人们，把幸福作为追求目标是一大误区，其实等着你的只有受苦受难，这才是生活的原来面貌。本真的人生，也唯有苦难才是最高价值最大财富。当你饱受失恋之苦从而熄灭了情欲，你方能明白什么是真爱。不敢去受苦或者自怨自艾，那就真的白来人世一趟而毫无所获。

无色、黑色、灰色以及偶尔亮一道红色的人生带给人的是清醒和明白，是对生命本质和人生价值的把捉。这是于赓虞用他的毕生认认真真换来的珍宝。

（七）敏感心灵

既然于赓虞如此凸出苦难，如此定位人生，那么他肯定属于众生中最不幸的那类人了。

不能这么说。我们来看一个人，诗人戴望舒，就是被称为“雨巷诗

① 《希望的告诫》，载《于赓虞诗文辑存》，第312–313页。

人”的那位，《雨巷》使他一步跨入中国诗歌大家的行列。直到现今赶上雨天，人们还想着在一条悠长又寂寥的小巷彷徨，希望逢着一个丁香一样地结着愁怨的姑娘。

戴望舒颜值相当高，属于翩翩公子，可惜一场天花在脸上留下了麻点，可谓小不幸。

他是多情才子，有过三次轰轰烈烈的恋爱。第一次相恋女子是好友施蛰存的妹妹，小他5岁，长跑8年，施妹妹另有所爱抛弃了他。第二次相恋女子还是好友的妹妹，姓穆，小12岁，哥哥是小说家穆时英。这回有了结果，两人结婚成家。一年后抗战全面爆发，穆时英做了汉奸，戴望舒割断了与穆时英以及穆家的来往。后来穆时英被国民党特务暗杀，戴望舒站在国民政府一边，激化了与穆时英妹妹的矛盾。其实这里还隐藏着感情问题，女方与一个大学生暗通款曲，结果双方离婚。第三次相恋女子姓杨，小21岁，喜欢跳舞，甚至跳到了美国军营。戴望舒自然不高兴，女方大闹，跟一个小青年跑了。三次恋爱两次成家遭三次背叛，可谓大不幸。

夹在中间的不幸有三个，暂称中不幸吧。一是坐牢，坐的日本人的牢，日本宪兵残暴变态，受的那份罪就别提了。二是被打成汉奸饱受冤屈，幸亏夏衍出面澄清才得以解脱。再有就是经历诸多磨难后健康迅速恶化，不得不靠大量药物维持生命运转，结果用药过量致使身亡，终年45岁。

与于赓虞比，两人身体都不好，都缺学费。戴望舒留学法国，最后只能去花费最低的中法大学，为了挣出生活费他停课译书。这两项二人平手。其他方面戴望舒超过于赓虞。妻子（恋人）背叛，于赓虞一次，戴望舒三次；遭关押，戴望舒是抗战期间日本人的牢房，于赓虞是新中国成立后的监狱，待遇不一样；被冤枉，戴望舒是汉奸罪名，于赓虞是施工致人死命，前者属于政治，后者归入刑事。

可以说，戴望舒的不幸超过了于赓虞。当然，这是局外人的眼光局、外人的评论，或许根本就没有可比性。

这么说是不是意味着于赓虞对苦难夸大其词了呢？

也不能这么讲。我们知道，人的感受或认识取决于主观和客观两个方面：客观是自己的经历，主观是对经历的反映。影响主观的因素甚多，其中至关重要的一项是敏感度。同样的事情，感觉灵敏的人与迟钝的人的反应不一样，比如做同一个手术，有人痛得受不了，有人却无所谓。并不是后者比前者更坚强，而是痛感有差别。于赓虞就属于痛点很低的人，对生活中的刺激反应非常灵敏，而且非常强烈。

当然这里三观以及思维方式，还有知识储备也在起作用，这些先放到一边，集中谈敏感度。关于这点于赓虞也是承认的。他谈到自己经历过的痛苦以及抗拒所遭受的打击，总结道：这“使我感到生命之空幻，悲惨，人与人之淡漠，高傲，卑劣。因此，我成了一个多感的人”①。因为于赓虞格外敏感，即使不像戴望舒那么不幸，对苦难的感受也痛入骨髓。比如背叛，于赓虞不光谴责妻子，而且怀疑天下所有女人，连爱情都打上问号；戴望舒就没有那么激进，继续追求朋友的妹妹。

感觉不同，诗作也就不同。于赓虞特别强调：“我不是发无谓的感伤，而是心中受不了过重的惩罚。”②

戴望舒有首诗《狱中题壁》：“如果我死在这里，/ 朋友啊，不要悲伤/ 我会永远地生存在你们的心上。/ 你们之中的一个死了，/ 在日本占领地的牢里，/ 他怀着的深深仇恨，/ 你们应该永远地记忆。/ 当你们回来，/ 从泥土掘起他伤损的肢体，/ 用你们胜利的欢呼/ 把他的灵魂高高扬起。/ 然后把他的白骨放在山峰，/ 曝着太阳，沐着飘风：/ 在那暗黑潮湿的土牢，/ 这曾是他唯一的美梦。”大马金刀，高歌猛进，格局宏阔，像革命烈士诗抄是吧？

换了于赓虞，不会这么写。假设他也写一篇的话，是看不到这种慷慨激昂的，也看不到壮士一去不复还式的壮烈。他痛恨日本侵略者，提倡宁为玉

① 《关于三本书》，载《于赓虞诗文辑存》，第686–687页。

② 《写在“鸮”尾》，载《于赓虞诗文辑存》，第745页。

碎不为瓦全的民族独立精神[①]，从而将其贯穿诗篇，但主体一定是个人自己，集中于坐牢的体验和思考。他可能把日本人比作魔鬼，而自己则全身插满毒箭奄奄一息，魔鬼在周围舞蹈，等着用他的头颅做饮器盛满中国人的鲜血痛饮。他会祈求神灵把他的白骨葬在悬崖边上，坟茔遥望大海，披半天红霞，观孤帆远影。也许他还会发狠说，坐牢有什么，世界本来就是大监狱；遭这些罪有什么，人本来就是受苦受难。如是，这已经深入哲学了。

这就是我们下面要说的，于赓虞的敏感不仅是诗性的，还是哲思的。关于他的哲思前面已有所涉及，说他关于悲苦、漂泊、孤独、失败、失落的吟唱都不是一时一事意义上的，而是人生整体，用哲学语言表达就是本质性。说得通俗一些，可谓与生俱来。只要是人就一定悲苦，不分贵贱、贫富、男女、老幼、种族，也不分过去、现在、将来，还不分在什么地方，东半球还是西半球，南半球还是北半球，总之都一样，人与悲苦等等这些让人遭罪烦心的东西密不可分。这就是人们常说的命运，也叫宿命。宿，居住，人住到苦难里，它是人来到世上的住所。因而可以说，悲苦是人的命，漂泊是人的命，孤独是人的命，失败是人的命，失落是人的命。

所以于诗所抒发的不是于赓虞自己的遭际，而是人的遭际。是由己及彼，小中见大，从个人到一般，从特殊到普遍。

于赓虞虽然属于“五四”激进一派，力主向西方看齐，但读其作品仍可感受到强大的传统思想的影响，尽管多半不是有意为之而属于潜意识或者是认识暗合。比如浓烈的亲情、乡愁和深切的同情心，是儒家意识长久熏陶的结果。比如幻灭感所还原的空无，则是道家意识的根本，也是佛家思想的色空主张。至于人生即苦那就更明显了，纯粹是佛家意识的切入点。

有意思的是，于诗蕴含的哲思虽然是20世纪二三十年代的产物，却相当超前，与六七十年代西方盛行的存在主义哲学在许多观念上相吻合。这就告诉我们，于赓虞所感受所关注的问题乃是人类情思的基本问题，是今天人们仍在思考的悬而未决的问题。

---

① 《以牙还牙主义》，载《于赓虞诗文辑存》，第681页。

第二章　地狱里的黑衣歌者

一、阴暗的世界

（一）爱的荒漠与人性

于赓虞眼中，这个世界是缺乏爱的世界："人类的灵肉业已在爱河冷僵。"[①]人类原本具备爱的感情，需要去爱，愿意去爱，应该去爱，也有能力去爱，但如今爱从肉体到灵魂都被冻结了，僵死了。没有爱的意识，没有爱的行为。一旦爱遭到压抑和封闭，人还是人吗？回答不是。这时候"惟有蛆虫才真真与人的灵肉接近"[②]。失落了爱，人最多只能与无脊椎动物站队，连稍高等一些的动物都排不上，因为它们多多少少还具有同类之情。

这不是臆想，而是铁一般的事实，真真切切地摆在那里。"你看谁的眼不冒毒火？/ 谁的心像是圣女慈祥？/ 似草花生在高的危墙，/ 你休想安逸，你休想逃脱！"[③]"人间，飞翔着恶毒的佯笑，/ 递酒的手又紧握着利剑，/ 喷血的口又向你唱甜歌：/ 是一幅多么美丽的撒旦！"[④]这种唯利是图、口是心非、互相算计、翻云覆雨的关系中，人人都是妆饰漂亮的魔鬼，俗称美女蛇。

不光人，还带坏了一切生灵："人类与人类，乌鸦与乌鸦，疯犬与疯犬

① 《春之歌》，载《于赓虞诗文辑存》，第448页。

② 《哀曲》，载《于赓虞诗文辑存》，第468页。

③ 《灵之独语》，载《于赓虞诗文辑存》，第481页。

④ 《老年》，载《于赓虞诗文辑存》，第472页。

结成了不结的友谊，但在筵席之上互做了酒肉，被盗卖，谋害，吞噬！”[①]正如这篇散文诗的标题所云，人类也好，禽兽也罢，统统变质为邪恶灵魂，随时准备背叛对方。这样的世界里，能给美好和真爱一席之地吗？诗人悲愤而绝望地迸出：“当日荣华，桂冠，爱情，友朋，散了！”[②]

这是诗的层面上的表达，于赓虞在《读“将来之花园”》一文中也曾用现实的笔触描述身在其中的社会状况，称其为“惨淫世界”。淫，过分；惨淫，非常惨，说惨不忍睹都嫌轻。惨到什么程度？他一连用了四个词：灾烧、抢杀、阴森、黑幕重重。与人们常说的水灾、旱灾不同，灾烧不是自然灾害，是人祸，放火烧毁房屋、庄园、村镇，不是偶尔为之而是频繁发生，由此形成一种灾难。于赓虞的家乡西平玉皇庙村就处在这种灾难当中。那是兵匪所为，稍不如意就纵火焚烧。最夸张的一次竟然一口气点燃八个村庄，仍意犹未尽。土匪多为亡命徒，毫无法治意识，也不知纪律为何物，下手没有任何顾忌，纯属兽性发作，为所欲为，格外残忍。黑幕重重主要针对的是官方，他们永远有自己不可告人的目的和私下活动，所以干什么都口是心非，遮遮掩掩。土匪在底层，官家在上层，两头一夹，老百姓还有生路吗？

于赓虞愤怒地说：“今日的社会与这时代宛如一批凶恶的恶虎，我们的灵魂的骨血，早已不留痕迹的被他吞噬了。其尚有残喘气息者，亦萎弱黄瘦，遍体鳞伤，几乎认不出本来的面色。”[③]

于赓虞继续写道，活在这样的社会中等于“将生命陷落于悲哀恐怖的秘密罗网里”，没有不痛苦的，特别是那些富于同情心的人。看见街上哀哀残废的苍老乞丐，看见寡廉鲜耻出卖人格为私利奔走的政客，看见善良百姓被兵匪绑走遭受严刑拷打，大多会伤心落泪。

然而同情心能解决问题吗？面对阴森的现实毫无用处，徒然增加自己

① 《恶魂》，载《于赓虞诗文辑存》，第258页。

② 《深山何处钟》，载《于赓虞诗文辑存》，第149页。

③ 《新诗诤言》，载《于赓虞诗文辑存》，第545页。

的痛苦罢了，不仅要忍受自己的痛苦，还要从心理上承受他人痛苦。同情心或者说爱心成了奢侈品。

于是社会没有了温度，“这宇宙呀只是一个冷厉骄矜的面颜”[①]。也没有了欢乐，“满眼是时间灰色的翅膀，/ 欢乐是在枯枝以上张望；/ 想春神长住在这个世界，/ 除非将生命在春天埋葬。”[②]人世如同佛家讲的苦海，“眼前的一切在惨变，毁灭，人们犹在恶梦间生饮苦水”[③]。

失去爱的社会是不正常的也是危险的，因为爱是社会得以存在和运行的根本性要素。正因为看到这一点，思想家们才竭力倡导爱。历史上第一个自觉高扬爱的人是孔子。他的学说核心是“仁”，也就是“爱人”“泛爱众”；孟子也这样讲“仁者，爱人”，故而仁又叫仁爱。孟子从同情心、怜悯心也就是所谓“恻隐之心”的角度进行解说，归之为仁爱的开端。孔孟为什么突出仁爱呢？因为各种人际关系必须靠爱来维系，夫妇、父子、兄弟、君臣、朋友等五伦，少了爱，任何一种关系都将断裂，社会也将崩塌。

西方第一个自觉高扬爱的人是恩培多克勒，小孔子50多岁，古希腊哲学家。他认为，爱是一种把各种基本元素结合起来的力量；没有这种力量，元素永远是元素，合成不了包括人在内的各种物质，当然也出现不了社会。

那么，于赓虞所处的社会为什么成了爱的荒漠呢？人与人之间为什么如此敌对呢？这就涉及于赓虞对人性的看法。

人性诸要素中，于赓虞是侧重欲望的：“我们有着不同的欲望，做着各色的梦，在此无边的天宇，战斗的人群中辗转，徘徊，奔驰。欲望未能完全实现，是悲哀，失望，战斗和逃逸的来源。但这种未能实现之欲望，在人类心灵中潜隐着，永永不会消灭，低减，故时常表现于梦幻，梦幻即我们未能满足之欲望的想象的满足。最狂放，最无规律，最险恶的梦，常常

① 《晨曦之前·卷末》，载《于赓虞诗文辑存》，第94页。
② 《时代》，载《于赓虞诗文辑存》，第479页。
③ 《苦水》，载《于赓虞诗文辑存》，第110页。

来于最热烈而无拘束的欲望。”[①]欲望是驱动力，也是各种行为的源泉，处于本原地位。

欲望具有魔性，引发罪恶：“从上帝登了他的宝座，/ 他就铸下了一个大错。/ 因他给人神思与魔欲，/ 所以就到处演着悲剧。/ 就从上帝造人的时候，/ 罪恶即已在人心狂吼。”[②]这狂吼使人走上贪婪的邪路，比如，握有政权者想当皇帝，掌有军权者追求霸主，那些文人学者卖身求荣争当权贵的奴婢。

欲望是罪恶之源，而欲望又植根于人性，这个思路已经接近法家的人性恶思想。在谈于赓虞乡愁诗时，我们提到了西平先贤韩非，说在人性观上两人有相通之处，根据就在这里。

因为人性问题上的怀疑甚至否定态度，对于爱的荒漠化以及人与人关系的冷酷无情，于赓虞是既失望又无奈。他诅咒人类愚昧和自私的同时，又哀叹“反正人生不过是虫蛆的舞场”[③]——不知爱为何物的蠕动着的肉体。

当然也没把话说绝，给青年留下一道缝隙：

万一你觉得我还可爱，
就应超度我出此苦海，
不要恩爱只需一分同情，
我的前途就会现出光明！[④]

（二）天堂在梦里，地狱在身旁

人们常用“人间地狱”一词比喻社会的悲惨和黑暗。这个词往往是有限形容，针对的多是一时一域。于赓虞不同，是在绝对意义上使用的，针对的是整个社会，不是罗列现象，而是从本质上给予否定，在世界与地狱

① 《“文学”创刊前言》，载《于赓虞诗文辑存》，第738页。
② 《世纪的脸》，载《于赓虞诗文辑存》，第344页。
③ 《初春》，载《于赓虞诗文辑存》，第451页。
④ 《决绝词》，载《于赓虞诗文辑存》，第324页。

之间画等号。这里说的不是样本——毫无疑问，于赓虞的认识来自于他所处的环境和经历，但结论超出了经验，具有普遍意义。

于赓虞首先对天堂和地狱做了划分，即天堂属于想象，地狱归于现实。“我也爱你的幻想，/因幻想里有美的天堂。/但血肉不能飞起，/如何能同彩云相比？”①血肉之身在哪里呢？只能在地上，也就是地狱，那是欲望的地盘：“颓败世纪无光，无花，无歌亦无天女之芳香，/吁，宇宙变为吞噬灵肉之场似地狱之冥乡。”②天堂只是一时的幻影，地狱才是人类的永久居留地，“永世之地狱代了理想的天堂”③。

地狱暗无天日，以宇宙形态比拟，乃是灰暗的深穴，四周包裹坚硬的冰壳，没有光没有热，完全是黑色的。于赓虞称之为“惨黑”，而且两个“惨黑”连用④，黑得一塌糊涂、阴森可怕。“天地惨黑，万物战栗！”⑤置身这样的世界，简直找不出词来形容灵魂的恐怖和肉体的惊悚。大约只有一种人才稍许安然，那就是盲人。于赓虞有首诗《盲童》，讲的是暮色中人们踉跄而行，像是黑夜携手恐怖向前奔流。这时一队盲童摸索着走过，脸上挂着盲人特有的微笑，嘴中还哼着小曲。人们羡慕他们，因为眼盲使他们看不见黑暗，也就保留了幸福感。

黑夜是时间，深穴是空间，二者合在一起叫“黑穴”，直观就是坟墓。前面引用过于赓虞的话，说世界根本上是一座制造痛苦的装饰着花朵的大坟墓，于是坟冢便成为于诗经常出现的场景或意向，几乎随手翻一页便可见到墓、冢以及相关的埋葬、尸骸、白骨、骷髅、永眠等字眼。坟墓的喻示很多，比如黑暗、荒芜、绝望、空无、衰败、丑陋、杀场、死亡、牢狱等。这里我们谈后两项。

坟墓是埋葬死人的地方，提到坟、冢自然会联系到死亡。“这宇宙真的

---

① 《一杯茶》，载《于赓虞诗文辑存》，第349页。

② 《如今我蜷曲了》，载《于赓虞诗文辑存》204页。

③ 《今夜》，载《于赓虞诗文辑存》，第125页。

④ 《夜之波浪》，载《于赓虞诗文辑存》，第175页。

⑤ 《我的世纪之始》，载《于赓虞诗文辑存》，第262页。

陷落于万丈的黑穴，死灭将统治了一切。”[①]于诗中的死通常指两种情况：一是夺走生命，或者是时间、疾病之手或者是暴政、强力之手；一种是没有活力，比如我们常说的死气沉沉的氛围和僵死被动的状况。

衰老的朝代、腐朽的制度是保守型社会。保守型社会将人的思想和活动限定在狭窄范围内，窒息个性和自由，排斥探索和创新，人们如同行尸走肉一般，于赓虞称之为“死静”。“我来时，这宇宙是无限的死静；生存时，这宇宙是无限的死静；我去时，这宇宙仍是无限的死静。”[②]死静意味着毁灭，血色的余晖下古都死尸一样沉寂，“谁敢说今夜不毁灭了一切的生命？”[③]也许是向黑暗屈服，也许是放弃自我，也许陷于绝望。

剥夺生命无疑比死寂的麻木状态更加残酷。于赓虞有首诗《雾》：

像死人脸上惨白的面纱，
从这座古城掩盖到天涯。
我伸手盲目的独自摸索，
只一把灰烟在神的脚下。

似万壑山间缓缓的流水，
恶的梦魅正结伴着人类，
在长蛇的舌尖之上飞舞，
待醒来时肉身已成烬灰。

就在这暗雾的时代之沟，
地球似野兽正张着血口，
将血肉与骷髅一起吞下，

① 《雪夜》，载《于赓虞诗文辑存》，第266页。
② 《空梦》，载《于赓虞诗文辑存》，第158页。
③ 《夜游》，载《于赓虞诗文辑存》，第81页。

纵美女也不会留下余愁。[①]

诗人借助大雾吞没天地万物来比喻死神降临人间，无一漏网。对于饱受军阀混战以及兵匪横行祸害之下的民众来说，朝不保夕的惊恐时时笼罩着他们，令他们无处可逃。乱世命贱，生死已成寻常事。

还有一种死亡，就是有价值的东西的毁灭。于赓虞在英国留学期间，作了首名为《泰晤士桥上》的诗，说飞机代替天使在沉重的云层穿行，只听见噪音轰鸣，不知云雀和夜莺去了哪里，水仙也让位给电线的丛林。街上人流被无形的大手推着走，像海潮不由自主地随风翻滚，人们脸上虽浮着微笑，但后面却藏着恶念，如同盛开的蔷薇生出斑点。诗人听到了泰晤士河的私语："梦在你心里，死在我掌上！"[②]这也是一种杀伐，工业杀掉了自然，资本之手正在有条不紊地悄悄屠杀人类。

侥幸活下来的人也没什么值得庆幸的：命虽然没丢，但自由丢掉了。社会有它自己的一套规则，或显或潜，人必须服从于、受制于形形色色的规则才被允许生存，也才能够生存，为了活命每个人都出让了个人权力。所以在于赓虞那里，"人间就是一个永远不能颠破的狱牢！"[③]这个牢笼对于赓虞来说有时候很局促，狭窄到不能转身，如同蜷卧尸床；有时候又很广阔，任其流落四方，但每个去处仍是牢狱，永远走不出监禁，不过是从一个墓穴辗转于另一个墓穴。所以他叹息"我永世之囚徒"[④]，而且是一个"一世驯顺的囚徒"[⑤]！就这样也没好果子吃，最后免不了"作了斩首之囚犯"[⑥]！

他也做过出逃梦。从人间牢笼终于逃了出来，然而展目四望，空无人烟，竟是万山之谷和茫茫原野，一片洪荒之地。面对黑暗的天地，心里阵

① 《于赓虞诗文辑存》，第359页。
② 《于赓虞诗文辑存》，第486页。
③ 《人间》，载《于赓虞诗文辑存》，第286页。
④ 《长途》，载《于赓虞诗文辑存》，第130页。
⑤ 《别宴》，载《于赓虞诗文辑存》，第171页。
⑥ 《长剑》，载《于赓虞诗文辑存》，第169页。

阵发毛，因为这里是死亡的地盘。严酷的现实逼他做出选择：要不去死，要不返回牢笼。他屈服了，转身重返人间。

唉，怎么也逃不出魔域啊。“人类，生于这狱，死于这狱，却不曾真正活于这狱。”[①]在人世，你只是囚犯并不曾作为人而活着，所以叫苟活。这也是于赓虞此生最大遗憾：

> 如人类一样过了一世之流浪，
> 　　却不曾走出这暗狱！[②]

于赓虞悲观地写道：“人类生存于这世界，只是偶然，但我们既然生而为人，就应该珍贵我们的生，发扬光大我们的生，这是人生第一忠实的职务。但可惜，我们从母亲的怀中，转到这大自然的世界时，就跳进了暗无天日的棺材，呻吟病残，了却此生：这是人间绝大的悲剧。”[③]

为此他歌颂毁灭，呼吁雷电焚烧这个人间地狱，风雨荡涤这个人间地狱：

> 风雨，雷鸣，惊觉我于深夜之梦中，
> 呵呵，你在袭击一切，毁灭一切的精灵，
> 四野里淹没了平日所见的积垢污景，
> 我心跳，我血腾，激动了我的心事重重！
>
> 风雨，雷鸣，惊觉我于深夜之梦中，
> 毁灭了我的怆心及一切虚饰荒冢的墓文，
> 你豪放，你永生，真乃千古未有的英雄，

① 《狱》，载《于赓虞诗文辑存》，第490页。
② 《狱》，载《于赓虞诗文辑存》，第491页。
③ 《“雪莱的婚姻”小引》，载《于赓虞诗文辑存》，第764–765页。

我心快，我歌咏，大宇宙正孕育着无限新生！

我的爱者，你不羁的震撼万物的风雨雷鸣，
险峭的深谷，漫然的草原，白骨为之心惊，
深牢里驯囚的群羊亦忘记了服从，
请，请惊觉了苍生恢复起宇宙之光明！

我的爱者，你不羁的震撼万物的风雨雷鸣，
经过万千危难才能与你相会于此地之夜中，
久已沦落海穴的宏愿如今跃跃欲动，
请，请伴我在此险峭之夜永永向前孤征！[①]

（三）冲突与协调

人间地狱是从本质上对社会的界说，并不意味着世界是完全的恶、绝对的冷、彻底的黑，没有一点善，不发一分热，不见一线光明。其实世界是二重结构，这个结构也是本质性的。比如，从自然角度看，有春季和秋季，夏季和冬季；从社会角度看，有自我和他者，男与女，贫和富。少了其中任何一方都是不行的。

二重世界的基本关系是冲突与调和。春天和秋天、夏天和冬天能够相容吗？不能，是相互排除的，处于冲突之中。不同地位、不同利益之间的人能够一致吗？不能，是相互对立的，同样处于冲突之中。然而不同因素又是调和着的："暗淡的地狱又是一个伟大的美丽的世界：魔鬼与天神联舞，夜莺与百灵谐鸣，恶汉与美女私语，一切，一切是一个谐和的世界。"[②]

于赓虞在《落花的春天》散文诗中描写了这样的场景。一个流浪囚犯披一身落花在墓园中叹息，暗泣，随后睡着了。醒来时，满园春色，天地

① 《风雨之夜》，载《于赓虞诗文辑存》，第48页。

② 《梦痕》，载《于赓虞诗文辑存》，第145页。

洋溢着黄金般的阳光，各式各样的花朵竞相开放，妩媚犹如风流少女。然而也有被猎人践踏的花朵，残瓣破碎，零落泥泞，让人想起路边倒卧的腐尸。盛花与落英，少女与腐尸就这样共生共处，“这就是主宰给我们的世界，微笑与苦泪将同作珍重的装饰”。对于这种反差的并举，于赓虞又写道：“从惨黑里我看见老翁与少女蜜吻，毒蛇向青蛙调情，荆棘与玫瑰偕舞：咄！这调和的世界！”[①]于赓虞解释道，少女对应毒蛇，老翁对应青蛙，本来是对立的二者（毒蛇与青蛙是敌人），如今竟然相亲相爱，构成协调的图景，虽然完全违背理性，但却是事实。

于赓虞告诉人们，到处都可以看到这种二元共生共存现象，譬如神与魔同为崇拜偶像，共享人间烟火；圣哲与奸贼同为国家柱石，共掌世俗权力。再如情人之间的温柔之音与兵匪残害下的惨暴之音此起彼伏，美与丑的和谐缀饰人间。人类就是在这样的二重世界中生存，追求，呻吟着、劳碌着消费一去不返的光阴。

那么，对于二重世界，于赓虞是什么态度呢?

首先是肯定。

如果世界只有地狱而没有天堂，肯定特别单调，特别无趣；反过来，只有天堂而无地狱也一样。你不能让人只有痛苦满怀绝望却没有快乐不抱希望，也不能让人天天高兴而无一丝愁苦；只有二者兼顾才有意思，生活才丰富多彩，也才不枉做人一场。所以尽管现实世界找不到天堂，但一定要想象出一个天堂，作为人间地狱的对立面寄托我们的精神，安置我们的灵魂。正因为享有这种二元世界，于赓虞才一腔虔诚地作《感谢辞》：

感谢天赋予我灵与肉，
虽受痛苦亦得了幸福，
眼睛看见自然的美景，
也曾看见颓败的古城。

---

① 《美宴》，载《于赓虞诗文辑存》，第300页。

双耳听到山风，海韵，
也听到了弃妇的呻吟，
人世乃一绝妙的戏曲，
你看，有天堂也有地狱。[1]

更令于赓虞兴奋的是，从这种二元结构中发现了世界乃至一切事物的运行机制，这就是它自身固有的力量。哲学家们一直在寻求这种力量，像前面提到的恩培多克勒，就把种力量归结为“爱”和“恨”，爱是引力，恨是斥力，一吸引一排斥，一合一分，事物由此展开兴盛衰败。弗洛伊德对这种力量进行了深入的探索，他找到了名之为“力比多”的原初之力，那属于生命自身冲动的力量，人的各种行为归根到底都由它来解答。

于赓虞虽然是诗人，但一直致力于探求世界以及包括人在内的万有第一驱动力。他认为，建立在这个基础上的文学才有内涵，才合情合理，才能走向深刻、厚重。关于这一点后面谈于赓虞诗学的时候专门讨论，这里只引用他的一句话：“这虽然是一个平庸的时代，但生活里却潜伏着黑暗与光明之两大势力，时时刻刻在冲突，斗争，无论社会与个人。文学家所见的不是平庸的表象，而是内在的力量，因是感叹多于微笑。”[2]这种力量的揭示使平庸时代开出不平凡的思想之花。

其次，要问的是，既然世界是二重结构，那么人呢，是否也具有二重性？

回答是肯定的。

于赓虞承认自己就是二重结构：

天呵，让天使与恶魔偕来侵入我的灵魂，

① 《于赓虞诗文辑存》，第319页。

② 《写于“鸮”之卷首》，载《于赓虞诗文辑存》，第744页。

在毒热的阳光我甘任他们的蹂躏，密吻。[①]

说得再具体一些，他一身而兼正反两种角色："在不知中，我永远是英雄，但同时又是懦夫。"[②]

这般矛盾的人如何表现？"时而在沉寂微笑，时而在广场痛哭"[③]，只是不知道作微笑状时是英雄还是作痛哭状时是英雄，抑或反过来说哪种作态是懦夫？他称这种时而微笑时而痛哭的做派是"做一生放浪之狂人"——世人眼中其实是典型的疯子。

也确实疯态连连。"就在这情形中，有时我如死尸一般静默，有时我如狂人似的惨叫！让枯叶当作我的生命，让北风代我号泣，于是，我低头向无语之大地，仰首向无极的苍虚微笑。"[④]

人的种种怪异表现都是自身矛盾的结果。

对他人和社会也一样。"他是曾爱花而又恨花，爱人类而又恨人类，爱生命而又摧残生命的人。"[⑤]都快成恩培多克勒所说的爱恨交织了。

再次，余下的问题是，善恶可以同体但不可能保持同量，天平总要向一方倾斜，于赓虞身上是冲突多一些呢，还是调和占上风？

回答是前者，否则人们也就不会把他归之于"恶之花"了。理由很简单，他眼中的世界是黑狱，不是人的世界，更不是他于赓虞的世界，而是魔鬼的天堂；面对这样的异域，他满腔怒火，非彻底摧毁不可，因而他毫不迟疑地选择恨，绝不跟魔鬼世界协调。

他声明："一切，于我，不过一个冲突的恶梦！"[⑥]"我为其中一切冲突的起点，我即不杀戮一切，亦不能眷爱一切，因为我的可感的灵性在人间业已毁灭了。如今，我只是一位暴躁，惨毒的狂人，青年与少女被我杀

① 《暑思·其二》，载《于赓虞诗文辑存》，第461页。

② 《又走出鬼的天堂》，载《于赓虞诗文辑存》，第277页。

③ 《又走出鬼的天堂》，载《于赓虞诗文辑存》，第277页。

④ 《归来》，载《于赓虞诗文辑存》，第260页。

⑤ 《狱》，载《于赓虞诗文辑存》，第490页。

⑥ 《狂者之遗嘱》，载《于赓虞诗文辑存》，第282页。

了，老年人与玫瑰花被我践踏了，在我的世界里，无需这些，这些无用的妆饰。”①当然不是拿刀去砍人家的脖子，而是口诛笔伐彻底否定那些被魔鬼洗脑的人形。

这样的冲突，从历史长河看，从根本上说，又是协调，在真善美的基础上达到和谐一致。

（四）人怎么变成这样

于赓虞在散文诗《美宴》中描述了这样一个场景：他走遍古堡，废墟中见不到人的遗骸，残砖瓦堆中只有蛇类出入的踪迹。他摇头叹息，这已经不是人类的世界，除了蛇群只有苍苔！他走遍舞宫，废墟中消失了妙女的香痕，只听见枭鸟的怪鸣。他摇头叹息，这已经不是人类的世界，除了枭鸟只有苍苔！

这是一个象征，人性退后，兽性向前。苍苔也有所指，在另一篇散文诗《思想》中，苍苔是真善美及其对立面假恶丑的指代，是人类古庙“无用的装饰”。这意思是说，人类世界已经变异为动物世界，引以为豪的文化不过是装饰物罢了。个人亦如此，大家争相给自己涂脂抹粉，希望死后永远享有人间的荣誉。装饰其实正是人类及其社会已然蜕化的证明，需要靠精心打扮来掩饰自己的丑陋。

在这个变异的世界除了毒蛇枭鸟还能看到别的吗？能够，但也变了味儿：

> 我不敢仰视天空之飞鸟，它如繁华街市的怪类，
> 会将我的美丽之花的幻想，践灭于万人欢宴的舞厅；
> 我不敢静听秋虫之寂鸣，它如怨女抚抱的瑶琴，
> 会将我往日的苦梦之遗骸震醒，似歌女歌舞于眼前。②

① 《梦痕》，载《于赓虞诗文辑存》，第145-146页。

② 《思想》，载《于赓虞诗文辑存》，第256页。

于赓虞说，非人化的世界更加令人向往生之美丽，然而上面却覆盖着一层暗淡的幕纱，连追求美的权力都变了质。

那么于赓虞变异了吗？

变了。

诸事不顺，打击连连，使他不得不向现实低头：“我将屈膝我所毒骂的神祇，我所恨恶的恶魔，做死神的奴隶，毒菌欢舞之所：生命变成了一个无生气的木偶宛如圣徒。”[①]他不信各路神灵，与魔鬼作对，如今放弃初心，告别自我，遵从邪恶势力，加入群魔乱舞的行列，从而成为被操纵的提线木偶，以旧秩序典范的圣人为样板来塑造自己——比如他曾经发宏愿绝不做帮助学校谋杀青少年的教师，但还是做了，并且恪尽职守。显然他这样无情地揭露自己咒骂自己是有原因的：他恨！

恨自己沉沦。说从此人类世界将移出他的视野，与鬼群为伍偕游，私语言欢，翩翩起舞；抛弃以往的雄心壮志，割断在艺术上、政治上、事业上获得成就的喜悦，安心为奴。如果能够以这种活法结束一生也算是幸运了，尽管属于混迹于人类污浊的史册。

恨自己无望。说最可悲的是，以失败的泪水铸成利剑，无情地刺破曾经的梦想，不再从梦幻的怀中痛饮苦酒，丧失了奋斗目标，抛弃了人生意义，浑浑噩噩，安于人间地狱了此残生。

恨自己麻木。说自己将习惯于地狱的黑暗，如同瞎了双睛，见怪不怪，容忍种种丑陋和不平，不再气愤，不再揭露，做一个没有骨气、没有血性的僵尸。

他甚至给自己设计了这样一幅最终画面：孤坟上几根寂寞枯草在夕阳血样的光照下瑟瑟发抖，说这就是我追求一世的结局。

不光于赓虞，在如此恶劣环境下任何人都难以独善其身。

作为一个歌者，于赓虞今后的路怎么走？

---

① 《人间》，载《于赓虞诗文辑存》，第287页。

他有选择吗？没有。

他说，他的自由意志所树立的理想已经悲惨地淹没在毒虫游来游去的阴沟里，被肮脏的现实残酷地吞噬了。尽管没有戴上手铐脚镣，但喉咙却被毒药熏毁，不能唱了。这是告诉人们，他的创作失去了自由自主的权力。

“我再经过墓地，将不能以宝剑斩死那啄食死尸的野鹫，将不能驱散那围杀不幸者的恶犬，我的力消失了，如一病瘋的英雄。”[①]诗歌如同宝剑，没有了力量，手握利器又能怎么样？

所以他很茫然。他说，在这无期无尽的暗夜中，不知道路在何方，彷徨再彷徨，从彷徨开始，又以彷徨结束。

他最终决定，“就在这苍黑的险途里，我将做一世疲哑的诗人，向前摸索，追寻……”[②]振聋发聩的诗人变异成哑巴歌者，只见张嘴不见发声——被逼无奈的选择。

从自己身上还有他人那里他体会到，这个世界以及他本人都是异己之物。

于赓虞把这一切归之于命运。

命运是我们常挂在嘴边的一个词，命和运是分开讲的。程颐说：“天所赋为命。”[③]上天给你的、规定的就是命。天所赋俗话叫天生，于赓虞敏感有才就属于与生俱来。运又称时运。时，机遇；运，运气。于赓虞被河南第一师范开除，从开封转往天津求学，结识了焦菊隐等文学青年，就属于运。如果说命是内在的，运则是外在，命必须通过运来实现。如果于赓虞不到天津，他的诗才便难以显露，或许埋没一辈子。

于赓虞年轻气盛，胸怀壮志，勇往直前，大步走在自己的路上，却屡战屡败，头破血流，抹一把脸，猛然发现命运劈面而立，“正待我招认”[④]，

① 《人间》，载《于赓虞诗文辑存》，第287页。

② 《人间》，载《于赓虞诗文辑存》，第287页。

③ 朱熹，吕祖谦：《近思录·道体》。

④ 《美酒良辰》，载《于赓虞诗文辑存》，第192页。

信还是不信？于赓虞终于认识到：“我，一个命魔掌心的囚犯”[①]。

他信了命。“命运早已注定我的生命在惨变的一切中，终于是沦眠于时之黑海，没有痕踪；但却无勇气摧残这无光明与情爱之余生，从万丈高耸的悬崖，深跌于无底的幽谷之中！”[②]

于是生命便平添了几分悲壮感。“人生最不幸的一件事，是将生命沦落到命运的手里，自己没有操纵的权力。世界上一切的悲剧，都是从这一舞台上演化出来的”[③]。

运分好坏，我们常常祝人好运。于赓虞不幸，交的是坏运道。像他那样的破落世家子弟，偏偏又多愁善感，却生于民国乱世，不倒霉才怪。他叹息道，我还没洒落英雄圣洁的血呢，就先遭到永世为奴的毁灭，这难道是上苍赋予生命的本意吗？大发出师未捷身先死的悲情。是的，你没有英雄命，时局又糟成那样，除了毁灭又能怎样？唯有“我在命运的舟车痛哭”[④]。

于赓虞称自己的命运为厄运：“我有着长蛇紧绕的厄难的命运”[⑤]。苦难也就罢了，前面还要加上长蛇紧绕，他一定无数次企图甩掉困苦，但根本挣脱不了，才感觉如同毒蛇缠身。于赓虞为他的散文诗集《孤灵》作序，起始便说：“这部散文诗集就是我的厄运之象征：在厄运中我把它写成；在厄运中它又在印刷局遭了火灾！”[⑥]

他只能认命：

生活像满蔽苔藓的巨石，
纵是神也不能转动，疗治，
　　你休再生什么妄想，
　　生命永不会生出巨翅。

---

① 《孤灵》，载《于赓虞诗文辑存》，第240页。
② 《空梦》，载《于赓虞诗文辑存》，第158页。
③ 《夜哭·序》，载《于赓虞诗文辑存》，第737页。
④ 《归来》，载《于赓虞诗文辑存》，第105页。
⑤ 《把宝剑送给》，载《于赓虞诗文辑存》，第463页。
⑥ 《孤灵·小序》，载《于赓虞诗文辑存》，第239页。

云的翔，鸟的飞，那些自由
都是自然的赋予，但狂流
　　经了年月也会干枯，
　人由壮年也会到老瘦。

…………

待你的魂踪入大的宇宙，
吸取天庭花的香，美的酒，
　　看人世舞台的严肃，
　你，你就再也不想逃走。

但，你又难挽住生命的背
他如一片云终于会消颓，
　　　守着你长醒的春天，
　不要再向神祈求，斗嘴。[①]

于赓虞对命运的屈服相当彻底，心服口服，甚至说“在这世界里命运就是我的母亲”[②]，竟然产生了亲近感和依赖感。

他接受命运对自己的改变、修正，做命运的乖乖子。

还有于赓虞吗？没有了，只有命运安排下的于赓虞。

认命归认命，骂还是要骂的：“我无新的希望，踏死命运即我唯一的安慰，/因为在无迹的漂泊中我葬了青春的玫瑰。”[③]命运把他害惨了。

① 《生活》，载《于赓虞诗文辑存》，第365–366页。

② 《寒夜的街心》，载《于赓虞诗文辑存》，第467页。

③ 《我轻眠于此》，载《于赓虞诗文辑存》，第226页。

那天于赓虞做了一个梦：

一声笑，一滴泪，遍身血汗
像斗牛，我正戏弄着命运。
它的力似一座屹然的山，
我却如一片片飞动的云。

…………

他永远具着凶恶的面相，
我在他面前常挥着火鞭，
直待它以眼泪表示投降，
我才给了它一点儿甘甜。

…………

于是我鞭打脚下的命运，
（偷盗人们桃花色的窃贼）
使它知道人乃是神的民，
不应因它浴满身恶的罪。

在我手里它像是一团泥，
欢乐与悲哀，沉默与叫鸣，
只看我心中的一点欢喜，
它就有什么样的奇状怪形。

命运，奴隶啊，快快的前走，

如细流在石路以上翻滚，
一颠一跛的斗到了尽头，
我就摸着了天堂的大门。[1]

与命运斗，其乐无穷，尽显英雄气概；可惜是想象，意淫一场。

（五）空无的深渊

虚无感是于赓虞对世界的又一种感觉。散文诗《何处》记述他在意识的流动中推开窗子，月光拥进屋里，“天啊，我又得了一个新的大发现，原来这是一个空虚的世界！”[2]这是月夜下的一种独特效果，只见浮动的光和黝黝黑影，分不清具体物象。还有回忆，往昔的生活已然逝去，“将一切掷于空虚”[3]，掷这个动作也包含着割舍，画一条线，与过去的自己一刀两断，过去是无，现在是有，无有两界。其实这是时间的工作，它虚无化万有，不管是真的假的，善的恶的，美的丑的统统在内。“一切从时间之墨翼飞去，遗痕消灭于虚空。”[4]虚空是普遍现象：“在此地狱布满了人间打不破的空虚。”[5]

空虚是实有（充实）的反面。于赓虞的空虚感主要来自这么几个方面。一是结果与所思不一样，本来想的挺好，费了半天劲到了目的地，一看怎么是这样啊，愿景与现实的反差令人大失所望，心中空落落的。另一个方面是不可知，事物的复杂性超出人的认知能力，令人茫然失措，眼前漆黑一团，一点底都没有。再一个方面是世事无常，本来挺安稳的，人也习以为常，突然就变了走向反面，令人手足无措不可理解，脑瓜嗡嗡发晕，混沌一片。第一个方面《理想的弃儿》一节已有所涉及，不再赘述，

① 《像斗牛》，载《于赓虞诗文辑存》，第473–475页。
② 《于赓虞诗文辑存》，第253页。
③ 《长恨曲》，载《于赓虞诗文辑存》，第138页。
④ 《一切死静了》，载《于赓虞诗文辑存》，第203页。
⑤ 《只我歌颂地狱》，载《于赓虞诗文辑存》，第103页。

这里讨论后两个方面。

不可知与不知是根本不同的两回事。不知是对事物尚无认识或认识不够，随着接触的持续和深入，会掌握更多的信息，从而把握对象。现代人倾向试婚，一个理由是共同生活一个时期，可以摸透对方的脾气、想法、习惯，也就是认识对方的真实面目，从而决定是否可以结成终身伴侣，并用法律形式固定下来。这个过程就是由不知到知，所以不知意味着可知。不可知则相反，说的是对象根本不能够被认知，你就是跟他待在一起的时间再长，关系再密切，哪怕一辈子同床共枕也琢磨不透对方。为什么？不是你不努力，也不是你太笨，是因为你总是用自己的观念、经验、思想方法以及情感去看待他，就是说，人的认识是一个不断地把自己主观因素加到对方头上的过程，最后你得到的结论与事实已经相去甚远。哲学史上最大的不可知论者是德国古典哲学家康德，他的观点差不多就是这个思路，人对世界的认识以陷于自我矛盾而告终。世界不可知的根本原因在人（认识主体）本身，是由人类意识的特点决定的。

似乎可以这么说，知识越多，主观性越强，距离事物也就越远。于赓虞敏感，多思，学问一流，所以不可知感也就格外强烈。

他的散文诗《微笑之尸》里那具微笑着的尸体就是不可知的意象。他是聋子，什么也听不见；是瞎子，什么也看不见，一无所知。他脸上的微笑是一个谜，表示喜悦，这个人一定历经沧桑，然而却是哑巴，无法向世人表白。所以这是一个不可知的微笑。于赓虞说，我们不能从他的微笑里推测出他的世界是美丽的，谁又敢说那个地方不是跟我们的世界一样，“是无知，无光与彷徨的梦幻之境呢”[①]？

于赓虞的重点自然落在人生上。今天的人们时不时地问人从哪里来又到哪里去，如果让于赓虞接龙，他会这样回答：“生命从未知而来；生命又向未知而去。”[②]既然来去都不可知，那么就“不问从何处来，向何处去，任

① 《于赓虞诗文辑存》，第246页。

② 《灵与肉之灾祸》，载《于赓虞诗文辑存》，第303页。

波浪起落”[①]。

联系自身也是如此。他把自己的人生比作一只航船，在秋天黑夜的江中缓缓而行，不知道经过的地方是哪里，也不知道要往哪里去。由于两眼一抹黑，他心里没底，一片茫然。这里有三个空虚，一是环境，无尽的黑暗；一是知觉，航程如同黑箱，不知道来路、现路和去路；一是心理反应，发虚。

这种状况令人恐惧，也让人于心不甘，于赓虞挣扎着力图走出空虚，于是给自己定位“黑暗长途的摸索者”[②]。

摸索出什么了吗？没有，人生之谜无解。“我终是一个驯顺的奴隶，躯壳乃情欲与理智的战场，生命乃一团不分明的暗雾。”[③]这里的要害在于生命的构成，一方是欲望，一方是理性，双方你上我下我上你下的争斗不已，根本分不清人生的意义在哪里。这有点像康德学说：意识陷于自我矛盾，从而宣告认识的失败。于赓虞也就只好继续做命运的奴隶：奴隶不需要清醒，盲目服从主人就是了。这是气话，其实于赓虞一直没有放弃对生命意义的探讨，这方面他相当顽强。“在不知的方面里，我一人还在摸索着，含着苦泪，悲哀在走自己的路……”[④]知其不可而为之。他是歌者、思想者，摸索是本分。

认识的困境除了主观方面还有客观方面。这个方面我们比较熟悉，就是辩证法所主张的包括意识在内的一切事物都是变化着的：你昨天把握了对象，今天又变化了，出现了新情况新问题，那么人也必须跟上去，继续进行认识，所以对象永远在你的前面。

他的散文诗《默》以无常开头：“无限灰白的天色，漫着沉默之大地，生死的幻灭犹如长空之流云，正在无止息的幻变”；又以无常结尾：“因了这幻灭之悲凄，因了这玉碑的纷碎，只有看长空瞬息之幻变，低头作着如

① 《现在》，载《于赓虞诗文辑存》，第219页。
② 《梦痕》，载《于赓虞诗文辑存》，第146页。
③ 《狂者之遗嘱》，载《于赓虞诗文辑存》，第282页。
④ 《又走出鬼的天堂》，载《于赓虞诗文辑存》，第277页。

垂死的老人之大梦！”[1]

比如爱情。“谁说在此苍黯的天色有磐石似的情爱，/那玫瑰的色，流星的眸已如将腐的古槐。”[2]曾经坚信不疑的爱情如同天边灿烂的霞光正在消散，如同明亮的流星正在坠落。而才子佳人也已面目全非，“千古的英雄与美人宛如这些草虫，/在时间的掌心里均已落叶无踪；/美梦美梦犹如骆驼颈中的银铃，/一声一声地人负到荒漠的中心！”[3]荒漠的中心乃最空虚之处，悲凉到头了。于赓虞是一位忠实吟唱自我的人。他写下这些诗句的时候心中一定回味着前妻与自己的剪不断理还乱。曾经那么美好纯洁的爱情就这样去了。没有了爱情滋养，他的生命迅速枯萎。

对世事无常的感慨并非渴求流变，从中我们更多体会到的是对永恒的期许。深山响起晚钟，风息人静，过去向自己走来，留下香艳的微痕，蓦然惊醒，“而今人老了，空白了少年头，空追逐，空漂泊，空筑了理想的天堂，竟无归宿之境！”[4]何以弄得没有驻足之地？就因为只顾行动而忽视经营永久，所以这里连用的四个“空”字，指向都是实在，那可以安顿身心的归所。张爱玲和胡兰成缔结婚约，胡兰成问婚书上写些什么？回答是：“胡兰成张爱玲签订终身，结为夫妇。”胡兰成一字不差地写好。略一沉吟，补上：“愿使岁月静好，现世安稳。”不管胡兰成今后如何，此时此地的他心里就是这样想的，二人在静好与安稳中走完一生。人人心中都有永恒梦，几千年如此，将来亦如此。

无常是佛家术语，常，恒常，不变、固定、永久之意；前头加“无”，表示没有永固不变；不管多么美好，也不管你想尽办法用尽力气，事物一定要打破常态，走向反面，美好终究变为丑陋。佛家之所以讲无常，是为了进一步证明色空，美女变为骷髅，即为色空之常例。于诗中经常出现骷髅，亦有空虚之意。于赓虞描述幻变、幻灭，落脚的还是世界的空无性。

---

① 《于赓虞诗文辑存》，第492–493页。

② 《孤坐岩石》，载《于赓虞诗文辑存》，第230页。

③ 《哀曲》，载《于赓虞诗文辑存》，第468页。

④ 《深山何处钟》，载《于赓虞诗文辑存》，第148页。

空无的根本特征是否定。佛家讲空，包括人在内的万有是地、水、火、风这“四大种”经“缘起”而产生的聚合，所以“四大种”和“缘起”是实，万有是空。这是对现实世界的否定，从本体上拔除它的根子。道家讲虚无：任何事物包括人在内都是从无到有，然后生长，最后灭亡、转型，从有到无。这同样是对现实世界的否定，从过程上打掉它的基础。

于赓虞揭示空无，同样包括否定精神，意在提醒人们，这个世界上你找不到常驻，追求不到永恒，所有一切都是不可靠也是靠不住的，理想是空的，认知是空的，行动也是空的，到头来你什么也抓不住。

（六）邪恶势力统治下

那天于赓虞醉了，一下子穿越到古代，经历过史前期终于来到人类世界。人们赤身裸体在广场上跳舞，气质别有韵味，身体美丽健康。

镜头一闪，一个时代过去，他看到的仍旧是舞动，但完全不一样，而是人间杀伐。统治者为了王冠和权位驱逐无数民众走向战场。顿时炮火连天，骷髅成山，血流成河，村庄、城市大半被毁，飞禽走兽撕咬尸体，良家妇女为了衣食出卖身体，人们流离失所。可以看到胜利者辉煌的盛宴，同时还可以看到荒郊野地的累累尸骨。

他无论如何也搞不明白，人类竟然用各式各样的铁链紧紧锁住自己的灵魂，像不见天日的罪犯那样苍白空虚，完全失去了自由。神按照自己的形象造人，赐给他们智慧和灵性，如今智慧变成恶魔，灵性变成有毒的欲望。他算是看明白了：在这世界上只有生、病、死的记载，没有幸福、静谧、自由的位置，人类不需要阳光和热，不需要爱情和美，不需要创造和忍耐。他陷入极度恐惧，哭了。

镜头一闪，他来到了人类末日。这时候人类为了名声、衣食、美女的争斗已到白热化：全世界都弥漫着毒气，遍地骷髅和污血，那杀死同类的巨魔放声高歌。世界完全被恶魔占有，穷凶极恶，骄奢淫逸，宣布自己就是真理，而人类应该是真理的奴隶。他看到：地球，那人类栖息和歌舞的平台业已变成魔窟，太阳业已衰败。社会老了，自然也老了。终于地球陷落，世界毁灭。

一个诗人眼中的人类极简史。

于赓虞是在用诗篇来讲故事吗？不是。他传达给我们的明确信号是，时下的社会被邪恶势力牢牢把控，故而是魔鬼世界。这里引用于赓虞的三句话给予说明。

第一句话："我不知这是人或鬼的天下，但是黑暗，恐怖，阴森，孤独——"①其实已经回答了，黑暗、恐怖、阴森、孤独显然是鬼蜮的特征。第二句话："世界完全被魔鬼占有了，情爱，友谊业已消灭！"②世界沦为魔鬼地盘，美好真情被挤了出去。第三句话："全宇宙不过是一个魔鬼的玩具，那悲喜哀乐的人类更为丑陋的丑角，那恋爱，名誉，富豪，即为其罪的屠场。"③世界已经被魔鬼掌控，各个领域均已变质，成为魔鬼表演的场地。

在恶魔统治下社会呈现出有秩序的生活，人们似乎乐不思蜀。于赓虞告诉大家，这种表面上的平静其实是以牺牲正义为代价的。他说，自从光明之神跌死于万丈峰崖，黑暗没有了对手，人间失去了光和热，世界才有了和平。他给这种和平加上了"死寂的"定语，与真正的、高质量的和平完全不可同日而语。

那么人类呢，怎样表现？

令人非常失望，他们整体陷落，邪恶的社会环境加上洗脑，人类遭到魔化。正如上面所说，在做真理的奴隶的名义下做了魔头的奴隶，扮演的是丑角，"恶的梦魅正结伴着人类"④，患上了失心疯：

因此人就变成了疯狂，
见骨山血流也不着慌。

---

① 《又走出鬼的天堂》，载《于赓虞诗文辑存》，第277页。

② 《沉默》，载《于赓虞诗文辑存》，第274页。

③ 《惨梦》，载《于赓虞诗文辑存》，第299页。

④ 《时代》，载《于赓虞诗文辑存》，第479页。

一切好像是升平世界，
罪恶紧抱住城市，山野。[1]

应该把人类从麻木、愚昧、盲从中唤醒，然而能够收到效果吗？仍然令人非常失望，无人响应：

我曾在喜马拉雅之巅，
取一把光的热的太阳；

…………

谁知天空只半明半暗，
所寻求的都是些毒药，
同凡尘一切都不调和，
心中更感到猛烈的奇寒。

斯后，我就已销声匿迹，
将希望当作毒的娼妓，
将理想看作魔鬼叛逆，
只在污秽的角落里栖息。[2]

诗人思想家被晾在一边，苟延残喘。

于赓虞失望透了，对人类不再相信。他眼里人类是罪恶的代名词。瞧瞧他们干的那些事，哪一件不打上魔鬼的印记？他们炫耀胜利的装饰品其实是同类的骷髅；庆功宴上的美酒其实是同类的血，美食是同类的肉；城

① 《世纪的脸》，载《于赓虞诗文辑存》，第344–345页。
② 《灵之独语》，载《于赓虞诗文辑存》，第481–482页。

市和乡村的秩序的背后是战争、杀伐。多少少女被伤害，多少人血流中散发横披，多少尸体狼藉路隅。于赓虞强调，这不是噩梦，不是谎言，而是事实。至于温情些的诸如名誉、富贵乃至恋爱也一样，都属于魔鬼世界中人的战利品。这还不是罪恶吗?

于赓虞说，从猿到人类乃至今天的历史，这条漫长而曲折的道路其实是锁链打造出来的，束缚不断地增加，而走在上面的人永远是双眼朦胧。失去了自由活动和自由思考的人，岂能不糊涂? 这还不是罪恶吗?

“可惜我们出了母亲的天堂，即已走进了社会的地狱，终于被置于棺材。自由云乎哉! 幸福云乎哉! ”[①]这既是说人类，也是说个人：人类脱离动物界成为人，就进入社会牢笼；个人离开母亲子宫，就戴上社会锁链。还有什么自由、什么幸福可谈?

所以于赓虞才认为魔鬼世界没救了：人不行，根本无法改变世界。人类意识不到自己的困境，更解决不了自己的问题，只能像上面预言的那样，最后天怒神怨，来个大灭亡，将社会连同自然一起毁掉。

望着讲台下青少年神情沮丧，于老师心中老大地不落忍，觉得应该给他们一点希望。口风一转，说尽管这个社会不好，恐怖、暗礁、惨号、哀泣弥盈周遭，但获得生命的喜悦是不破的真实，我们每个人都能感觉到，青少年尤为明显、强烈。随即作歌曰：

这世界有说不尽的喜悦，
　你为什么那样的悲绝?
虽然落花，败叶已经遍地，
　也应赞叹彩云的奇丽。

　你听那无忧虑的蝉声，
看那自寻安乐窝的飞鸿，

① 《寒夜》，载《于赓虞诗文辑存》，第666页。

虽然飞絮紧贴到鬓角，
这长天还不是一样清阔！

眼前有的是皎媚的月光，
明天还有灿烂的太阳，
且酌下面前这一杯好酒，
好去各处看山色，水流。

谁说日月能永远光亮？
这地球更不会永不凋僵，
只要你为我唱支轻歌，
我就有在天堂般的快乐。①

（七）黑夜给了我黑色的眼睛

于赓虞有位河南第一师范的学长徐玉诺，出了本诗集《将来之花园》，情思文体非常对于赓虞胃口，写得干净、大气。于赓虞写了篇书评，指出徐诗好就好在每个字都含着隐隐泪珠，指向的是现存社会，激烈地或深沉地表达出内心的反感。他说，徐诗是他自己生活的写照，里面有痛苦的经历、思考和情感，所以能够打动人心，引发共鸣。这是借评价他人来表白自己。

于赓虞始终坚定彻底地将诗歌与自我画等号，认为诗是个人生命的冲动和展示，是个人生活的诗化记录。这就为我们理解于赓虞何以把世界魔鬼化提供了主旨，从而把视线聚焦于他的独特经历。

于赓虞的生活，坎坷远超顺畅，痛苦远大快乐，造就了他悲沉的三观。借用顾城的诗，黑夜给了他黑色的眼睛，他用它直视黑暗。正像他的一首题为《只我歌颂地狱》的诗所说：“夜深了，只我在古城之角里歌颂地

① 《初秋》，载《于赓虞诗文辑存》，第336页。

狱。”[①]

我们都体验过感受是如何被心境所左右的：心情好，大阴天也是良辰美景；心情不好，阳光万里也是黯然失色。于赓虞前妻背叛，包括与其后的追求者产生矛盾，失意之余写了不少诗，悲伤、愁苦、悔恨、颓丧之情溢于言表，世界为之变色，秋风瑟瑟，愁云漫漫，万物戚戚。选一首《秋途》片段：

看，秋墟里枫叶飘满寺院，飘遍墓地，
修道者听古林之老鸦在枯枝长啼。
残阳里，彷徨于古道看枫叶之飘坠，
沉醉于情爱之杯任秋风无忌狂吹。

魂啊，这漂泊，战斗，终于为了谁？
好梦已似枯萎蔷薇上的露水！

…………

一切逝了，为你，姑娘，今宵痛醉此处，
但愿葬情于落叶，将悲哀孤自深储。
秋途里荒无人烟，村落，萎灭了芳心，
残草上徘徊着我永世孤零的苦人！

将一切付与空虚，惨黑的命运，
梦，爱，生命，已如彼流散之夏云。[②]

① 《于赓虞诗文辑存》，第102页。
② 《于赓虞诗文辑存》，第414–415页。

就事情而言，这属于偶态，但在心境情感上却是常态。于赓虞长期处于情绪低潮区，只有悲苦与更悲苦的区别，无论是自己、亲人、家园还是国事都不如意，纷至沓来地给他加码，再加上找不到答案的苦闷和找不到方向的茫然，心情越发沉重，所以类似的诗句、言论几乎随手可得。

山间一湖苍水向来属于公认的美景，被奉为上帝失落的绿宝石，但在于赓虞眼中，那是“残病的最有经验的老人所汇集之泪滴”[①]。春天，杨柳新绿，草长莺啼，然而“在孤老的彷徨中，一切颜色惨变了：春，百花微笑的春，似是衰老的冬天；冬似惨狱，无光，无香与无酒。宇宙乃无救的惨绝之空冢，零乱的荒草颤栗于斜阳。”[②]好不容易发现他的一首清丽小诗：“淡淡的月光照着，/湖中浮眠的野鸭。/缓绵的微风，吹得/湖旁青石上烦恼的青年/”往下走，不对了，“——沉醉于林端坟墓下的已故人了。”[③]还是离不开悲情。

即便是热恋时刻，也涌动着彻骨的悲伤和惶恐：

歌罢，我的人，这银波浪浪的海上漫着醉人的情韵，
漫游苍空之流云无归宿像是我这天涯沦落的人。
吻罢，我的人，这寂寂的海上只有两个依依的悲魂，
今朝馥馥的莲香已残消，飞瓣飘落于，飘落于海心。
歌罢，我的人，你凄栗栗之哀韵深葬着不醒的青春，
你，你看那穹苍中火箭似地流星，一只创伤的孤魂。

歌罢，我的人，夜颂的歌曲正潜着灵魂深处的泪痕，
漫漫长途的时辰已长殡于荒墟，彼地里无人逡巡。
吻罢，我的人，将你深心的热血迸射于我冷冷寒唇，

① 《春夜曲》，载《于赓虞诗文辑存》，第128页。
② 《爱》，载《于赓虞诗文辑存》，第281页。
③ 《湖滨》，载《于赓虞诗文辑存》，第395页。

生命，生命正如怀春的双星远隔着天河苦泪涔涔。
歌罢，我的人，这，这正是神魂交迸的银露似的时辰，
你，你看那残月深坠西山时即是我们最后的一瞬。[①]

总之在于赓虞眼中，世界是颠倒的，“从我半瞎的眼中，一切变了颜色，情调，意义：夜为昼，昼为夜；日光寒，月光热；情人为敌，敌人为友……”[②]

对此于赓虞并不回避，大大方方地承认自己诗歌的暗色情调。

他的辩词完全符合他的诗论，即诗就是诗人的经历和经验。好友赵景深和沈从文委婉地批评他的诗过于阴暗，他的回答是“这正是我的生活”[③]。关于这一点前面说了许多，用于赓虞的话讲，他的世界只有黑暗没有光明，在黑暗中生存，在黑暗中摸索，在黑暗中写作，因而从“从经验之杯饮了过量之哀戚”[④]，这种情感框架中的冲动也定然弥漫着悲情愁绪，感觉、构思、意象、句式等创作要素自然也就着上了阴暗色调。正是他的诗中所说：

如今我是宇宙间富有的人，绝大悲哀归我保存，
我将它混化于我的生命织成一篇绝美的诗文。[⑤]

下面这段文字讲的更清晰：“因自己受了社会残酷的迫害，生活极度的不安，所以，虽然是同样的草原，同样的月色，同样的山水，我把别人对它们歌赞的情调，都抹上了一片暗云。”[⑥]

正因为如此，于赓虞一再解释，他的作品跟主义无涉，跟政治立场无

① 《未终之曲》，载《于赓虞诗文辑存》，第91页。
② 《断弦》，载《于赓虞诗文辑存》，第244页。
③ 《世纪的脸·序语》，载《于赓虞诗文辑存》，第311页。
④ 《春夜曲》，载《于赓虞诗文辑存》，第128页。
⑤ 《午夜》，载《于赓虞诗文辑存》，第117页。
⑥ 《世纪的脸·序语》，载《于赓虞诗文辑存》，第307页。

关，表现的纯粹是“我个人所生活的世界的情调”[①]。他并不打算改变初心，说现在自己诗歌的情调与往日已有所不同，但这个不同是自己的生活和思想沿着来路更深地坠入“魔道”，从而把一切涂上另一种色彩，赋予另一种意义，中毒之巨已经到了不可救药的地步，但自己却十分安然，独享这份生活和情思。

特殊性其实也是一种普遍性。于赓虞的生活当然属于他自己，但同一社会同一条件下的生存者却不止他一个，而是千千万万，因此那种黑暗社会中的黑暗感可以说是一种共同感受，于赓虞可能只是其中最敏感最强烈并且用诗的语言表达出来的那个人。这也是于诗为什么有人读，为什么能够引发共鸣的根本原因。

由于于赓虞执着黑暗，有人送他“中国恶魔派”诗人称号[②]。恶魔派产生于18世纪的英国，以拜伦、雪莱、济慈为代表。关于这个群体鲁迅有一个总括，即“大都不为顺世和乐之音”[③]。说白了就是不同流俗、不唱颂歌、不向统治者献媚，也不去迎合读者，想自己所想，发自己声音，走自己道路。这几位诗人都是于赓虞的偶像，他非常欣赏他们的诗品和人品，尤其崇尚他们的叛逆精神。他去英国留学与这个国家是他们的故土多少有些关系。

偶像中还有一位与三人不相上下的后来者，就是法国人波德莱尔。19世纪的西欧已经进入城市中心时代，波德莱尔走进市井，大胆表现人的丑陋以及人性的阴暗，于是有了散文诗集《恶之花》，也就是人性之恶以及生活之恶开放的花朵。性恶为人所固有，是一种根子上的恶，来自对魔鬼撒旦的追求。当然，人身上也还保留着对善的化身上帝的追求，但那不是波德莱尔的兴趣所在。波德莱尔在生活中也接受撒旦驱使，就是于赓虞说的波德莱尔“是向下以求解脱者”[④]，放下官二代身架与市井为伍，由此挣脱世

① 《落花梦·小引》，载《于赓虞诗文辑存》，第183页。

② 《世纪的脸·序语》，第311页。

③ 鲁迅：《摩罗诗力说·一》。

④ 《寒夜》，载《于赓虞诗文辑存》，第665页。

俗的束缚，自由自在，同时在欲望中寻求和表现存在的意义。这让于赓虞钦慕不已，检视自己，既无决心，也无能力，只好在创作中加倍效法了。仅上面介绍的两点，即人性恶以及神鬼共存共处，就可以看到波德莱尔对于赓虞的影响。它们是于诗构成的诸元内容。这就意味着，“中国恶魔派”称号绝非虚言，事出有因，言之有据。

那么于赓虞什么态度呢？

他拿过这顶荆冠端端正正地戴在自己头上。人家骂他，权当夸奖，能站到拜伦、雪莱、济慈、波德莱尔的队伍中是莫大的荣耀。“如今我已沉醉，沉醉于世界恶魔的诗人，/他们热毒的情思说出了我难言的哀音。”①

恶魔诗人都是撒旦的朋友，于赓虞也不例外。他长发遮耳，一袭蓝袍，前去报到，“我是悲哀的歌者散发蓬蓬来到撒旦的面前”②。他说自己永远都是一个在夜色里行路的孤寂旅人，不喜欢天亮，因为他是猫头鹰，白天变成半瞎子，看什么都是冰冷的、虚假伪善的怪物。还说其实他这个人一点都不坏，只是外表看上去有点吓人罢了，心地挺干净，怀着广漠渊深海洋一般的爱，可社会却偏偏跟他过不去，遭人遗弃、践踏，逼得他以笔为剑，走上反潮流道路，揭破奴隶们的命运。他告诫世人，我的诗歌是利剑，是毒药，将毫不留情地刺破你幽秘之心，毒杀你欢乐的生命。留神了，我来也！

在人类的眼中我不如春日草花的芬芳，
我所有的诗歌人们都说是毒药与酒浆。
我只将心头的忧伤随自然的管喉歌唱，
我将名誉，希望涂于这倏即消灭的月光。
如同那无语的白云我无意的飘来，飘往，

① 《暑思·其二》，载《于赓虞诗文辑存》，第461页。
② 《我是悲哀的歌者》，载《于赓虞诗文辑存》，第201页。

到万载之后我许会来此世界微笑，彷徨！[1]

他对自己这个恶魔派相当有信心，说你们瞧见没有，自古以来那些反潮流的歌者常常为社会所不容，为顽固的人们憎恶，恨不得拿石头砸死他，剥掉他的皮。然而过不了多久就翻盘了，他们由魔鬼变成世人崇拜的神。

但愿于赓虞复活，走进今天人们的视野，说不定真的能成为偶像呢。

二、这个恶魔并不恶

（一）挑战夜魔

于赓虞宣示黑暗，绝不仅仅是卖惨，也不仅仅是表达他的世界观和社会观以及人性论，而是意在揭露黑暗，从而引导人们去认识自己生存的真实状况。说得诗意一点，可谓挑战夜魔。

首先这里要澄清一个问题，即于赓虞尽管悲苦，难道他的生活中就没有一点乐趣吗？如果有的话，为什么不去歌唱，而非要把自己的人生以及世界弄得一团漆黑呢？这个疑问可以从两个方面解答。

一个方面是，于赓虞是从本质上讲黑暗。他个人生活中肯定有欢乐，尽管他给热恋涂上一层阴云，但其中少不了身心的愉悦，但这不是主流，属于次要构成，甚至是偶发，能不能带来欢快受条件所限。推及社会亦如此：不能说没有一丝光明，但那不过是黑暗中街衢旁摇曳的路灯，几点微黄的光影而已，或者是无边夜色中的月光，稀薄、淡然、冰冷。

另一个方面是心理反应。人的反应是选择性的，只接受自己想接受的东西。那天于赓虞很是伤感，冲动之中蓦然伸出双手去捉，然而捉了个空。“心里想，即是我捉不着掌有幸福的女神，将那拨弄人的魔鬼捉到手里，也会感到一种莫名其妙的慰安……我这种捉魔的心情，乃人到创不出或找不到幸福

① 《夜神》，载《于赓虞诗文辑存》，第224页。

时，所生的一种恨毒卑微的感叹。”[①]用今天的话说这叫自虐，快乐不来那就来悲苦吧，好好地来，多多地来，我都接着，虐吧，虐死算了。

其次，在关于黑暗问题上，于赓虞跟两种人划清界限。一种是“世外桃源的自然诗人”，也就是不食人间烟火的歌者，很天真，很纯洁，似乎到这个世界是来错了地方。古代这种人称高士，抱朴守真，通常住在深山老林里，隔绝红尘。一种是高富美的小姐和公子，小姐们花枝招展，公子们出入高档俱乐部，人家有属于自己的世界，所言所思所情只在贵圈流通，隔绝大众。这两种人高高凌驾于现实之上，跟黑暗不搭界，听不懂于赓虞说什么，对他那套也不感兴趣，甚至充满鄙夷，当然也就用不着和他们啰唆。

讲明这两点后，我们来看看于赓虞是如何对待黑暗的。

他把黑暗作为认知对象，沉浸其中细细地体验、品味。关于这一点他有两个形象说法。一个是，既然自己捉不住神的光，使其笔墨生花，写出漂亮的男欢女爱，那么就去捉魔的色，然后一刀一刀地去解剖，去记录，去描绘，把笔墨变成刺。再一个说得更狠，如果真的捉住了魔鬼，一定要观察和研究它的爪子是如何的锋利，他的牙齿是怎样的可怕，接着把他的心脏切成碎块研成粉末，装进试管里化验它的毒液成分。可以说他的一系列诗篇就是这种观察和研究的实验报告。

实验报告不只是描述性内容，还有结论，其中之一就是黑暗绝非永恒。魔鬼统治着现实社会，这个世界已经黑透了，然而不可能一直黑下去，总有过去的那一天。于赓虞有本诗集叫《晨曦之前》，套用一部国产电影的名字就是《黎明前的黑暗》。其中有两首诗前面介绍过，一首《遥望天海》，内容是大地沉沉故园凋敝，然而北方却现出红天一角，那是苏俄燃起的希望。另一首《风雨之夜》，呼唤狂风暴雨毁灭现存世界，涤荡污泥浊水。

这日天色阴暗，于赓虞突然生出一种感觉，似乎置身于墓地，住在鬼的居所。心中惶恐，不停踱步，“我徘徊着，徘徊着等待那一轮烛天的红

① 《寒夜》，载《于赓虞诗文辑存》，第664页。

日，我将逃出这可怕的囚狱…………”[1]于赓虞曾把世界比喻为结着冰壳的黑洞，紧接着便说：“但，我正在期待着，有一日这世界会变成美的天使歌舞之殿堂：让花朵开遍了市衢，让花朵开遍了居所，让花朵开遍了墓地……”[2]用充满阳光装饰着鲜花的世界取代现存黑暗世界。

于赓虞是黑暗世界的歌者，但唱的不是颂歌而是葬曲，身陷黑暗的他等待天明。

这葬曲之一就是光明曲，用它来反衬黑暗，为此他尽力挖掘这个世界潜藏的光和热。他指给人们：

> 你看，春天使香花开放，
> 到秋天又是天高气爽，
> 有酒，有美女，又有诗歌，
> 即如痛苦也变作欢乐。[3]

他想以身作则给大家立个榜样：

> 倘若这世界还有黎明，
> 倘若不把我喂了蛆虫，
> 我向夜神发个深誓，
> 要乘着太阳游遍奇景！[4]

他还教给人们要自己找乐子：

> 你应抓住眼前的欢乐，

① 《何处》，载《于赓虞诗文辑存》，第253页。
② 《恶魂》，载《于赓虞诗文辑存》，第259页。
③ 《感谢辞》，载《于赓虞诗文辑存》，第319页。
④ 《夜吟》，载《于赓虞诗文辑存》，第338页。

不要任它如电般闪过，
　　因你难捉住春光，
　秋色你也留不久长。[1]

其实，乐子就在身边，很容易得到，比如去名山大川游玩，比如清风徐徐中睡在芳草地上，比如边喝小酒边跟枫叶对话，一觉醒来山头已覆盖白雪。都是些雕虫小技，拾遗补漏，想来想去也就这些了。

火力自然集中于对黑暗的揭露、批判，别忘了他可是与命运、社会抗争过的人，曾经怀着一颗伟大的英雄心。

他发誓，一旦自己成为宇宙主宰，将横扫一切牛鬼蛇神。首当其冲的是诗界同行，当然是之中的劣者，那些见困难就躲、见名利就上的家伙，所谓的“懒惰好名”，办法是惩罚。接着矛头对准精英，那帮自封的英雄。他们野心勃勃贪婪无度，办法是杀头，不灭了他们天无宁日。再下来收拾的对象轮到异性了，他成见最大的性别群体。选中的是生性淫荡却又无所忌讳从不脸红的女人，下手也最狠，办法是活剥，估计他做出如此判决时脑子里转的对象是不忠的前妻。可能还要继续扫荡下去，不过于赓虞没有点名，总之，目标是“让这天下变成地狱的天国”[2]。

那么怎样才能实现这个梦想呢？前提是必须唤醒民众，使他们意识到这个世界的黑暗性，所以他首先要做一个启蒙者。“去吧，神祇，去吧，鬼怪，现在，要将我谋害人类的毒药，一粒粒的撒向苍空，山头，海上，园篱间；将来，就在晨曦初醒的明朝，会创出一个理想的世界。”[3]所谓毒药，毒杀的是蒙昧，是黑暗，是魔鬼。

那么于赓虞是如何揭露、批判黑暗的呢？下面我们逐一介绍。

---

① 《一杯茶》，载《于赓虞诗文辑存》，第349页。
② 《恋想》，载《于赓虞诗文辑存》，第291页。
③ 《夕天》，载《于赓虞诗文辑存》，第147页。

（二）惊醒心魔

我们看到，于赓虞对人性、人类评价甚低。他眼中的人类已经病入膏肓，老态龙钟，如同失去活力、创造力、思想力、行动力的行尸走肉，是最难看的大丑角，最愚昧的族群。

对于大众的愚昧于赓虞有切身体会。他不过稍稍清醒一点，就被讥为魔鬼、疯子，而他的作品则被说成是危害社会的毒药和酒浆。

当然，于赓虞本人也好不到哪儿去，人类所具有缺点他身上一条不少。大家只是程度不同，对此于赓虞非常清醒。

他承认自己的灵魂正在慢慢枯萎，说里面有无数条蛆虫在咬噬，弄得连花香、酒味和毒药都分辨不清了。还说自己的怀中只有一副丑陋的腐臭的骷髅，那是死于黑暗的灵魂的遗痕。于是“我的心已天天向黑暗沦沉”[①]。也有清醒的时候，那是酒醉之后，幻觉、胡话反倒是真的、对的。

所以于赓虞说：“我想我的巨敌，不在地上天上，就在我自己的心里，而我自己的心就是莫名其妙的模糊。这当然不是英雄，而是丑角，恐怕我将如骷髅抱着酒瓶演一辈子的悲喜剧罢？”[②]他把自己划进人类大丑角的队伍里，成为蒙昧一分子。当然这并不妨碍于赓虞唤醒民众，因为他毕竟清醒一些，况且表达自己艰难曲折的人生之路以及苦闷彷徨的心境也是一种启迪和警示。

于赓虞的启蒙从暴露人类灵魂的丑陋入手，大致有以下几个方面。

第一，人性的自私。

恶魔派诗人认为，人身上的欲望属于魔鬼，这也是于赓虞的看法，所以他谈到欲望时常常以“魔鬼”二字代之。于赓虞关注的不是一般的魔鬼，那些只是趋利避害，事不关己高高挂起，一事当前先为自己打算的自私自利不是他关注的焦点，他关注的是为了满足私欲损伤他人利益，把大众作为实现个人目的工具的魔鬼；退一步，这也还可以容忍，要是魔鬼加

① 《醒》，载《于赓虞诗文辑存》，第453页。

② 《寒夜》，载《于赓虞诗文辑存》，第667页。

上暴力那就无论如何也不能原谅。不幸的是二者总是牵手，由此也就有了杀戮、监禁、酷刑、战争，有了土匪绑票、“点八村”，有了三一八惨案、刘和珍之死……私欲和暴力就住在人性中，是人的原罪。

私欲加上暴力，人什么残忍的事都干得出来。

第二，失智现象。

于赓虞曾经有过这样一个说法，由此上溯到猿猴变人的时代，整个历史过程中人的眼睛都是朦朦胧胧的，意思是没有思想。因此，思想不是人类必需品，社会也不会给思想以崇高地位。“人类，乃一盲群，在无知的摸索中，哭着，歌着，爱着，战着逝了。”①

他做了个行为艺术，骷髅上插一把荒草，隐喻思想。骷髅象征死亡，荒草是野生，是说思想已死，沦落为园地边上的野物。于赓虞说，从这件艺术品可以闻到人间纯美与恶毒相混杂的怪味。思想是纯美的，却被反智势力谋杀了。也可以做另一种解释，骷髅毫无价值，属于弃物，荒草跟它放在一块儿，远不如骷髅色重，连弃物都不如。

于是，一个满天星斗的夜晚，于赓虞提把铁锹去埋葬思想。他饱含热泪，选一棵松树为坟址，希望思想之灵依附于不死的苍松。还许下愿，说，将在风清月明的夜晚，独自一人前来为思想招魂、祈祷。尽管从前发过毒誓，以生命做赌注，再也不向思想的遗骸回望。思想把他害惨了，人家把他的诗当成毒草。

社会没有了思想将会如何？眼睛朦朦胧胧，灵魂浑浑噩噩。

第三，整体自欺。

这个社会是分裂的，已经成为矛盾产生和爆发的温床。各种冲突在这里发育、扩张，达到极限；而民众则在其间辗转、苦吟，深陷旋涡不得解脱；眼睁睁地看着自己颓败下去，最后死于悲苦。这都属于这个社会不可医治的病症。

奇怪的是人们不仅不正视，不反思，反而对其大唱颂歌，表现出无限

① 《微笑之尸》，载《于赓虞诗文辑存》，第246页。

的眷恋。他们用各种各样的手法粉饰社会，找出各种各样的理由来说服自己、欺骗自己、宽慰自己，好像轻眠于天鹅绒的摇篮中似的。

这样自我欺骗下去，人永远活在幻觉里，一辈又一辈。

第四，全社会麻木。

对唤醒心魔来说，这一条最要命，就像俗话所说，你永远唤不醒装睡的人。人们不愿意正视现实，不愿意清醒，正如在无边的漆黑中，盲人无所谓，眼明的人最痛苦。于赓虞就是那个留恋光明的人，“但只有我在毒醉之中清醒，不能使这宇宙如死尸平静”①。虽然他振聋发聩，喉咙都快喊破了，但装睡的人毫无反应。他们的生命已经枯萎，好像佝偻的古槐，发不了芽更开不了花。望着他们呆滞僵硬的脸，听着他们或高或低的鼾声，于赓虞失望极了，眼泪从空空的眼眶中滚滚落下，血液在体内渐渐冰结。

千呼万唤终不醒，麻木到这般程度，社会还有希望吗?

人类灵魂就这样一天天向黑暗沉沦，越陷越深。正如魂字，去掉云便只剩下鬼，人类日渐与魔鬼为伍。对于人们的堕落，于赓虞愤恨不已，“没灵魂的肉体呵，我以生死来打赌，绝不赞颂你！”②“从此，我才知道那往日夸大的庸懦的人类，乃宇宙间最愚蠢的生物，倘若他们看见了自己悲惨的影子，他们会在阴狱抱头痛哭，忏悔！”③

然而这同时也越发激起于赓虞惊醒心魔的冲动，尽管社会并不欢迎他，视其为不祥的猫头鹰，但他仍然要以“猫头鹰之凶恶与怪调”去唤起大众沉睡的心灵。

（三）驱逐道魔

“道魔”一词是于赓虞提出的：“在道魔支配中国人心的两千余年中……”④道，宇宙本体，万物本原，也可以理解为根本道理。儒家有“道

① 《醒》，载《于赓虞诗文辑存》，第453页。

② 《失踪者的日记》，载《于赓虞诗文辑存》，第676页。

③ 《恶魂》，载《于赓虞诗文辑存》，第259页。

④ 《新文学的历史来源》，载《于赓虞诗文辑存》，第707页。

统”一说，指称自尧舜始，由商汤周文继承，经周公孔子明确并发扬光大，再由孟子以及其后大儒不断丰富、充实的思想文化体系。

“五四”一代面对民族危亡寻找原因，认定“道统”为其根子，喊出“打到孔家店”口号，于赓虞作为激进一员，将“道”列入“魔”的行列，诗化地表述为“道魔”。

于是，在他们眼中，中国人引以为豪的五千年传统变成了前行的包袱，庞大、沉重、持久，压得中华民族弯腰驼背气喘吁吁止步不前。“在此霜雾雰雰的荒途间，我怅望，迟疑，像是死于梦幻的国土，无力转动——负着五千年来人类积压的悲哀。”[①]这就是我们的中华大地，压着传统的大山，失去了生长的活力，传统思想文化是我们的原罪。如果用颜色表示传统，于赓虞涂抹的是苍黄色，黄中带青。这是什么效果呢？“将枯槁的苍松，/虽依然戴着绿帽，/但总拂不掉满脸暮气。”[②]死气沉沉，行将就木。

于赓虞对传统文化的批判多以诗的隐喻进行，这里试举两例。

一例是假。传统崇尚贞操，于赓虞根本不相信。他说今夜他戏弄天上的星辰，跟孤芳自赏的嫦娥调情，她绝不比人间的处女更坚贞更清白，也像她们那样对你眉目传情。结论是“文化，不过是一堆劣迹与谎言”[③]。

一例是吃人。传统讲仁爱，慈悲为怀，于赓虞换成杀人。他在冥冥中听到上苍的命令：毁灭希望，用灾祸代替幸福。惊醒后，看到血流中漂浮着无数骷髅头，都是被害死的青年男女，上面装饰着严肃沉静的花纹。

传统已经存在几千年，固化为一种不变的习惯和秩序。能够挑战它、改变它吗？于赓虞的回答是：

你也应更换眼光来看人生，
　天地无千秋万岁的准则，

① 《罪》，载《于赓虞诗文辑存》，第163页。
② 《春风》，载《于赓虞诗文辑存》，第23页。
③ 《恶魂》，载《于赓虞诗文辑存》，第258页。

犹如那苍空幻变的云彩，
你不能将它铸成一种模型。[①]

又：

山川草木并没有常态，
风云雨露也没有恒则，
谁说美人不化为灰尘？
谁说宫殿能永久长存？

人世既是这样的幻变，
自然亦不能将我欺骗。
…………[②]

在彻底否定传统的前提下，于赓虞对传统的各个构成进行了无情揭露。首先对准的是圣道士，也就是以孔子为代表的那些大儒。

引用于赓虞的一句话和两行诗。

话曰："孔丘后领袖一时文坛者，文必秦汉，诗必李杜，而其内容皆归于圣道。其所以如此者，皆因政治安定，帝王倡导儒术，不使作者富于人生理想，有改造社会思想，而以官爵诱网当代文士之故。"[③]

诗曰："死灵呀，你与我作千载抱头之痛哭，/让我以此铁腕痛击那虚伪的圣主。"[④]

其次对准的是道德。"五四"一代最烦三纲五常，认为他们是束缚个性的绳索，必须全部彻底干净地推倒。

---

① 《祈祷》，载《于赓虞诗文辑存》，第334页。
② 《青春》，载《于赓虞诗文辑存》，第314页。
③ 《新文学的历史来源》，载《于赓虞诗文辑存》，第706页。
④ 《死灵》，载《于赓虞诗文辑存》，第456页。

垃圾上偶然开朵鲜花，
蛆虫就在那上面乱爬。
道德卖弄着虚伪的脸，
时而伸头在人间，云端。[①]

传统道德假借天意在人间忽悠，在高尚的名义下害苦了多少人，葬送了多少生命。

再次对准的是祖先。中国人不信仰外设的神而笃信祖先。传统中，祖先就是神灵，而且是眷顾子孙后代的神，远比跟你毫不相干的神靠得住。所以平时祭拜祖先，两不相忘，遇事首先想到的就是祖先，请求他老人家出手相援，救灾救难。然而祖先也不是谁都管，只照顾那些秉承自己遗志的后代，所以要想得到惠顾，必须遵守家规族约，而这些东西都是按照儒家学说结合本族本家的实际情况制定出来的，几百年不变。

于赓虞出身世家，通晓其中奥秘，知道不否定祖先崇拜或者说族权就不能解放大众。他告诉人们："祖先，不过是死了的蠢猿。"[②]把祖先还原为猿也就罢了，前面还加个蠢字，意在提醒大家，你所崇尚的祖先连你都不如，听他的话不是犯傻吗？

于赓虞相信，通过讨伐神祇而开启民智，"有一天，他们会拆尽了一切偶像的庙堂，痛骂那没思想的祖先！"[③]

再再次对准的是父母。如果说号召否定祖先人们多少还能容忍的话，这一条无论如何就不能接受了。从这里也可以看到于赓虞有多么激进，由此我们也可以多少理解"五四"一代的极端性思维。他们受到的压迫实在是太大了，以至于个性一旦觉醒便轻易走上否定一切的道路：神圣可以打

① 《世纪的脸》，载《于赓虞诗文辑存》，第346页。
② 《恶魂》，载《于赓虞诗文辑存》，第258页。
③ 《恶魂》，载《于赓虞诗文辑存》，第259页。

倒，至亲可以践踏。

母亲的慈爱和无私是人所公认的，不光中国传统文化如此，西方文化亦如此。然而于赓虞却视其为腐蚀剂："母亲以慈爱之心抚摸我，慰吻我，但我觉着只似骷髅在额前转动，其惨痛有如利刃。她的悲悯的老泪，似是毒药的恶流，正要酸化我的心，使生命慢慢的枯萎，有如道旁的草花。"①

为什么说母爱是毒药流呢？"谁说天下没有虐待子孙的神与父母：既赐予了生命，复使生命在中途萎灭于其掌心，这正是个奇异的世纪，一切正走向寂灭的道途：白骨已遣散庙堂，历史亦焚毁于其间。"②于赓虞的意思很明确，父母既给了你生命，亦剥夺你的生命，给予的是自然生命，夺去的是人格生命。在这里父母之爱成了控制子女的手段，尽管可能是不自觉的，然而出于本能更是可怕——你不得不按照他们的意志规划人生。于赓虞讲这话的时候，不知是否联想起因出于亲情而隐瞒和更改父亲吸食鸦片以至败家毁身的事实。

父母之爱是个性解放的大敌，是独立自主的大敌，必须一举冲破之，绝不可儿女情长，到头来葬送自我。

最后对准的是神。这一条秉承的是恶魔派扬魔抑神的宗旨。神代表灵魂，魔代表欲望；前者向上于天堂或称神域，后者向下于世俗或称魔域。于赓虞对欲望的态度是矛盾的，一方面谴责它，视其为万恶之源；一方面又肯定它，认为是幸福之源。于赓虞心里可能有个度，做正常与过分之区别，一旦过度，欲望就变了质。然而对于神，于赓虞的态度非常明确，坚决否定，没二话。

他宁愿徘徊地狱不进天堂，
　因地狱比天堂更有生命；
　他活了一生未露过笑容，

① 《我的世纪之始》，载《于赓虞诗文辑存》，第262页。
② 《我的世纪之始》，载《于赓虞诗文辑存》，第263页。

幸福，光明终如烟一般苍茫。[1]

于赓虞的现实生活并不幸福，如他所说往日如烟，然而就是这样也决不去天堂享福，因为那里缺乏生命力。古人梦想成仙，尤以汉代最为痴迷，竟然造出天马和羽人，天马可以载人升天，羽人身披羽毛肋下生翅亦可飞向仙界。一旦进入天堂，吃喝穿戴的奢侈高贵就不必说了，而且不工作不劳动，最大的好处是长生不死，青春永驻。然而有一条，就是不能搞恋爱，意淫都不许。天蓬元帅就是动了淫念跟仙女动手动脚触犯天规，被打下人间变成丑陋的猪八戒，恶心他是受欲望驱使的畜生。所以说，地狱比天堂更有生命是成立的，天堂没有欲望。

这还不是最要命的，令人更无法接受的是，神意味着束缚。比如基督教的“十诫”，宋儒的“存天理，灭人欲”，都是神圣的戒律。“十诫”是上帝与人的契约，你要享有神的恩典必须恪守神的规定。“天理”是上天之理，人间的根本法则，人人必须遵循。违背“十诫”者必遭惩罚，死后下地狱。违背“天理”者，天诛地灭，死后不得入家坟族墓。

“默祷后，我见了上帝眼中毒烈的恶光。”[2]

类似的揭露还有不少，比如友谊。于赓虞说：“我立誓要踏破所有的友谊！”[3]为什么呢？因为“我结交了许多恩爱的友谊，谁知，我的生命虽因此得了保障，却又因此几乎沦于惨灭”[4]。朋友是双刃剑，既暖你又寒你，既福你又祸你；而于赓虞用的是“沦于惨灭”，远超“得了保障”，所以要把友谊摔在地上用脚踩踏。他是过来人，其中的利害自然清楚。

凡此种种，于赓虞下定决心与道魔决裂。他的心情很沉重，漫漫黑夜里，抚摸着五千年来积压的累累创伤，以眼泪和着星光细细清洗。但同时又很轻松，这是获得解救的开始，自己将脱离五千年来奴隶的地狱，五千

① 《祈祷》，载《于赓虞诗文辑存》，第334页。

② 《瓣瓣落花知此恨》，载《于赓虞诗文辑存》，第444页。

③ 《人散了》，载《于赓虞诗文辑存》，第160页。

④ 《诗人诞生之夜》，载《于赓虞诗文辑存》，第254页。

年来恶鬼的世界，尽管这是一条黑暗荒凉的道路，艰难险阻，山高路远，而且独自一人，但他还是要走到底。

（四）颠倒观魔

观魔，观，根本看法；魔，魔鬼。观魔就是流行的谬论或者偏见，虽然属于认识误区，却一直统治着人们的头脑，左右舆论，误导人生。颠倒观魔就是要把这种颠倒的认识再颠倒过来。

这里我们谈一个观念，即美丑。

美丑问题上最容易犯的错误是将二者截然对立，以为美是美，丑是丑，美丑泾渭分明相互排斥，有你无我，有我无你。这是不对的。

首先，美丑总是相伴相随。骷髅上的蔷薇是于赓虞常用的一个意象，骷髅是丑，蔷薇是美，表现的就是美丑共生现象，两个完全相反的、强烈对比的要素构成和谐画面。现在人们喜欢说的美女和野兽其实是这幅图景的变种，形式和意义完全一样，通过相互衬托夸张对方的美或者丑。正是这种相反相成以及相互突出使对立的双方协调一致。“温柔与惨暴之音乃神与魔之歌弦；/美与丑的和谐缀饰人间[①]”。

于赓虞本人就是美丑协和体。前面我们在谈二重结构时（见《冲突与协调》）引用过他的一句诗，意思是把天使和恶魔一起放进他的体内，让它们在这里密吻；还说自己一身兼英雄与懦夫两种角色。天使、英雄属于美，魔鬼、懦夫属于丑。其实不光于赓虞，我们每个人都具有美丑二重性。

其次，美丑相互转化。美丑之间当然存在界限，但并非绝对，美会变成丑，丑会变成美。

大雪纷飞，琼楼玉宇，北海的湖面覆盖着皑皑银装。很美是吧？可是在于赓虞眼中，这是血雾在埋葬已经死亡（冰冻）的波浪，那冻僵的尸体。还是北海，夜游园林，乘小舟荡漾湖面，看波浪寂寞地去，听夜雨孤独地来，很有些诗意是吧？可这一夜却铸成惨忆。为什么会这样？因为心

① 《憎》，载《于赓虞诗文辑存》，第124页。

境悲苦，结果美变成丑。

俗话说洞房花烛夜，新婚夫妇大喜之夜最为美好。然而于赓虞看到的竟是他们背后的惨影，那无穷无尽的丑恶，断言痛苦、麻烦将追随他们一生。比如离别的悲哀，老年的颓败，互相之间的猜疑和淡漠，以至于厌恶、嫉恨、仇视，最后可能闹出人命，只有到这个时候双方才能摆脱如影相随的惨烈。所有这一切都来自两人的结合，也就是美好的这一天，所以于赓虞说，那深夜的密语就是灾祸的证据。为什么会这样？事物自身发展所为，福兮祸所伏。

于赓虞一行游北京城西公主坟，每人作文一篇。于赓虞赋诗《公主墓畔》，想象出一位高贵幸福、称心如意的公主，极尽歌颂美好之能事。四年之后重游故地，做散文诗《伴某君游公主墓》，调子全变，景象萧索凄凉，“我只看见了丑恶的骷髅！”[①]为什么会这样？时间的力量。四年过去，于赓虞经历了太多的事，思想感情复杂了不少，面对同一个对象，旨趣大相径庭。所以他把时间称为“灰色的翅膀”，给一切涂上灰色调子，变美为丑。

反过来说也是成立的，即丑与美不离不弃，互换位置。

把生命看作一种光荣，
对蛆虫亦可发出赞颂，
虽然花儿会变做污泥，
但她曾有过芬芳艳丽。

虽然她是无情的妓女，
请把她当作一块美玉，
虽然乌鸦是不祥之鸟，
但他领了上帝的指教。

① 《于赓虞诗文辑存》，第268页。

你不见毒蛇尚戏青蛙，
即枯树也会发出嫩芽。
在这宇宙美丽的花园，
即恶草也有它的鲜艳。

放开眼睛看一切生命，
从恶魔也会看到神圣。
倘恨恶迷了你的双眼，
你就看不出天晴，天暗。①

总之在于赓虞那里没有美丑对立，推而广之也没有真假、善恶对立，更多的是美丑统一，真假统一，善恶统一，表现着恶魔派诗人特有的趣味。

恶魔派目光朝下，深入到人的欲望领域。这是魔鬼的地盘，也是人性恶的渊薮，与趋向上帝的灵魂相对应。恶魔派却在这里找到了美，欲望的迸发、冲动、追求、实现是美，给人以巨大而强烈的快感和快意。同时亦是善，因为这个过程满足着人的基本需要，是生命的填充、维持和享受。同时亦是真，凡是生命皆有欲望，是最原初、最个人化的要素，真实无欺。

于赓虞颠倒观魔，不应该看作是与主流作对的标新立异，而是恶魔派意识的自觉实践，具有认识价值和诗学价值。

（五）破解死魔

骷髅上的蔷薇作为于诗的标志性意象，也反映了于赓虞的生死观。骷髅代表死，蔷薇代表生。这里于赓虞同样做了一次观念颠倒。

死亡是最常见、最确凿、最震撼、最令人忧虑的现象，同时也是人文学科最少关注、最轻投入、最薄弱的领域，特别是将认识成果与死亡在人生中的重要地位两相对照，对比更显悬殊。

① 《感谢辞》，载《于赓虞诗文辑存》，第319–320页。

中国文化重生轻死。子路请老师谈谈死亡，孔子答：“未知生，焉知死？”如何活着还没弄清呢，怎么谈死！进入现代，历史走了那么久，这个传统基本没有变，在民间死亡等于梦魇，人人唯恐避之不及。之所以说基本没变而不说完全没变，是因为还是有人力图打破传统，探讨死亡问题，于赓虞就是其中颇有见地的一个。

人生如一只飞蛾，
死就在她翅上高歌。[①]

生命自带死亡。如果说活着是第一位的，那么死亡也是第一位的，因为死就附着在生的上面，相依相偎。也许这么说更确切，生死相互渗透纠缠，不可分离。于赓虞还做过一个比喻，说人生就像插在瓶子里摆在桌子上的花朵，眼见着就凋谢了。不管你是升入天国还是跌进地狱，终归是一死。总之死亡是不可避免的，是人就得死，无论是皇帝还是奴隶，谁也逃不脱，人人平等。

哲学家中对死亡谈论最多、成就最大的是存在主义哲学家德国人海德格尔，与于赓虞属于同代人。他的语言太专业，我们捡通俗的说。海德格尔指出，死亡存在于人走向终结的整个过程中，其实就是于赓虞的飞蛾比喻。海德格尔还说，死亡是超越不了的可能性。在人还活着的情况下，死亡没有到来，只是未来的一个可能，某时间点上也许死也许不死；尽管属于可能，但你却做不到不死，早晚得死，因而又是不可超越的。就像案头的插花，什么时候凋谢不知道，但一定不会永久鲜艳。

好友石评梅死后，于赓虞做文悼念。其中引用友人挽联上的话“偶然草成偶然死”，构思非常巧妙，而且有一定思想深度。巧妙的是前面的“偶然草”既指石评梅，同时也是她一本书的名字。深刻的是“偶然死”，死具有偶然性。于赓虞说：这七个字不只是石评梅生命的写照，“亦为一切众生

① 《一杯茶》，载《于赓虞诗文辑存》，第349页。

的写照……人生之草成乃属偶然，而人类之死灭亦不出偶然，此人类之所以贵乎有思想，有情感，有雄力而亦人类之所以为悲剧之原因也。”①人必死无疑，但什么时候死，因何死，如何死则不一定，充满偶然因素，因而才令人难以接受。这也是海德格尔的看法，认为死亡本身是不确定的。

不光生死偶然，于赓虞认为一切均在偶然之中：“一切都是偶然，在偶然里人类生，在偶然里人类死了，而且在偶然的中间人类战斗，希望，病痛。谁能逃出这自然的罗网？”②

死亡的必然性与偶然性令人无可奈何，但并不等于面对死亡一筹莫展，完全失去了主动性。我们不能选择不死，也不能选择在怎样的时空去死以及采用哪种方式去死，但以何种姿态去死，是像大多数人那样平平淡淡的、千篇一律的、司空见惯的、无声无息的死还是带有自己个性的死，死得其所，仍是可以选择的，死亡的主体毕竟是自己。

于赓虞坚持的就是后者：

> 廊下孤独的徘徊，
> 只感到周围重重的死气。
> 死——谁能逃脱？
> 我却不愿索然无味的死呵！③

那么怎样才能死得不一般呢？

首先要正视死亡，敢于谈论，探讨，把它当做一件大事来对待，树立起对它的敬意。生与死哪个更强大？就结局而言，死亡永远是胜利者，不管你的生命力多么强大，多么顽强，也不管生的欲望多么强烈，终究要走向衰老病痛，最后结束掉生命。于赓虞说，当你敲开死狱之门的时候，一

---

① 《春雨落花忆评梅》，载《于赓虞诗文辑存》，第698–699页。
② 《春雨落花忆评梅》，载《于赓虞诗文辑存》，第699页。
③ 《春风》，载《于赓虞诗文辑存》，第24页。

世豪梦一生厄运统统一笔勾销，而这在你活着期间是无论如何也做不到的，这么伟大的力量难道不值得尊崇吗?

如果把死亡的外延扩大，将其理解为事物的结束，你就会发现死亡无时不在，无处不在。于赓虞有首诗《醒来》:

醒来！我的旅伴，死灭的幽谷已展布于足边，
漂泊的生涯似是苦霜之中寒梅业已褪残，
星闪耀，天死寂，将希望深深埋葬于此寒山。
我不信，这夜天的飞鸟了解我心中之哀恋，
走遍了江山，这破旧的外衣已被寒霜弥漫，
醒来！我的旅伴，死灭的幽谷已展布于足边！

醒来！我的旅伴，死灭的幽谷已展布于足边，
这漠漠的异地我无家可归亦无人可留恋，
只寒月统治着苦泪飞溅，于荒漠的夜半！
我不信，那微笑的玫靥会永远消残于人间，
但我寂寞的来又寂寞的去在无望的夜天，
醒来！我的旅伴，死灭的幽谷已展布于面前！①

由寒梅的残落我们联想到人生的褪色，光阴已逝，青春不再。这是生命的一种死亡。将希望埋葬于荒寒的深山是理想的死亡。无家可归也是一种死亡，是以往生活状态的离弃。寂寞的来又寂寞的去同样是死亡，是现实生活中和心理上的离群索居，与他人相分离。人的自然生命虽然还存在，但青春去了，希望灭了，家没了，人走了。死亡漫延着生，腐蚀着生，吞噬着生，已经构成了生的一个部分。如果人们崇敬生的话，那么同时也应该敬仰死。

① 《于赓虞诗文辑存》，第218页。

谈过于赓虞是如何扳正死亡的地位，将其与“生”并列（或许应该说一定意义上置于“生”之上）后，我们再来看看他那里死亡的价值是怎样的。

死亡可以给人三种启示。

第一，扳倒神圣的权威，戳破神圣的虚言。“死灵呀，你与我做千载抱头之痛哭，/让我以此铁腕痛击那虚伪的圣主。”[①]死属于魔鬼，它大手一挥，将你生前的一切都扫荡一空。正如上面于赓虞所说，无论是梦想还是厄运，所有上帝加在生命上的东西，统统化为乌有。也就是俗话讲的，什么金钱美女、什么高官厚禄、什么豪门大宅，生不带来死不带走，到头全是空。既如此，神灵或者说高大上的那些东西还值得追求和依恋吗？你会发现你的人生完全被误导了，做的尽是无用功。

第二，惊醒警觉，抓紧做你想做的事情。“不相干的人类与神与魔不能救我，救我者亦不是父母，朋友，而是溃烂道旁的腐尸，它给我一个神秘的启示，如黑夜难途之光。”[②]海德格尔认为，个人拥有与他人共存的结构，可以从他人的死亡来体悟自身，所谓先行到死中去。路边的腐尸即提供着这种警告，事不迟疑，立刻奋起，丢掉各种借口，用好余下的生命，说不定明天你也在路旁沟边腐烂。这绝非耸人听闻自寻烦恼，时值乱世，一切皆有可能。“醒来！我的旅伴，死灭的幽谷已展布于足边！”[③]

第三，早晚一死，坦然面对。死亡最为公平，没有人可以逃脱。与其悲悲戚戚、战战兢兢地逃避它，还不如大大方方、不慌不忙地接纳它，与之共生共存。有什么，不就死吗？死就死吧。“就在病的开端，从青春沦于颓败的老年后，他幻化了空虚了这世界，曾思对于生命不惜予以惨毒的毁灭——化除了生与死之界限！”[④]

死亡具有认识意义。

坦然面对死亡的心态与佛家关于死亡是解脱的观念殊途同归。在佛家

① 《死灵》，载《于赓虞诗文辑存》，第456页。

② 《春尸》，载《于赓虞诗文辑存》，第265页。

③ 《醒来》，载《于赓虞诗文辑存》，第218页。

④ 《万花山之夜》，载《于赓虞诗文辑存》，第167页。

那里，世界是空的，人生是苦的，所以死就是解脱，同时也是新轮回的开始，为生命提供了翻盘的机会。佛家的这种死亡观无疑是减轻或者熄灭恐惧的一剂良药。

其实在这方面道家做的也是很不错的。其核心思想有两个。一个是把生死视为一体。庄子说："方生方死，方死方生。"[①]方，合并为一。生与死是一个分割不开的整体，生是死的转化，死是生的开端。另一个是宣扬死比生要好，死亡更有意义。为什么这么说？俗话讲人死为鬼，鬼同"归"，也就是回到本来的虚无，而这正是"道"的品性，意思是让你树立死就是回家的意识。庄子捡到一个骷髅，枕着它睡着了。梦中骷髅告诉他在另一个世界，上无君主下无臣民，没有一年四季，也没有生死负担，就是当君主的快乐也比不上啊。庄子吹牛说可以使他复活。骷髅答，我傻呀，干吗重返人间去受二茬罪！这个小故事意在说明，死是脱离现实困扰，获得宁静和自由。

佛家和道家是现实世界的否定者，佛家的更抽象也更彻底，道家则具体一些，矛头对准的是儒家倡导和建立的礼制社会，而礼制社会将人置于道德、习俗、等级的束缚之下。于赓虞也是这样，他生存的民国，兵匪横行，战乱频发，乱世中人轻命贱，格外悲苦，生不如死，再加上身处逆境，实在没有多少好留恋的。

石评梅弥留之际，于赓虞前去作别。石评梅病后不久即失去言说功能，此刻脸上现出微笑。于赓虞说那是神秘的笑，也许是相信她从此转运而眷恋人生，也许是沉醉于死亡而庆幸从此解脱。于赓虞说，石评梅讲过自己无时不处于冲突境地，很痛苦，如今病魔袭来，终于可以安歇了。

斯时，我的梦已慢慢残败，
任骷髅证明这一场巨灾！
我从此就可以闭了双眼，

① 《庄子·齐物论》。

不想，不看，也不再有悲叹！

这一切使我流欢欣之泪，
我脱了上帝给我的累赘！
地球纵再有万年的寿限，
我也不愿意再苟活一年。

请不必迟疑，我的领港人，
请迈步快快向死神走近，
他已张开双臂向我点头，
为了快，江海都止了洪流，

现在我的心感到了欢狂，
雷雨，灾难，只在背后彷徨；
除了我遍身可怕的鲜血，
一切都在幸福里安歇。①

死是解脱，从病态社会中、劳累中、麻烦中、病痛中总之从所有悲苦中解脱出来。死亡具有终结意义。

死亡终结的不止是悲苦、烦愁，还有罪恶。人是欲望的载体，而欲望则是万恶之源。人死了，世上就少了一个作恶者，少一份造孽。于赓虞假设自己死了，对于肉体这样说："我知道，天啊，它无求于我，亦无忧，无恨，无微笑，无怒容，只有一个腐臭的尸身，表示它罪恶的灭绝。从此我将对自己的漂泊，苦难，发出惨然的微笑；纵是美人，亦当如斯的结束生命。"②所以留恋生命在于赓虞看来本身即是一种罪恶。

① 《生之相》，载《于赓虞诗文辑存》，第340–341页。
② 《春尸》，载《于赓虞诗文辑存》，第265页。

最后，死亡具有实现梦想的意义。

于赓虞有篇散文诗《惨梦》，梦到自己被烧成了灰，随风飘散到赤道或冰极——很遥远很荒僻的角落，然而却兴奋地大叫："我自由了，我自由了！"[①]连呼两遍。最后又说一遍："我自由了，从此展开我的梦翼，翱翔于太空。"[②]

为什么？现实世界太黑暗了，自己命运太悲惨了。做冬天的奴隶、秋天的婢女，从来与夏天的火烧云、春天的花朵无缘。他没有选择，只能老老实实扮演社会安排给他的角色。

如今他已经不是人而是骨灰，彻底摆脱了奴仆地位，任何人间束缚都无奈于他。

自由的获得、梦想的实现竟然以非人化为前提，真是惨梦，惨得让人想哭。

虽然是诗人思维，却讲明一个道理：黑暗社会里所有关于人的权力都是奢谈，都是意淫；只要这个社会存在，个人就别想自由；个人要进入自由，这个社会必须死亡。

死亡不是坏事，请平静地、坦然地对待它，既来之则安之，从执着于唯生命论的误区中走出来。

（六）恶魔诗人的赤子之心

总结恶魔派诗人，鲁迅说他们"无不刚健不挠，抱诚守真；不取媚于群，以随顺旧俗；发为雄声，以起其国人之新生，而大其国于天下"[③]。这三条也适用于赓虞。

第一条"刚健不挠，抱诚守真"讲的是文品。写作要立于独立自主意识的基础上，直抒胸臆，任何力量都不能改变和阻挡，具有天的刚健品

① 《于赓虞诗文辑存》，第298页。

② 《于赓虞诗文辑存》，第299页。

③ 鲁迅：《摩罗诗力说·九》。

格；以一颗赤诚之心对待自己的工作，真心实意地去做。于赓虞认定现实社会是魔鬼世界，不管这个看法多么不合群多么另类，都不改初衷，认认真真地写他的恶魔诗。

第二条“不取媚于群，以随顺旧俗”讲的是对象。今天的话叫市场。写作心态要纯粹，不含杂念，绝不为讨好某个群体去写作，以迎合、顺应社会主流。于赓虞心中唯有自我，想的只是如何把个人经历和体验变成诗篇。

第三条“以起其国人之新生，而大其国于天下”讲的是目的。恶魔派诗人国度不同，使命不一，但目的都是唤醒国人的觉悟，从而使国家走向强盛。于赓虞骂社会，骂国家，骂学校，甚至骂民众，不是盼着亡国灭种，而是恨铁不成钢，通过揭破阴暗放光明进来，照亮一代新人。

于赓虞的特立独行肯定为主流所不容，遭到来自四面八方的打击：不光是论敌的标靶，朋友亦有意见。这种几乎腹背受敌、人人喊打的尴尬局面，在于赓虞作品中出现过。引子是妻子私奔，男主借酒浇愁，同时也是解放一把——妻子在没有私奔的时候以虐待他为能事乐事，其中包括严格限制喝酒在内的各种欲望。酒壮怂人胆，借着酒劲儿他大骂女人，揭她们的短，说这帮异性只是一堆肉而根本看不到灵魂，完全被黑暗笼罩而不见一丝光明，将其整体划进魔鬼的队伍。终于大祸临头，愤怒的女人将他团团围住，骂他啐他，石子雨点般袭来，他被打伤了，伤得很严重。看得见的伤是皮开肉绽，来自石头；看不见的是心理，更厉害，叫“肉箭”之伤，来自舆论。

“我的周身受着肉箭的刺伤，我终于流了泪了，流了流了，从枯涩无明的双睛！在这世界上，名誉，金钱，女人，我说统没有希求，然而，我还是受苦，那可怕的无头的铁链，似乎在禁锢住我，使我的肉体与灵魂，慢慢的消瘦……我喝了一个毒醉，然而酒也失去了它的力量！”[①]这是于赓虞处境的写照——特立独行者的下场。他跟一切都不和调，不要说妇人了，

① 《失踪者的日记》，载《于赓虞诗文辑存》，第675–676页。

就是婴儿看见他都哭，眼神满是恨恶，总之“人类以恶劣的眼光看我”[①]，“我受了无数的讽骂，耻笑，伤害，终于获得了这不堪容忍的结局！”[②]

于赓虞怕了吗？怕，但禀性难移，总是忍不住讲真话。还是这个男主，心情不好，一大早跑到墓地躲清静，竟然发现一位相识女子的新坟。墓碑是她未婚夫立的，颂扬她的贞洁。男主哑然失笑，贞女？弥天大谎。女人的死因男主一清二楚，她暗通款曲，苟合之下暗结珠胎，自杀身亡。男主越想越气，找来工具凿掉立碑人名字，刻上那个野男人名字。

还没完。男主去找老友，后者正伤心难过，起因是老婆跟人跑了。男主劝他不要儿女情长，应该有点英雄气。朋友一个劲儿地唠叨自己如何爱老婆，说那个女人怎么好。男主再一次哑然失笑，真是情人眼里出西施，这个女人不光肤黑脸上还有麻点，而且又脏又臭。朋友大怒，差点把他踢出去。

这就是于赓虞，干什么都较真，总是惹火烧身，一点记性都不长，看来他这个恶魔派要做到底了。

也确实如此。于赓虞表示绝不放弃自己的创作原则：“诗人的头衔是严肃的，比‘王冠’还难得。所以我的诗无论怎样的幽黯，阴森，无论怎样的浓艳，荡逸，或近于肉感，或近于死灭，在我个人不过藉以洗涤郁愤而已，直接看到或间接听说别人的批评，在我看无关痛痒。”[③]那些射向自己的“肉箭”与坚持自我根本没法比。

他还表示，绝不不取媚于群体，不去迎合大众心理，比如代表美好的天堂：

> 但恐这又是人类的愿望，
> 所谓天堂并不是那样辉煌；

① 《毒草》，载《于赓虞诗文辑存》，第250页。
② 《期待》，载《于赓虞诗文辑存》，第289页。
③ 《鸮语》，载《于赓虞诗文辑存》，第757页。

…………

因此我有几分失望，恐惧，
万一那里如人世一般凡俗，
我宁愿还在尘世里漂泊，
也不再想另一世界的解脱。

因是渴望天国就成了愚昧，
不如在人间看落霞，山翠；
倘从一花一草看到了奇异，
那就是一个天大的欢喜。

于是我让梦仍移植人间，
微笑的看人世舞台的变换。
宁愿将苦水当作了甘觞，
也不再希望走进什么天堂！[①]

当然于赓虞也要争取相对宽松的社会环境，让自己的日子好过些。中老年是没救了，他寄希望于青年，呼吁：

倘若你有更大的雄心，
可以将旧的天地洗净。
无论是百灵或是鸮鸟，
都让他们自由的说教。[②]

---

① 《病中的幻想》，载《于赓虞诗文辑存》，第330–331页。
② 《青春》，载《于赓虞诗文辑存》，第317页。

于赓虞非常清楚自己的价值，就是把人们从魔鬼世界中唤醒。为此，他将自己定位于先知。

也许他就是神灵的鸟，
故意到处飞游与惨叫，
使饮恨的人们明白，
人世并无到天堂的桥！

…………

这先知如同一位隐士，
白天隐于深山或清池，
到夜晚才来到人间，
张开她的嘴，她的双翅。

天无语，夜亦正在行走，
直到宇宙走到了尽头，
她才肯停住了嗓子，
咽下了那无边的哀愁！①

于赓虞——一只在茫茫黑夜鸣叫的猫头鹰，尽管惹人讨厌，还是叫个不停。这是他的命。

① 《夜鸟吟》，载《于赓虞诗文辑存》，第342–343页。

第三章　撑起诗学的半壁江山

一、沉重的诗史

（一）何以进入诗学领域

诗学，亦可称诗论。这两个词中国古已有之，并无明确界限。西方亦如此，亚里士多德关于诗歌的理论性著作《诗学》，原名即为《论诗》。于赓虞也没有对二者进行严格区分，混而用之。

于赓虞作为新诗先锋，既是歌者，又是学者，一身而兼诗人和理论家双重身份，可谓全才。这样的人不要说中国了，就是放在世界也不多见，弥足珍贵。

有评论指出："于赓虞是自觉地致力于现代诗歌理论建设的少数几位卓有成就的现代诗论家之一。"[①]

那么，一个风格独特、产量丰富，而且颇具知名度的诗人为什么要开辟第二战场进入诗学领域呢？

当时的情况是，创作与理论如同铁轨是互不相交的两条线，用于氏的话说就是"批评自批评，文艺自文艺"[②]。批评者并无创作经历，也无理论根底，却妄自尊大，常常在报端发表意见，指指点点好为人师，难免谬论

① 解志熙：《孤独的行吟与独特的思考——"恶魔诗人"于赓虞的诗与-诗论（代前言）》，载《于赓虞诗文辑存》，第17页。

② 《文艺观念十家言》，载《于赓虞诗文辑存》，第692页。

频出，误人子弟，这似乎已经成了一种风气。于赓虞实在看不下去，认为这种搞法将把刚刚走出襁褓的新诗引向歧途，带进死亡，因此自己完全有必要以诗人的身份介入批评，澄清诗学。这就是于赓虞进入研究领域的初衷，即以正确的可靠的理论引导批评，为诗歌创作提供一个相对良好的外部环境。

同时，他有引导创作的考虑。于赓虞研究诗史，比对现实，发现一个非常有趣的现象："有的人对于诗有了洞见，往往再也不敢下笔；有的人因有洞见，才能写出更好的诗。"①前者的典型是中国古代诗人沈约，后者是英国现代诗人雪莱。

前者属于个例，后者相当普遍；两者相比，后者远远大于前者。就新诗而言，当下大量的现象是创作者存在许多糊涂念头，诸如以为自由体诗不受任何约束，可以由着性子写之类。这种意识支配下的实践，必定乱七八糟，写出的东西是否可以称作诗都大成问题。这就需要宣传并且普及诗学，帮助创作者总结经验，使他们少走点弯路。

还有一点考虑是扩大诗歌创作队伍。当时存在一种奇异现象，就是学生诗人比专职诗人多。于赓虞是从学生过来的，曾经是学生诗人，后来又在学校教书，而且是专职诗人，两方面的情况都非常清楚。为什么会出现这种颠倒呢？于赓虞认为是"学而仕"即上学是为了做官的传统观念在作祟。

尽管"五四"狂潮把道魔冲击得七零八落，但并未能够真正触及人们灵魂，社会心理仍然固守官本位。人们眼中做官才是正途，写诗不过是附庸风雅，做文著书不过是攫取名望，都属于进身的工具和晋升的阶梯，结果以诗人为职业的人越来越少。学生不同，还未进入职场，很是单纯，喜欢从爱好出发，诗歌作为咏志抒情方式也就常常成为首选，所以出了不少学生诗人，每个学校都成立了诗社，甚至有自己的刊物。学生是诗歌创作的强大后备军。

然而这个后备军队伍不稳。危险来自两个方面，一个是他们的家庭，

① 《世纪的脸·序语》，载《于赓虞诗文辑存》，第308页。

也就是父母的“学而仕”观念，一个是社会的影响。要抵消掉不良因素，稳定学生诗人队伍，就要及早进行指导，增强他们的信心，促进早出成果，帮助他们走上正式创作道路。

再就是诗歌两大领域，即创作和理论的发展失衡。“中国，自古以来，有诗人而无真正的诗论家，那些诗话，丛话只是不着边际的空谈，没有道着诗的真际。”[①]的确，自《诗经》始，历朝历代每一时期都有诗人，而且群体庞大，没有哪个国家哪个民族有那么多优秀诗人，华夏的天空群星灿烂，光彩熠熠，然而有几个诗学家？又有几本拿得出手的诗学著作？

进入现代，情况并无真正扭转，相对说还是创作强理论弱。诗人不少，理论家几乎见不到。面对这种不平衡，于赓虞挺身补位，迎难而上。

然而他毕竟是个诗人啊，能承担起理论研究的工作吗？对于二者的区别于赓虞非常清楚：“经验及学问告诉我：作诗，应有个人独特的情调与风格；论诗，应有‘一段千古不可磨灭之见’。作诗是根据个人的心，诗是生命；论诗乃根据个人的识见，乃属于思想。”[②]又说：“创作多半是根据个人的天才，而批评则属于学识。”[③]诗与论的分界主要表现在两个方面：一个方面是个性与共性，写诗属于特殊，论诗则属于普遍，大体相当于经验与理论的分界；另一个方面是情与知，写诗出于情怀，论诗出于认知，大体相当于形象思维与抽象思维的区别。由于二者分处两个领域，于赓虞不主张创作者去从事文艺理论研究。

这个鸿沟一般人跨不过去，远远望一眼便心生胆怯，腿软脚麻，败下阵来。于赓虞倒是胆壮，相当自信，助跑，起跳——嗖，还真过去了，并且长出一大截，富富有余。

他的底气来自哪里？说出来大家可能不信，恰恰是因为他是诗人！“一个诗人的荣誉已够享受了，不必再贪图批评家的尊号。但有人，诗写得好

① 《书两种》，载《于赓虞诗文辑存》，第700页。
② 《世纪的脸·序语》，载《于赓虞诗文辑存》，第308页。
③ 《书两种》，载《于赓虞诗文辑存》，第700页。

而又富于学识，我又希望他多写点批评，就因为他根据学识与经验，所写出来的批评或理论，一定更精到，更近于真，比单作诗学原理或概论的人强多了。”①

单有写诗经验而缺少学识，不能做学者；单有学识而无创作经验，不能做好学者。于赓虞具备学识，更重要的是同时拥有丰富的写作经历，这是评论家们无论如何也赶不上的，所以他完全有条件做一个杰出的诗论学者。事实证明，于赓虞的介入为缩小诗歌创作与理论研究之间的不平衡状态加上了一块砝码。

（二）束缚的时代

1. 中国诗歌发展脉络

对于中国诗歌的发展，于赓虞将其脉络梳理为诗经、楚辞、五言古诗、律诗、唐诗、宋词、元曲、新诗。这是从形式上分。就情思而言，除新诗外均一以贯之，各阶段没有多少区别，质都差不多，也就是说基本上是停顿的，孔子的思想影响始终徘徊于其间。

这个说法有些偏激，代表着“五四”时期激进主义思想对诗歌走向的梳理。但也不能说一点道理没有，别忘了《诗经》虽然早于孔子，却是经他编订的，难免打上儒家色彩。《楚辞》原创是屈原，似乎跟孔子没什么关系，但其实也塞进了儒家不少私货，辑录者是西汉大儒刘向，而且其中不少篇幅出自两汉儒家之手。比如其中一句“申生孝而被殃”②，便与孝道脱不了干系。

用于赓虞的话说，中国古代诗歌作为传统文化的构成部分，始终处于道魔的控制下，所谓的“文以载道”，诗歌不过是承载道统的一辆华丽牛车，慢悠悠吱吱扭扭地走过历史。

于赓虞认为束缚诗歌创作的主要绳索有两条。一条是孔子的文学价

① 《书两种》，载《于赓虞诗文辑存》，第700页。

② 屈原：《楚辞·七谏》。

值观，包括诗歌在内的文学创作，其存在价值就在于以儒家思想改变人心，造就人之所以为人的那类人，也就是培育儒家的理想人格。这个过程称“教化”，教而化之。再一条是历朝历代的统治者对思想自由的压制。这里儒家思想与政府意志合流，汉武帝实行罢黜百家独尊儒术，以一家学问为国家意识形态，从而排除其他思想意识。当然不光是简单压制，还有利诱，以官位及富贵为饵用儒家思想之纲把天下读书人一网打尽。于是古代诗歌创作在情思上便呈现出严重的同质化，走的是一条“载道之路”[①]。

于赓虞列举了大量事实证明他的这一结论。认为两汉时期除司马迁和一些无名氏外，几乎看不到个性鲜明的诗作。大儒郑玄的《诗谱序》以“美教化，移风俗”以及“勤民恤功，昭事上帝”为宗旨。唐朝，那是诗歌创作的高峰，应该有所改观了吧，然而人们依然不忘载道之责，就连被视为仙人的李白都以“将复古道，非我而谁”为己任。宋朝诗人就不必说了，“文以载道”这四个字就出自大儒周敦颐的《通书·文辞》“文所以载道也”。这个观念被明儒所继承，亦步亦趋，他们否定元曲，提出复古，不要说宋诗了，就是唐朝杜甫之后的诗都不入明儒的眼。到了清朝，出现了八股文和桐城派古文，前者空洞无物，专事雕琢，后者倒是强调内容，突出的仍是圣贤之道。

结论是：“孔丘后领袖一时文坛者，文必秦汉，诗必李杜，而其内容皆归于圣道。”[②]也就是于赓虞所谓的道魔。

于赓虞问道：中国素以文学成就的辉煌夸耀于世，然而掰着指头数一数，我们可有莎士比亚、但丁、卢梭、歌德、易卜生？一个也没有！三大诗人屈原、李白、杜甫，不过是忠君爱国、颓废浪漫、流离生活的表现者，别人就不必说了。至于另类诗人如李煜、柳永、关汉卿、马致远之流，其作品所反映的不过是另一种人生，另一种情调。无论是主流还是支流，都围着魔道打转，看不到伟大思想涌动。因而“中国伟大文学，尚属

① 《新文学的历史来源》，载《于赓虞诗文辑存》，第705页。
② 《新文学的历史来源》，载《于赓虞诗文辑存》，第706页。

一页白纸，并非过言”[①]。

问题出在哪里？是中国诗人的才情不够吗？于赓虞认为不是，根子就在思想境界上不去。主要表现为三点。第一，“无更高远的人生理想”；第二，“无较正确的文学观念”；第三，“更无与天下为敌的勇气”[②]。这是内部，而外部则是文学独立地位的丧失，向士大夫意识也就是“学而仕”的人生观俯首称臣。如此缺乏正确的思想意识，挺不起自己的脊梁骨，中国诗歌怎能攀上世界高峰？

梳理历史是为了服务现代。于赓虞总结道：“因是，今日从事文学者，应打破传统的载道观念，将人生的活力，艺术的品格，作为文学的重心，尤要者，乃职业文人的养成，与其全力经营其艺术。”[③]于赓虞的要求很明确，驱逐道魔的目的是使诗与道分家，道归道，诗归诗，从而让诗站在自己的脚跟上，为自己而放歌。

2. 孔子

按于赓虞的说法，中国诗歌的“祖述”在孔子，“孔丘的诗论，支配中国人对于诗的观念有二千多年”[④]。这不仅在于他通过编撰《诗经》使诗歌从民间走上大雅之堂，还在于他把学诗作为一种教育内容或科目，更在于他给诗歌创作和欣赏定下了调子。

必须承认，孔子具有很高的诗歌音乐素养。他精通音律，听到《韶》乐，心灵震动，沉醉其中，始终萦绕不去，三个月中连吃肉时舌尖上都没有感觉，感慨道，想不到音乐带给人的乐趣竟然到了这般地步!孔子还能通过音乐表达心意，那天他在屋里击磬，有人路过多嘴道，哦，是在倾诉没人赏识的苦闷啊。孔子的这种灵性对于作诗、读诗、解诗、教诗都是必要的前提，很珍贵。

诗歌在孔子那里根本上是一种教育，称“诗教”。这里的“教”超出了

---

① 《新文学的历史来源》，载《于赓虞诗文辑存》，第705页。
② 《新文学的历史来源》，载《于赓虞诗文辑存》，第705页。
③ 《新文学的历史来源》，载《于赓虞诗文辑存》，第705页。
④ 《孔丘与亚里士多德论诗的比较》，载《于赓虞诗文辑存》，第631页。

狭义的家庭的或学校的教育，包含治政在内，属于为政方式。也就是在政策制定、措施实行中加进教育因素。比如发个布告，不光是办事，同时也在解决事务中开启和提升民智。这倒非常符合孔子教育家和政治家的身份。

孔子多次提醒弟子们注意学习《诗经》。一次他叫住儿子孔鲤，问：学习《诗经》了吗？回答是还没有。孔子说：不学习《诗经》，就没有办法说话。[①]还是对孔鲤，孔子问：修习《周南》《召南》了吗？一个人如果不修习《周南》、《召南》，就跟面向墙壁站着一样。[②]《周南》和《召南》是《诗经·国风》起始的两篇，意思是要儿子好好学习《诗经》这门功课，否则便面壁似的张不开嘴。

《论语》中有的地方直接引用了《诗经》句子。如《卫风》的“如切如磋，如琢如磨”[③]；如《卫风》的“巧笑倩兮，美目盼兮，素以为绚兮”[④]；如《小雅》的“战战兢兢，如临深渊，如履薄冰”[⑤]。

那么为什么说诗对于孔子属于诗教呢？

首先，就诗自身而言，它被纳入道的体系。

孔子的重要贡献之一是编订《诗经》。对此《史记》这样说：当时流传下来的诗歌大约有三千多篇，孔子刀削斧砍，淘汰重复之调，留下可以用于礼制的精华，得305篇。孔子把它们与音乐相结合，接入《韶》《武》《雅》《颂》这些圣王定制的乐曲模块。自此礼乐有了范本，王道也就有了完备的形式，六艺也就跟着建立起来。

从这段记载可以看出，孔子选诗是以礼制为标准的，目的是建构王道体系。所以于赓虞讲得不错，《诗经》已经是载道之歌，是诗教工具。

其次，就目标而言，在谈到文学如何被道所碾压时于赓虞说：“孔丘以‘仁’‘正名’‘尊君’为思想行为之标的。”[⑥]仁的基本含义是爱人，但有先后

① 《论语·季氏》。
② 《论语·阳货》。
③ 《论语·学而》。
④ 《论语·八佾》。
⑤ 《论语·泰伯》。
⑥ 《新文学的历史来源》，载《于赓虞诗文辑存》，第705–706页。

轻重的位序，血亲之爱排第一，这就跟政治挂上了钩。周王朝以及诸侯国的统治集团是以家族为单位的，血亲之爱其实讲的就是统治集团内部的团结，所以本质上还是尊君。正名也是这个效果，大家都必须以名分来要求自己，演好各自角色，父慈子孝，敬兄爱弟。潜移默化中开启和强化血亲之情，是《诗经》所要达到的目的。

再次，就内容而言，于赓虞认为是“思无邪”①。孔子的原话是：“诗三百篇，一言以蔽之，曰：思无邪。”②邪通斜，意即不纯正，意思是说《诗经》里面的诗所表达的思想精神很纯粹，很正中。于赓虞把“思无邪”理解为不离道德使命，就是说《诗经》诸篇的内容起着改变、修正人心的作用。

另外，就方式而言，是“乐而不淫，哀而不伤”③。在孔子那里，诗本质上是一种“乐”，乐，快乐。“知情意”中对应的是“情”，“真善美”中对应的是美，诗给人以感情上的愉悦和欣赏上的美感。

“乐而不淫，哀而不伤”讲的是尺度。淫，过度；伤，受伤。快乐而不过分，悲哀而不伤身，体现的是中庸之道。

“道”披上“诗”的外衣也就获得了“乐”的形式，就是现在常说的寓教于乐，也才成其为诗教。

最后，于赓虞分析了孔子走入误区的根本原因：“孔丘对诗的误解，就在他的功利观念太重，只讲诗的价值，而不论诗之是非。将诗当作一种政教的工具，其流弊，不但是读者向诗里去求道求教，失去其欣赏艺术正当的态度，而且使作者的灵情亦窒灭于道与教中，失去其艺术表现的正当精神。”④

这段话很有见地，讲了三层意思。

一层是价值与是非。孔子对诗的价值定位是效用，比如上面说的尊君就属于这个范围。于赓虞引述了《论语》的两句话和《礼记》的一句话说

---

① 《新文学的历史来源》，载《于赓虞诗文辑存》，第705页。

② 《论语·为政》。

③ 《新文学的历史来源》，载《于赓虞诗文辑存》，第705页。

④ 《孔丘与亚里士多德论诗的比较》，载《于赓虞诗文辑存》，第631页。

明孔子的功利主义。《论语》的两句话，一句出于《子路》篇：“颂诗三百，授之以政，不达；使于四方，不能专对，虽多亦奚以为？”能够一字不差的背诵《诗经》300篇，然而让他处理政务却无力承担；让他搞外交却不能独立应对，诗读得再多又有什么用呢？于赓虞这是从学以致用迂回说明孔子意识中诗不是“体”而是“用”。另一句出于《阳货》篇：“小子，何莫学夫诗？诗可以兴，可以观，可以群，可以怨。迩之事父，远之事君。多识于鸟兽草木之名。”同学们啊，为什么不去学习《诗经》呢？诗歌可以生发真性情，可以观察志趣，可以沟通群体，可以诉说委屈。学习了《诗经》，近，可以懂得如何侍奉父母；远，可以懂得如何侍奉君主。至少也可以知道不少鸟兽草木的名字。

《礼记》的一句话出于《经解》篇：“入其国，其教可知也，其为人也，温柔敦厚，诗教也。”到了一个国家，可以通过国民素质看出为政水平，民众待人接物温和柔顺，敦实厚道，一定是诗歌教化做得好。

《诗经》不光对个人修养有好处对国家、国民也有好处，自然是非推广不可。

对于诗，孔子说了很多，但讲的全是用处，没有一句提到诗本身。这就是于赓虞要说的“而不论诗之是非”，诗的内在关系诸如应该褒扬什么避免什么等等完全被忽略了。如果说诗属于美，那么其效用就属于善，即有用性。孔子是以善代美或以善化（解）美。

另一层意思是诗被当作政治教育的工具。诗本来是独立门类，是主体，孔子对诗的遗产进行筛选，给它涂上礼制色彩，从而为政治服务。这就把诗变成客体、手段，失去了自我。诗已经变了质。

再一层意思是脱离诗的本意。诗原本属于审美，是独立表现人生的艺术，现在却让它承担教化的政治任务，既害了读者，也害了作者。作者受道的束缚，灵性才情发挥不出来，自然做不出好诗，读者当然也就没有好诗可读。同时读者受到误导，偏偏要在诗里面寻求政治思想意义，限制或扼杀了审美能力。

三层意思汇聚一点，即在孔子那里，诗已经异化了，不是它自己了。所以，孔子以来两千余年，诗学的对象根本不是纯粹的诗，而是变异的诗，如此诗学怎能不走进误区？

庆幸的是，终于爆发了“五四”狂潮。于赓虞说，自此孔丘失去了圣人权威，只给他保留一个哲学家称号，地位跟庄老墨杨诸子一样，不再特别享受人间的冷猪肉，也就是至圣先师待遇。

诗学要改写了。

3. 沈约

如果说中国诗歌的质由孔子确定，那么中国诗歌的形则由沈约（441—513）确定。这说的当然是走向，而不是完成。

在中国诗歌漫长而丰富的发展脉络中，沈约定形发生在五言古诗一统天下之后。五言古诗没有一定的格律，不限长短，不讲平仄，用韵也相当自由，每句五个字的句式是固定不变的。沈约讲究声律、对仗后，律诗开始流行。就是说，在沈约之前，诗经、楚辞、五言古诗尚存一定自由度；而沈约之后，律诗、唐诗、宋词、元曲都有严格的格律规定。沈约处在这一过渡的节点上。因而他是一位对诗学和诗歌创作具有划时代贡献的伟大人物。

沈约的官做得很大，南梁时曾任尚书左仆射、中书令、尚书令、侍中，而且还封了侯，这些职位都与宰相职权相当。之所以这样受信任，主要是对他拥立的回报。南北朝南齐时，萧衍掌权，觊觎帝位。沈约与萧衍交好，劝他篡位，萧衍装傻。不久沈约再劝，萧衍松动。沈约又去联络其他官员，萧衍看时机成熟便逼齐帝禅让，终于登上大座，改国号梁。仅此可以看出，沈约不是书呆子，尽管他是大学问家。

正因为心思活泛，学问又好，再加上精通音律，才能够给诗歌立规矩。

沈约是以诗人身份进入诗学领域的，这点跟于赓虞一样。说两个他作诗的故事。

当时南朝有“竟陵八友”，萧衍、沈约均名列其中。一次酒宴，萧衍命作诗属对，带头道：“后牖有榴柳”，有人对答，沈约是第三个，接道：“偏眠船舷边”，众人依次跟上。最后一位没接住，罚酒三杯。所有对句中，属沈约的最好，字句美，富诗意，意思也对。萧衍为帝，沈约为臣，自然不可造次，故而用“偏”“边”：正中是人家皇爷的，他在一旁侍候着。太机灵了。

沈约有首《夜夜曲》：“河汉纵且横，北斗横复直。星汉空如此，宁知心有忆？孤灯暖不明，寒机晓犹织。零泪向谁道，鸡鸣徒叹息。”这首相思曲写少妇思夫，充满市井气：你个死鬼，怎地还在外头浪，没见我孤单凄凉难以入眠吗？星星移动，时间飞逝，只有眼泪一颗颗滴落。远处传来悠悠鸡鸣，一夜就这样过去了，还有无数的夜晚，叫我怎么办啊。宋朝的欧阳修读了，羡慕得紧，仿造一首，也叫《夜夜曲》：“浮云吐明月，流影玉阶阴。千里虽共照，安知夜夜心？”也不错，但缺少民歌风，味道全然不对，分明是朱栏之语。不要说跟这《夜夜曲》相比了，比对沈约另一首《夜夜曲》也相形见绌：“北斗阑干去，夜夜心独伤。月辉横射枕，灯光半隐床。”沈约深入民间，雅俗共通，学问见识非他人能及。

沈约是以优秀的创作实践者、朝野通吃的广阔路径进入诗学研究领域的，成果可谓一鸣惊人，人们概括为四个字，叫“四声八病”。四声，即汉字的四种读声，分平声、上声、去声、入声。宋末元初，由于发声习惯的改变，入声慢慢消失，随后渐渐演化成阴平、阳平、上声、去声，直到今天还在通行。虽然少了一个入声，平声又一分为二，但基本框架还是南北朝时确立的。沈约曾著《四声谱》，可惜早已遗失。

由于有了四声要求，人们作诗就得逐字逐句地推敲了，必须符合音调的和谐关系，否则读起来别别扭扭，做不到合辙押韵，朗朗上口，抑扬顿挫，意思也可能走形。这个规矩给了诗歌声色美，加强了音乐性，但同时也就等于被缚上了一条绳索，也就是“律”。律，成型的模式，起约束作用。沈约开创了律诗先声，后人不断完善，形成在字句、押韵、平仄、对仗各方面都有严格规定的体系。

不光诗家要感谢沈约，每一个说汉语的人都是四声的受益者。外国人学汉语，最头痛的就是四声，他们往往只会说一声字，所以常常词不达意。四声具有区别意义的作用。

至于“八病”就有些含糊了。病，毛病，现在喜欢说瑕疵。八病就是作诗容易犯下的八种失误，术语叫做“平头”“上尾”“蜂腰”“鹤膝”“大韵”“小韵”“旁纽”“正纽”。含糊就含糊在具体解释上，一病多解，当然医治也就多方了。好在我们不做律诗，用不着门儿清。

对于沈约，于赓虞还是很注意的。主要是两条。

一条是叙述他在诗歌发展中所起作用：“到五言诗成立后，于是就有人由古诗中自然的音节，冥索苦求其所以谐和之理，结果，乃定下繁密的法则，沈约苦求出这法则。”[①]音节之法的发现是一个过程，诗作为一种文艺的独特形式，介于音乐和散文之间，一开始出现便自带声调韵律，就是于赓虞说的“自然的音节”。对它的自觉研究起于汉魏，至南北朝一直不断，终出定型成果，所以于赓虞说有人“冥索苦求”。沈约是站在前人肩膀上的集大成者，苦求出“四声八病”的法则。这个说法虽然对沈约的贡献突出不够，但还是符合事实的。

另一条是对沈约的批评：“沈约苦求出这法则，而沈约自己就首先受其毒害，未留下一首好诗。这或因沈约没有诗人的气质，才情，但受这法规的束缚，总也为原因之一。沈约不知道最感人的诗，如音乐一样，应与某一时代之人生打成一片。诗之谐和只能增加其美学上的价值，决不能因凑合韵律，而失掉每字里所潜藏的生命……如沈约般，并非诗之天才，只能称为工匠的能手。”[②]认为沈约以韵律牺牲掉人生，本末倒置，走唯美主义和形式主义道路，是有一定道理的，说他作茧自缚也可以成立，但说他没有留下一首好诗就有点言过其实了。前面引用过的那首《夜夜曲》不好吗？好，可谓精品，不光形式美，情思也美。

这反映出“五四”一代因激进而造成的评价有失公允。我们没有经历过

① 《诗辩・上》，载《于赓虞诗文辑存》，第636页。

② 《诗辩・上》，载《于赓虞诗文辑存》，第636–637页。

他们所遭受的文化压迫，当然也就缺少完全彻底的否定精神。如同在诗的思想意识上不能容忍孔子一样，于赓虞在诗的形式上也不能容忍沈约。所有束缚生命、个性、人生的东西，不管多么理直气壮，多么悠久，多么美好，一概统统打倒；非如此，人格不能解放，社会不能解放，诗歌不能解放。

（三）解放的时代

1. 新诗运动

“五四”狂潮摧枯拉朽，捆绑诗歌的道统和格律两大绳索被一刀斩断，将诗歌解放出来，还其以自由。

自由是诗歌的空气。于赓虞以古喻今，从历史上截取两段给予论证。一段是晚周经春秋到战国的时期，孔子站在这个时段的中间。其时王权衰落，社会动荡，人心分散，既没有统一的强有力的政权，也没有一致的道的标准，更没有主导人们意识形态的圣人。精神世界的天空流动的是自由空气，人人都可以自由讲话，故而文学得以自由表现，思想得以自由运行，这是文学和哲学的黄金时代。三千多首诗篇，诸子百家著书立说，创造了精神产品空前也是绝后的繁荣景象。

另一段同样是乱世——魏晋南北朝时期。粉饰太平的儒家思想失去了维系人心之力，学者们不再聚精会神于经学研究而另辟蹊径，于是艺术至上主义的文学出现了。夏侯玄、荀粲、阮籍、刘伶等才子名士均在其中。他们的文学有两个显著特征：一是不以致用与载道为目的，倾向于形式上的唯美主义；一是不与现实社会接触而亲近自然，表现出强烈的厌世思想。

之后是思想统一的唐朝，回到文以载道的老路。到了五代乱世，载道观念又被突破，文艺再返自由。走到清末，载道观念盛极而衰，加上西学东渐，飘来自由风。这股风终于汇进“五四”狂潮，卷起又一轮自由。与古代的自由不同，这是现代的自由；无论是质还是量，二者均不可同日而语。

这股自由风吹进中国诗歌领域，孕育出一株与传统全然不同的花朵，人们叫它“新诗”，经“五四”狂潮洗礼，花朵怒放，争奇斗艳，很快将旧诗挤到一旁。

新诗，又叫“白话诗”，也有叫“自由诗”的，用白话表达，不按传统格律写作。在于赓虞看来，这也就是为了称呼方便而已：“所谓‘白话诗’，‘新诗’两名词，严格说来都不通，因为诗无所谓新旧，都是人类生活的表现。”[①]就诗的内质而言，诗展示的是人类情思，而这种情思古今相通，中外相同，只有量的拓张或缩小，没有质的根本改变。如果一定要分的话，那也是在形式上，中国的旧诗是严谨的格律诗，新诗挣脱了这种格律，因此“我所谓诗，是从旧诗解放出来的新诗而言”[②]。

当然这并不意味着内容上毫无创新。古人写爱情，今人也写爱情，相思之心是一样的。然而古人的许多相思诗笼罩着“道”的阴影，挤掉了自我，难以做到真情表露，绝少缠绵悱恻之作。今人相思，没有“道”作梗，出于生命的冲动和感受，表达真正真实的自我，这就是内容上的区别。

所以新诗既新在形式上也新在内在品质上，是形的自由和质的自主。于赓虞说：“我们所要求的新，不只注意于形式，更宜注意其内质。极端说，我们所要的是诗，而不是为诗的部分之形式。中国诗四五千年以来情调之单调，简短，因受诗的传统思想之支配，在型模中讴歌，而忽略了生动，活跃的自我。今日我们既有新形式，也可以说无形式，更宜使诗的内质拓张，涵有独自性的创造，读之使人感受到清新的，个别的风趣，因而使其漂泊之灵魂获得归宿。袁枚说：‘凡作诗者各有身份，亦各有心胸’，即系此意。”[③]

新诗的产生不能简单地归结为外来品种的输入，于赓虞主张应当视为中国诗歌发展的必然选择。旧诗偏重于如何组织形式，以格律束缚情思，要达到感情畅通、思想深刻是很难的。这个矛盾在旧诗框架内无法解决，致使诗歌创作走进死胡同，于是旧诗体系分崩离析。于赓虞说，旧诗的破

① 《志摩的诗》，载《于赓虞诗文辑存》，第608页。

② 《诗歌与思想》，载《于赓虞诗文辑存》，第535页。

③ 《诗之情思》，载《于赓虞诗文辑存》，第551页。

产实乃中国诗歌的幸运。这是通过毁灭以实现再生，即所谓的凤凰涅槃。

新诗拯救了中国诗歌，为诗学带来大转机。于赓虞提醒人们，切不可以为大功告成，已达终极，盛世常驻。新诗只是开辟了新的路径和广阔前景，将来还要经历像今天这样的大变局，诗歌走在无限创造的途中。

新事物的产生总要遭到旧势力的打压，新诗也不例外。于赓虞写《新诗诤言》以为辩护和反击，列出三种情况。第一种是根本不知道新诗为何物，当然也找不到新诗的弱点，便去发表意见，或者从诗歌之外以其他标准进行攻击。第二种是把自己喜欢的文艺形式奉为正宗，强加于人，要求别人跟着他走。第三种来自新诗阵营，一些曾经从事过创作的人发现自己已然落伍，出于嫉妒恨便去攻击别人，把水搅浑，误导舆论。对于第一种人，于赓虞觉得实在可怜，根本不愿意搭理，劝其静下心来先研究一番，然后再上阵，哪怕言辞过激，于赓虞也愿意进行对话。对于第二种人，于赓虞劝其眼界放宽一些，从狭隘的经验论走出来，对比万象纷杂的宇宙，明白只见树木不见森林的思想方法实际上是一种奴隶意识。对于第三种人，于赓虞最是厌恶：损人一定利己吗？把别人作品踩到脚底，你的大作莫非就占据了永世不朽的宝座了吗？

于赓虞呼吁新诗作者坚信新诗的价值，坚信自己创作的价值，勇敢顽强地坚持下去。“亲爱的作者请站起来——从无觉无识的泥泞中站立在个人的脚跟上，向自己所要去的路上走。”[1]

2. 胡适、徐志摩

于赓虞指出，谈中国新诗，两个人是绕不过去的，一个是胡适，一个是徐志摩。

于赓虞很尊重胡适，不叫他的名字称先生。评价只有一句话：“胡先生为诗开了新天地，给中国千余年来严格的诗律，宣告了死刑，这是他唯一的功绩。”[2]短短三十余字，表达清晰，概括精准。胡适的全部贡献是迎新送

① 《新诗诤言》，载《于赓虞诗文辑存》，第544页。

② 《志摩的诗》，载《于赓虞诗文辑存》，第608页。

旧，至于创作和理论，呵呵，不说也罢。

然而还是憋不住说了："胡先生虽提倡'写白话诗'，且曾风行一时，倘无志摩给诗以新生命，使之成为艺术，则'白话诗'是否能够算是诗，疑问正多。"[①]胡适的白话诗其实算不得真正的诗，不说那句饱受嘲笑的"匹克尼克来江边"（picnic的音译），就是后来的诗作也很幼稚。当初于赓虞独闯诗坛，胆量来自新诗几位明星的表现，他们诗作的低劣实在配不上显赫的名声，不知道胡先生是否也在这个名单里。

使白话诗成为诗的是徐志摩。用中国神话来比喻，胡适好比盘古，开辟了新诗的天地，可谓新诗之父；徐志摩则是女娲，赋予新诗以生命，可谓新诗之母。借用古希腊神话，胡适在大理石上凿出个人形便不知道从哪儿再下手了。徐志摩接过锤子和凿子叮叮当当地敲打起来，头出来了，身子出来了，四肢出来了；继续敲打，眼、耳、鼻、嘴出来了；终于一个绝世美女雕像站立在天地之间。徐志摩与她喃喃细语，说的什么只有他俩知道，雕像的眼睛眨了眨，鼻翼翕动，胸脯起伏，活了。

至于徐志摩的诗，于赓虞评价极高："志摩乃当代诗人中，最有成绩，最有特性的杰士，尤其他的特殊的风格，将不怕时间的锻炼，永远不会受淘汰。"[②]于氏最为赞赏的是徐诗的特殊风格，独步诗坛，以至永恒。

于赓虞谈到《诗刊》同人，认为最大毛病是缺少自己的个性特色，假如把作者名字隐去，除了徐志摩"轻盈灵活的笔调"[③]可以对上号外，其余一概无所区分，辨识度极低——这是于赓虞谦虚，其实于赓虞诗的风格也相当鲜明，与徐志摩的诗刚好相反，从这个角度可概括为沉郁平稳——于赓虞还说，徐志摩的诗跟他的为人一样，"很轻快"[④]，所谓文若其人。

知道了徐诗的风格是轻盈灵活，那么接下来要问的是，什么是风格？

① 《志摩的诗》，载《于赓虞诗文辑存》，第608页。
② 《志摩的诗》，载《于赓虞诗文辑存》，第614页。
③ 《志摩的诗》，载《于赓虞诗文辑存》，第610页。
④ 《世纪的脸·序语》，载《于赓虞诗文辑存》，第308页。

于赓虞告诉我们，“风格就是文字的风采，神韵，形式”[①]。就是说，风格相当程度上取决于诗形，由此我们也就容易理解于赓虞为什么突出风格了，这与他对新诗的认识是一致的，以为新诗之新主要在于形式的变革。

这并非是说风格与作为诗质的情思无关，于赓虞正是从这个关系上深掘徐志摩的才华。每个人都有自己的思想感情，把它表达出来而且还要表达得妥当，看的就是本事了。徐志摩文字功夫了得，于赓虞用了三个词：“灵活”“巧妙”“善变”，紧接着又加上一个词“美的辞藻”，说前者与情思融为一体，故而文字中可以读出“生龙活虎一般的神思”；后者起渲染作用，“烘托出不少文字所未能表现出来的余韵”[②]。

说着拿出徐志摩的诗句做示范：

我一把揪住了西北风，
问他要落叶的颜色，
我一把揪住了东南风，
问他要嫩芽的光泽！[③]

这是个人主体意识的诗化张扬，以宇宙主角的形象对风儿发令，索要自己的愿望。文字真好，自由与霸气回荡其间，让人联想到未来新世界的主人翁，是豪放情怀的完美演示。

正因为徐志摩以神奇的文字表现情思的高超本领，于赓虞说徐诗的风格“前无古人，雄视一世”[④]。并由此引申出诗歌是无法模仿和翻译的结论，因为文字所蕴含的神韵不可度量，是捉不到手的，又怎么去模仿和翻译呢？

于赓虞这里不是为谈风格而谈风格，而是意在说明，诗歌特别是新诗，独特的风格是性命攸关的大事，创作者一定要建立自己的风格，没有

① 《志摩的诗》，载《于赓虞诗文辑存》，第613页。
② 《志摩的诗》，载《于赓虞诗文辑存》，第613页。
③ 《志摩的诗》，载《于赓虞诗文辑存》，第612页。
④ 《志摩的诗》，载《于赓虞诗文辑存》，第612页。

风格的诗便没有生命。

徐志摩的成功，或者说他对新诗的贡献当然不止在风格也就是形式上，还在情思也就是内质上。

这里的情思指的不是思想本体，比如像于赓虞魔鬼化的世界观那样的鲜明意识，而是对思想观念的自主选择和坚守，强调的是态度。于赓虞说，徐志摩秉承思想独立，积极寻求人生自由和人生幸福，绝不跟风，不光漠视旧礼教，同时也拒绝新的不健康意识，以奔放无羁的情思贯穿诗歌创作的始终。他不为了功名利禄去写诗，也不迎奉权贵和读者，心里怎么想的，诗中就怎么写。

徐志摩是一个独立诗人，自由创作，求真、求善、求美，其他的都一边儿去，非常纯粹。

那么徐志摩为什么能够从质和形这两大方面对新诗做出贡献从而使新诗成其为诗？主观上的一个重要原因在于他具有自由创造精神。

旧诗主张“诗法李杜”，于赓虞说仅此即可以给我们贴上“模仿民族”的标签。徐志摩揭掉了这个标签。“他那种创造的天才，不息的努力，飞跃的生命，就给我们这模仿民族吐一口长气，前途闪出无限的光明。‘新诗’与‘旧诗’之所以不同，就在这一点创造的特质，而在新诗坛上最活跃，最有成绩，最能表现出特殊的风情者，就是志摩。”[①]

就连徐志摩既定的东西都常常遭到自己的突破。比如于赓虞说，徐志摩赞同并助力诗句应该具有工整的排列，但许多时候他本人并不遵循。之所以如此是担心情思被这种形式所束缚所损害，而并非缺少把句子排列整齐的能力。尽管他看重整齐的形式，但不认为这是唯一的形式。形式多种多样，只要对得上内质就成。

具备了这样的创新力，再加上才华横溢，想不出成果都难。

徐志摩首先创造的是新鲜的人生，然后创造的才是新鲜的诗歌。他贡献给诗坛的不光是作品，还有诗是人生表现的诗学真理。

---

① 《志摩的诗》，载《于赓虞诗文辑存》，第611页。

3.《诗刊》

《诗刊》是新诗历史上最重要的刊物，在谈于赓虞的职业以及他的孤独状态时我们提到过，他是创办者之一。其时是1926年，于赓虞在燕京大学读二年级，刚刚经历过三一八惨案。徐志摩、闻一多在内的六七个人，一拍即合，决定办一本纯粹的诗歌杂志，最后与北京《晨报》谈妥，名《晨报副刊·诗镌》，习惯上称《诗刊》，实际上是报纸上的一个诗歌园地。

为什么要开辟这样一个园地呢？

这几位都是当时新诗的先锋人物，登上诗坛尽管只有短短三四年，但由于新诗尚处在草创时期，问题暴露得比较充分。大家认为，这种诗歌新品种虽然在内容上和形式上已然改天换地，但还显得非常幼稚，特别是形式上问题尤其多多，因此探讨如何才能使内容和形式充分表现出美的力量，从而使诗歌成为一种完美的艺术便成为同人的共识。这就是创办《诗刊》的目的，即探索新诗的内容和形式，促进新诗的完善。于赓虞说这个主张在徐志摩执笔的《诗刊》发刊词中讲得很是明白。

发起者们非常用心，每个星期都要碰头开一次“读诗会”，讨论最多的是诗的形式主要是音阶。新诗虽说是自由体，但也要给人以形式上的美感，比如字句的排列组合。人们的审美还是习惯于平衡的秩序，所以整齐的“方格诗”也就特别受到大家的推重。这种排列外形俗称“豆腐块”，方方正正，棱角分明。

于赓虞的豆腐块诗我们后面专门分析，先看看这一时期闻一多的“豆腐块”《死水》：

这是一沟绝望的死水，
清风吹不起半点漪沦。
不如多扔些破铜烂铁，
爽性泼你的剩菜残羹。

也许铜的要绿成翡翠，
铁罐上绣出几瓣桃花；
再让油腻织一层罗绮，
霉菌给他蒸出些云霞。

让死水酵成一沟绿酒，
漂满了珍珠似的白沫；
小珠们笑声变成大珠，
又被偷酒的花蚊咬破。

那么一沟绝望的死水，
也就夸得上几分鲜明。
如果青蛙耐不住寂寞，
又算死水叫出了歌声。

这是一沟绝望的死水，
这里断不是美的所在，
不如让给丑恶来开垦，
看他造出个什么世界。

《诗刊》同人的这种方格诗令人疑心是受了中国律诗的影响，这是最典型的豆腐块。

由于追求形式的严整，方格诗受到不少人的讥笑，因为它有违于自由组合，生硬呆板，然而挡不住它的流行，各地报纸杂志上出现了许多豆腐块。这反映出《诗刊》的巨大影响力，如同今天的时尚，一种样式一旦出现，立即引起效仿，很快便流行起来。于赓虞说，这只是表面现象，看似流行的是豆腐块，内里却是一种观念的树立，即诗歌创作是需要技术的，它属于诗歌自身的要素，是一种艺术构成。

这么好的刊物，这么好的诗友，于赓虞却退出了，且毫不犹豫，义无反顾。原因前面提到过一些，主要是两个。一个属于形式之争。于赓虞认为，追求外形的工整与新奇是没有问题的，但不能过度。什么是过度？形式大于内容。不顾内容，或者不把内容作为表现主体，而是一味在外形上下功夫，技术再高超也是无力的，因为言空无物。于赓虞在读诗会上问：纵观中外诗史，那些最伟大的歌者是由于他们所表现的情思而不朽呢，还是仅仅由于形式上的贡献而留名？另一个属于内容之争。诗友们不喜欢于诗的情思，认为太过伤感，不管是否出自真实感受，都是不健康情调，是无病呻吟。这点于赓虞当然不能接受，诗歌创作与内在生命是一体的，我的生活如此，那么表现也就应该如此，没什么健康不健康的。这两个分歧虽然发生在个人之间，但超出了个人范围，是诗学上的观念之争。

这不是我们的分析，于赓虞本人就是这么概括的："无论在诗的内容和形式上"都产生了分歧。他不仅是少数派，而且"没有伴侣"[①]，所谓的孤家寡人。

由于是观念分歧，自己又极度孤立，于赓虞去意已决："使我于沉思之余，益觉个人在生活上，在诗上，是一个孤独的人。大概在《诗刊》出了六七期以后，我就同它绝了缘。"[②]在另一处也说过类似的话，但明确为观念的差异："因对于诗的意见不很相同，我就同《诗刊》绝了缘。"[③]生活不一样，诗歌表现也就不一样，思想感情当然也就不一样。既然如此，那就分手，好合好散。

他与《诗刊》的决绝是彻底的，从此再无来往，包括后来《诗刊》停刊之后的复活，从《晨报》的《诗刊》变成新月书店（新月派）的《诗刊》。于赓虞特别声明，自己再也没有寄去过稿件。

---

① 《自传》，载《于赓虞诗文辑存》，第678页。

② 《世纪的脸·序语》，载《于赓虞诗文辑存》，第309页。

③ 《自传》，载《于赓虞诗文辑存》，第677页。

事情当然不像上面讲的那么简单——只是于赓虞单方面的行为，只是因为观念差异——而其中还包括了不同意见者有意无意地冷淡、疏远、嘲笑以及于氏本人对自已被边缘化的敏感，对公子哥儿做派的深恶痛绝。人与人之间的这些微妙关系我们在《永世孤独》《终身失败》一节中已经谈过，不再赘述。

尽管于赓虞退了群，但他对《诗刊》在新诗运动中地位和作用的评价还是恰如其分的。首先他肯定《诗刊》是“诗坛的一大支流”[①]。这里的支流不是相对于主流而言，而是指新诗大潮中的一股。就像江湖诸派一样，《诗刊》自成一家，其地位应该类似少林或武当，有领袖天下的气势，所以称“一大支流”。

那么《诗刊》的贡献是什么呢?

于赓虞认为最突出的贡献在写诗的技巧方面，也就是形式的探讨和完善。他说：“晨报的《诗刊》及现时新月书店的《诗刊》，有着一贯的精神，好处即在技术的试练，在形式与音节方面，致力讲求。”[②]还说：“《诗刊》所表现的，正如读诗会所计议的一样，在形式上给读者一个刺激，给其他作者一个思考的机会。从此，使一般作者，知道写诗非易事，知道形式在诗上的美的成分：这是《诗刊》唯一的功绩。”[③]注意，于赓虞用的是唯一。

这个看法具有代表性。当时的批评者对《诗刊》致力于节拍、音韵、外形等形式要素印象深刻，攻击这纯属作茧自缚，是对创作自由的扼杀。于赓虞认为，这恰恰是优点而非缺点，诗就是要追求形式之美。

同时于赓虞也毫不客气地指出《诗刊》的不足：根本上在于对内容的忽视。他说：《诗刊》“最大的缺点就在遗弃了诗的真正的生命，而这真正的生命就是每个诗人特点的所在……盖诗的境界之高，乃在诗之内容充实，

① 《志摩的诗》，载《于赓虞诗文辑存》，第610页。
② 《志摩的诗》，载《于赓虞诗文辑存》，第609页。
③ 《世纪的脸・序语》，载《于赓虞诗文辑存》，第308-309页。

亦在诗之形式之美，充实的内容与完美的形式相结合，始能称为完美的诗。”①

于赓虞的这个批评是从他的诗学理念出发的。他认为代表内容的情思乃是诗人生命的律动，而节拍、音韵、外形不过是表征，两者的和谐一致才构成了诗歌之美。“徒求形式之工整，而忽略动的生命之表露，乃死的艺术；只求生命之流露，而忽略美的形式之营造，亦非完美的艺术。”②

这一批评属于反向论证，是《诗刊》过于偏重形式而带来的思考，启发人们从相反的方向进行观照，从而提供审视诗歌的完整视野。所以于赓虞把这一切都归功于《诗刊》的实践，说它不光使人认识到形式的重要性，同时亦使人察觉出表现内在生命的必要性。

对于新诗的建构以及诗歌之美的开掘，《诗刊》功莫大焉。

二、诗与诗人

（一）诗

1. 什么是诗

可以说于赓虞的全部诗学文章要回答的都是这个问题，是从不同角度在不同层面展开的。下面我们就捋一捋于赓虞是如何看待诗的。

从人类生产领域看，诗歌属于精神产品。于赓虞曾著文《科学与诗》专门谈这个问题。我们都知道，诗歌依赖于想象，一些神秘题材诸如“失乐园”之类也占据重要位置，科学的迅猛发展和巨大成就使这类东西纷纷被戳破，许多想象用科学结论来衡量简直就是笑话。人们不禁担心照此下去还会有诗歌生存的余地吗？为此于赓虞写了这篇文章，意在告诉人们诗歌与科学是两个根本不同的世界，即精神世界与物质世界。两者尽管并非井水不犯河水，但绝不互相碾压，而是和平共处，相安无碍。

① 《志摩的诗》，载《于赓虞诗文辑存》，第609页。

② 《世纪的脸·序语》，载《于赓虞诗文辑存》，第309页。

他说：“科学与诗乃是人类的两种努力，一则为物质文明的建设，一则为精神艺术的表现。无论科学如何发达，不但它不能为诗掘下坟墓，而且它也有其一定之限度。”科学没那么厉害，它对人类的塑造，对其他学科的影响，是保持在一定限度之内的。特别是精神领域，隔行如隔山。接着，他为诗人打气：“因为人类需要精神上的食粮，所以，那以人生作中心，而表现出反抗现实，突然猛进的灵魂的诗人，就永远为人类的英雄。”①他劝大家对诗歌的前景要怀抱信心，诗歌不仅不会消灭，写得好的人还可能成为英雄哩。

就对象来看，诗歌与偶然性和普遍性为伍。于赓虞引用的是古希腊哲人亚里士多德的话：“诗人的职务不在叙述已然之事，而在叙述或然之事。”②或然，或者这样或者那样，具有多种可能，偶然而发。历史则不然，你看到的就是唯一，不存在另一种可能。说如果怎样怎样，历史就是另一种写法，这样的假设纯属想象，说说可以，当不得真。

接着又引用英国19世纪诗人雪莱的话讲诗歌的普遍性：“诗乃生命的影像，表现着永久的真理。”③在雪莱看来，历史研究的是特定时代的个别事件，过去就过去了，永远不会复活再现。诗歌不同，讲的是人性的故事，而人性从古至今乃至将来，都是不变的。如果人性变了，那主体就不是人了，而是别的什么。用中国人熟悉的例子说，比如“食色，性也”，不管哪个时期的人，不管哪个地方的人，食欲和性欲都是人的本性，这是变不了的。如果变了，人就别活了，而且断子绝孙。《三字经》讲得明白：“性相近，习相远。”习惯不同，但本性一致。诗歌以不变的人性为对象，故而所表现出来的情思就是普遍的，古今一贯，中外相通。

就思维方式来看，诗歌走的是情感路线。这一点下一个问题专门谈，这里只以于氏一句话给予说明：“科学家所走的是理智的路，而诗人所走的

① 《科学与诗》，载《于赓虞诗文辑存》，第622页。

② 《科学与诗》，载《于赓虞诗文辑存》，第617页。

③ 《科学与诗》，载《于赓虞诗文辑存》，第617页。

是情感的路，这完全在他们对象的不同，一则为客观的自然的研究，一则为表现人类本身内在的动力。”①

就表现方式来说，诗歌有自己独特的技术手法。

其一是暗示。于赓虞复述柯勒律治②的观点说：“科学所处理者为事实，而诗乃暗示也。”③就拿上面引用的闻一多的《死水》为例。科学家可不会这么写，他要注明这沟水在什么地方，什么时候出现的，因什么而形成，存续了多久；还要提供化验单，标明水的成分，各种成分的比例，属于几级污染；同时拿出几套治理方案，是填埋变成农田呢，还是开挖河道把死水变为活水，纳入城市排水系统，或者通过整治建成公园；经比较利弊最后选择倾向性意见。这就是科学的叙述，直白显露，不掖不藏。

诗要这么写就完了，因而采用的是全然相反的手法。读罢《死水》，感到这首诗写的其实不是臭水沟，而是拿它说事，这就进入暗示了。它可以是个人生命、族群状态，也可以是社会或国家，当然说它暗指诗坛也可以。总之凡是内里腐朽、外表光鲜之物都可以由“这沟死水”来代表。科学是显现的，诗歌是含蕴的。

其二是比喻。于赓虞说：“就花草来说，植物学家所研究者，乃花草生命之组成，及其科别，形状，蕊瓣等的分别，但诗人则往往取以为喻，而加以咏歌。”④这方面于赓虞举了不少实例加以说明。他谈到白居易《长恨歌》中的句子“芙蓉如面柳如眉，对此如何不泪垂”：杨贵妃死后，唐玄宗看到池塘中的荷花和岸边的柳树，顿时生出杨贵妃的形象。这是把荷花、柳树比喻成人；当然，反过来说也成。还有李白的“云想衣裳花想容”，也是拟人。又提到英国诗人彭斯的“我的爱人像一朵红的红的玫瑰”，这是拿花来比喻人。科学是描述的，诗歌是比喻的。

其三是审美。于赓虞在举过上面的例子后说：“白居易、李白及彭斯

① 《科学与诗》，载《于赓虞诗文辑存》，第617页。

② 柯勒律治（Samuel Taylor Coleridge,1772—1834），英国诗人，文艺评论家。湖畔派代表。

③ 《科学与诗》，载《于赓虞诗文辑存》，第617页。

④ 《科学与诗》，载《于赓虞诗文辑存》，第621页。

均将花草人格化了，使我们读了后有深切的美感，而科学家所告诉我们者则属于知识。”[①]关于诗歌的审美性，闻一多的那首《死水》表现得他颇为典型。别瞧是一沟死水，还挺美，绿翡翠、桃花、罗绮、云霞、绿酒、白沫、小珠、大珠……由此我们知道诗歌是要追求美的，尽管死水丑陋之极，肮脏之极。恶魔派就醉心于营造这类美，将其发挥到极致。科学要的是真，诗歌要的是美。

其四是想象。于赓虞说：“诗人观察一切事物，均出之于感，科学家观察一切事物，均出之于知。”[②]感，感怀。于赓虞以鸟为对象，说科学家研究的是鸟的种类、性质、来龙去脉。这些不在诗人视野，他们只是叙述自己对鸟的见闻的感怀。比如爱伦·坡[③]的《乌鸦》、济慈的《夜莺歌》，记叙的是当听见乌鸦或夜莺啼叫时心灵的震荡，幻灭而惨痛的情调，委婉而幽深的思维，这些乃是生命最高的哲学的表露，属于心灵的领会，想象的认识。科学是观察的，诗歌是想象的。

最后，这点最重要，后面再谈，这里只说一句：“诗即人类构成的节律的艺术。”[④]这不光是诗歌与自然科学的区别，也是诗歌与其他艺术门类的区别。

2. 诗的根本特征

我们这里只挑最当紧的两条谈一下于赓虞的观点。

首先，诗是抒情的艺术。这讲的是诗的特质。

艺术，我们都知道有四大基本要素，分别是手段、形象、氛围、情感。于赓虞的重心落在情感上，说：“诗为抒情的艺术，故论诗之艺术者，不能撇开情感，而论述其枝叶问题。”[⑤]本章《何以进入诗学领域》中，我们引用过于赓虞关于诗歌创作与诗学研究相区别的一段话，其中强调写诗必须要有情调。

---

① 《科学与诗》，载《于赓虞诗文辑存》，第621页。
② 《科学与诗》，载《于赓虞诗文辑存》，第622页。
③ 爱伦·坡（Edgar Allan Poe,1809—1849）,美国作家，文艺评论家。
④ 《诗之艺术》，载《于赓虞诗文辑存》，第595页。
⑤ 《诗之艺术》，载《于赓虞诗文辑存》，第579页。

为什么要强调情感呢？“诗为人类情感的灵影。”[1]人类意识可分为知、情、意三大块，诗歌绑定情，是情的表现。缺少感情或弱化感情，那就不是作诗而是做学问了；如果一点感情都没有，那是搞科研的节奏。所以如果情感不达标，即便采用了诗歌的句式，那东西也不能叫诗，至少不入门不够格。

正因为诗歌与情感联系在一起，或者说诗歌是情感表达的一种方式，所以诗歌与人类共生共存。“倘若人类有一天不变为机械，他总有情感，有想象，有追求；有情感，有想象，有追求，就有诗。”[2]诗歌可以追溯到人类早期，《诗经》带给我们的就是古远时期祖先的心跳。不管社会如何变化，诗歌将一直存续下去，是人类永恒的艺术形式。

沿着情感这条线索追下去，我们将遇到的生活、生命、个体……后面将逐一展开，这里简单提一下。

突出情感不等于排除理性和思想。人类情感从来不是纯粹的感性，里面一定浸透着思想意识；否则，人与动物无异，那就真成魔鬼了。比如性爱，哪怕是文盲或者尚未开化的人，也有着审美取向以及求爱方式，无不打上一定的社会结构的和文化的烙印。于赓虞看到了这一点，说：“人类的生活至为复杂，其情调自然不能一致。但文学终于是文学，他应该是艺术的，情感的，想象的，思想的混血儿。”[3]

由于情感中有思想，于赓虞称之为“情思”。诗歌的抒情抒的不是单纯的情，而是情与思的混合体情思。所以于赓虞说：“诗乃藉文字传达情思的艺术。”[4]这种文字很特别，于赓虞紧接着解释道：“而诗的文字一半在其含义，一半在其音韵。文字的音韵与心的音韵之交感与结合，即诗的风韵所由成。”[5]心的音韵就是感情和思想的流动起伏，以文字的音韵表现出来，便

① 《诗之艺术》，载《于赓虞诗文辑存》，第586页。
② 《鸮·语》，载《于赓虞诗文辑存》，第757页。
③ 《写于〈鸮〉之卷首》，载《于赓虞诗文辑存》，第744页。
④ 《诗之艺术》，载《于赓虞诗文辑存》，第595页。
⑤ 《诗之艺术》，载《于赓虞诗文辑存》，第595页。

产生了诗。这已经是诗质与诗形的关系了，后面谈。

可以这样说，诗在本质上是以富于音韵的文字表达情思的抒情艺术。

明确这一点至关重要。它决定诗歌的内容，其中最主要的是思想性和思想深度，是歌者必须注意的，也是判明一首诗好坏的重要标准。

其次，诗是独立的艺术。这讲的是诗的地位。

独立，独自站立，也就是以自己的脚跟为支撑，不依持他人和他物。古人意识中，独立往往与主人相关联，他高高在上，卓然不群，如“人主孤特而独立，人臣群党而成朋”[①]。说的是如果法度废弛，君主就失去了利器而陷于孤立，臣子则互相依持结成朋党。独立也是君子风骨，《周易·大过》说：“君子以独立不惧”，君子独立于世而无所畏惧。

诗歌是主人、君子，傲然屹立。对此于赓虞的认识非常明确，在《诗之艺术》一文开篇便说：“诗乃一种独立的艺术，无论创作和研究诗的人，应就诗之本身着想着力。”还说：“他（诗人，编者注）永远站在主人的地位”[②]。由于诗的独立性，无论歌者还是学者都不能到诗歌之外去考虑问题去发力使劲，而应该牢牢站在诗歌的立场上。

那么为什么说诗歌是独立的艺术呢？

上面已经指明，诗歌是抒情的艺术。抒的是谁的情？不是他人之情，不是族群之情，不是社会之情，不是国家之情，不是人类之情，而是诗人自己的个体之情。这并不是说诗人是封闭的，油盐不进，与外界相隔绝，而是说他通过诗歌表达的仅仅是个人情思，这情思是他生活经历的感觉和体悟。经历虽然是个人的，但实属“共在”：与他人生活的交错，与社会的来往，与世界文化的互换等等，构成了诗人的世界。他经历的正是这样的世界，也就是说他是在自己情思上面感受人间的痛苦和快乐。诗歌反映的不是外界而是自我，诗人以及诗歌与社会的关联以个人为中介。由于诗歌通过个人情思指向人间，决定诗歌的就不是外界，而是诗人自己；对于同

① 《管子·明法解》。

② 《于赓虞诗文辑存》，第579页。

一个事物，诗人的体验不同，写出的诗歌也就不同。

这也启发我们，诗是自足体。用于赓虞的话说，“诗乃浑然的完整的艺术”[①]。诗歌不需要外界的支持和输送，完全有条件有能力自己活下去，而且活得非常好。中国古代孔孟之道强力干预诗歌，输入道理和道德，把本来自立的诗歌变成载道的工具。“五四”狂潮冲刷了这些身外之物，把诗歌解放出来，使其焕然一新，生气勃勃。如今没有了外部干预，诗歌不是照常运行而且发展得更好吗？这得力于诗歌本身的生命力，他可以自己换血、自己纠错、自己更新。新诗跳出旧诗巢穴，废除了原有格律，但并没有抛弃韵律，而是经过众多诗人的摸索和实践，找到适合新情思的形式，诸如豆腐块之类。

诗歌作为诗人生命的影像，其地位如何取决于诗人的表现。于赓虞告诉我们，别看诗人一脸愁苦，然而却傲骨岸然，绝不轻易低头，脊梁挺得很直。诗人从不随波逐流，不管社会潮流如何总是特立独行，坚持走自己的道路。于赓虞说，瞧瞧雪莱、拜伦那些大诗人，哪个不是自由狂放，天马行空，即便被视为恶魔、疯子、危险人物，不为所出身的贵族绅士家族所容，甚至不被自己祖国所容，也不改初衷。于赓虞又指出，道德跟诗歌无关，因为诗人不为道德而存在。道德不过是根据一般人被奴役的生活而制定出的一套标准，好让人在现存社会制度下做一顺民，苟延残喘地混吃等死罢了，然而诗人却不是一般人，做不了顺民，所以道德束缚不了他。

于赓虞还认为，诗人拥有无比强大的生命力，生命对他好比滚滚东去的大江大河，一去不返，最终汇入巨洋。诗人的生命气象万千，忽而风平浪静，忽而惊涛骇浪，忽而像入睡的夜莺，忽而如放声歌唱的云雀。总之诗人是生命之海的歌女，伴着生命的节奏自由高歌，只忠于自己的生命。

综上所述，既然诗歌作为抒情的艺术抒发的仅仅是诗人个人之情，诗歌是不需要外界补充和支持的自足体，诗歌是自由自在的诗人的生命表现，那么诗歌就是独立的。

① 《诗之艺术》，载《于赓虞诗文辑存》，第580页。

以上两点，诗是抒情的艺术和诗是独立的艺术，构成了诗歌的根本特征。上升到哲学高度，可以用一个词来表达，即主体性。诗歌具有主体的性质，不依附于任何他者，自己存在，自我主导，自主调控，自由创造。

3. 普罗诗歌

1928年到1929年间，平地起风雷，现代革命策源地的南方又出现了文学新思潮，名“普罗文学”。普罗，西文音译，无产阶级的。搞普罗文学的当然不是工人，而是自诩为无产阶级代言人的知识分子。这些人后来大多加入左联，不少人参加了革命。于赓虞说：普罗文学运动推动下，“在上海一大部分写诗的人都转变了，均以某种意识形态作骨髓写着所谓诗”①。注意三个词，一是“一大部分”，可见新思潮风头之强盛；一是“意识形态作骨髓”，指明外来之物当家；“写着所谓诗”，意思是那根本不能叫诗。显然，在于赓虞看来，普罗文学是诗歌的一场灾难。

于赓虞接着说：“在那个狂浪里，将《诗刊》的努力洗涤净尽，他们所用的文辞比‘五四’期间更为大胆。”②包括于赓虞在内的《诗刊》诸君所营造出的追求内容和形式的完美范式遭到一风吹，普罗诗人个个意气风发，其言论居然把于赓虞这个“五四”一代极端分子都吓倒了，“后浪”着实厉害。

狂浪开辟了怎样的局面呢？“那结果，不但使人忘记诗是艺术，且使情调也披上了虚伪的云衣。诗不但是真实的生活，且具艺术的气质，无论何种生之情思，以艺术的本相表现出来都是诗。”③诗歌被从艺术殿堂中拉出来，直接嫁给现实做老婆。

其实，于赓虞对普罗诗歌和诗人还是尽量抱着宽容心态的。他曾经拿《一九二六年英诗选》中的作品与同期中国诗歌相比较，指出就情绪、意境、想象与艺术手法而言，许多还不如我国的穆木天、冯乃超与胡也频。这三位都是左派诗人，其中的胡也频是于赓虞的诗友，同时还是北漂的漂

① 《世纪的脸·序语》，载《于赓虞诗文辑存》，第310页。
② 《世纪的脸·序语》，载《于赓虞诗文辑存》，第310页。
③ 《世纪的脸·序语》，载《于赓虞诗文辑存》，第310页。

友，算是患难之交。

于赓虞认为，只要创作的诗歌具有艺术生命，不管是颓废派还是左派，都有存在的权力，成长的权力，任谁也剥夺不了。话说得很明确，前提是必须具备艺术生命。艺术生命是个很宽泛的概念，对诗歌而言，上面归结的主体性可以说是艺术生命底线。

那么，普罗诗歌够格吗?

不大够格。

下面我们就以“诗是抒情的艺术”和“诗是独立的艺术”为标准衡量一下普罗诗歌，以期说明于赓虞为什么持反对态度。

先看抒情性。

于赓虞告诉我们，诗歌抒发的是情思，通过暗示、比喻、想象等手法表现情思，追求的是美。而普罗诗歌作为政治诗、红色鼓动诗，描述的是事实，讲的是道理，追求的是真。由于普罗诗歌面向的是大众，要进行直接的宣传，语言必须通俗易懂，最好接近顺口溜。求真、求知、求实是科学和其他相关人文学科的任务，现在交由诗歌来承担，结果不得不丢弃诗歌的手法，这样的诗还是诗吗?

于赓虞引用爱伦·坡的话说：“在实行真理上，我们必须冷静严厉，用不着艳丽的言词，必须质朴，精密与简洁。我们必须冷静，镇定，不为情感所诱动。总之，我们必须用与诗几乎相反的态度，去对付真理。倘若一个人不晓得真理与诗歌的表现上，有这样大的区别，与瞎无异。倘若不顾这样的大区别，仍然把真理与诗如油和水的混合起来，实乃不堪救药的疯狂。”于赓虞补充道：“诗既不能赤裸的表白思想，自然也不能赤裸的表白真理。”[①]普罗诗歌超出了诗的界限大包大揽，去承担政治、宣传的工作，结果从内容到形式都不能不改变诗歌的性质。

当然，政治诗也可以抒情，所谓的政治抒情诗。问题在于你抒的不是诗人基于个体生活生命体验所产生的情思，而是符合政治需要的情思，是

① 《诗之情思》，载《于赓虞诗文辑存》，第554页。

普罗大众的情思，这就离开了诗歌的自我根基。于赓虞指出，普罗文艺理论没有给诗人个体预留位置，认定表现自己就是个人主义，而个人主义者就是资产阶级代言人。可见在普罗文学那里，诗人以及诗歌不是站在自己脚跟上，而是站在他人和政治的脚跟上。

再看独立性。

既然诗歌抒发的是个人情思，那么诗人的创作就是绝对自由的，只忠实于自我，不受任何规律、典型、教义的限制，非如此不能充分表达情思，不能实现完美的艺术创作。

于赓虞认为，个人生活丰富多彩，各种各样，有诅咒生命、耽于酒色、富于反抗的颓废派的诗人的世界，也有融入自然、心情淡远、隐身山林的山水派诗人的世界……如今把这些生活原色抛到一边，不允许诗人歌唱自己的情思，只能去为普罗大众呐喊，这不是剥夺个人的创作自由吗？诗人本性上多半放荡豪迈，生气横溢，行为常常与一般人眼中的道德相抵触，为了自己的灵动情感和自由意志而不管不顾，如今把这些生命冲动打入牢笼，这不是践踏个人的生命自由吗？诗人没有了创作自由和生命自由，怎么可能拿出好作品？

失去了自由也就失去了独立。这不是推理，而是事实。普罗文艺理论主张，诗歌是主义的工具，诗人应该成为推行意识形态的战士，为政治服务。于赓虞说，在普罗诗人那里就是这个样子，诗人被视为民众的喉舌，必须走到群众的队伍中去，创作警醒人民的诗歌，作为宣传者，诗人应该拿起号筒站在十字街头对大众狂歌。“其结果，诗人将失其独立之自由，将失其创造构思的力量，成了一个木偶与工具。”①

由于普罗诗歌缺少抒情性和独立性，于赓虞说，上海的那些左派诗人“写着所谓诗”。于赓虞的批评没有到此止步，意犹未尽，又上挂孔子，意思是普罗诗歌在重走古代诗歌的老路。于赓虞的批判思路跟本章第一节中的《孔子》无异，这里着重谈谈在于赓虞看来为什么说普罗诗歌是复旧。

① 《诗人的路》，载《于赓虞诗文辑存》，第575页。

首先是以价值论代替是非论。价值论讲的是有用，是非论讲的是对错；价值论是从外部来要求诗歌，是非论是从内部摆正各种要素的关系。孔子对于诗歌实行的是价值论，采取功利主义态度，告诉弟子们学习《诗经》会带来哪些好处。普罗文学也是如此，主张“‘一切艺术是宣传’的观念，所以在口头上或笔下就嚷着由价值而决定是非。因是，作者对于文学就失了纯正的精神及态度，故而文学就成了工具”①。价值论的要害是诗歌的好坏、对错、美丑等属于是非范围中的东西现在必须由宣传说了算，符合政治需要就是好的、对的、美的，否则就是坏的、错的、丑的，其结果就是诗歌沦为政治的工具、宣传的手段。

其次是给青年灌输可疑信念。正如儒家倡导文以载道从而对民众实施教化那样，普罗诗歌也贯穿了意识形态从而对青年进行洗脑，以蛊惑人心的诗句甚至“口号”鼓动青年去为他们所主张的政治理想、社会理想、人生理想奋斗，“给无判断能力的青年以绝大的煽惑，所以一些青年就从文学里找这公式般的‘理想’”②，也就是信念。结果本来丰富的人生就这样被简单化了，于赓虞甚至用了动物一词，普罗诗歌“将复杂的人生看作简单的动物”③。本来信念应该从自己人生经历中树立，现在却从诗歌获得，而诗歌这种艺术形式是无法陈述真理的，因而这样的信念属于来路不正。

再次是扭曲青年心理。由于信念是从外部灌输的，而不是理性的选择，信念便是盲目的。盲目的信念具有排斥理智的作用：不管你怎么跟他讲道理，他都听不进去。就跟古代的“学而优则仕”一样，一旦形成思维定式，怎么也扳不过来。于赓虞把这叫“一种可悲的浮动心理”④，也就是今天习惯说的浮躁。这种心理支配下，“他菲薄古人，菲薄比他更有经验及思想的学者，他傲视鄙视一切，他成了真理的敌人！”⑤

① 《到何处去》，载《于赓虞诗文辑存》，第716页。
② 《到何处去》，载《于赓虞诗文辑存》，第716页。
③ 《到何处去》，载《于赓虞诗文辑存》，第716页。
④ 《到何处去》，载《于赓虞诗文辑存》，第717页。
⑤ 《到何处去》，载《于赓虞诗文辑存》，第717页。

以上说明，尽管中国的普罗诗歌出现在20世纪二三十年代，面相很年轻，话语很现代，内里却是一副老骨头。所以于赓虞说：“文艺之沉沦于‘封建’的阴沟，与文艺之为‘历史或时代’的奴仆，有着同样的错误。”[①]

总之，对普罗诗歌于赓虞是不认同，甚至是反对的。现实生活中他的对策可以概括为“一独立，二回避”。

正如主张诗歌的独立性一样，于赓虞作为诗人也始终保持独立人格。他说：“我并不是绝对反对文人与政治发生关系。一个作家所负的艺术的重责，就等于人生的重责。人既是‘政治的动物’，但看他与政治如何发生关系，与是否负了艺术的人生而已……作为人生理想的政治改革，适与文学家所追求的光明相同，但这是战斗，是命令，不是妥协，不是听命！”[②]他可以投身政治，为主义疾呼呐喊，但绝不自降身份，听命于人。

他表示，或许有一天他会走上革命文学大道，但不是谁忽悠进去的，一定是出于自己的认识，是自主的、自觉自愿的选择。

然而当下，他还是与普罗诗歌运动保持距离。他说，在这革命高潮中，从事实际革命工作他做不来，把自己文艺见解的观念打破他做不来，跟从革命文学的志士去呐喊他也做不来，还是安静地一边待着吧。

这时，他恰好准备出版诗集《落花梦》，情思一如往常地沉郁。他想想觉得不合时宜，还是回避一下为好，便决定暂缓出手。“我个人不肯轻易让它走进人间。所以不肯的原故，也有两个：第一，我对于这集东西应该慎重，因为它是我的爱的坟墓；第二，爱国志士正在提倡革命文学，而这卷东西所表现的只是幻灭的生命，没有第四阶级的情绪。因此我狠心的把它放在案头，不曾寄给书局付印。”[③]第四阶级即无产阶级：法国大革命前居民被分为三个等级，资产者、农民、手工业者和城市贫民等被称为第三等级，依例新兴的无产者列于第四。

---

① 《鸮·语》，载《于赓虞诗文辑存》，第760页。

② 《文人应该反省》，载《于赓虞诗文辑存》，第711页。

③ 《“落花梦”重辑·小引》，载《于赓虞诗文辑存》，第182页。

然而“人是政治的动物”，来势这么凶猛、声势这么浩大的诗歌革命思潮不会对于赓虞毫无影响。他坦承道：“这狂潮，给我一个沉思的机会，且几乎将我压死，但我决没有忏悔的心情，结果，我沉默了，整整二年之久，没有写过一行诗。”①

刺激够大的，差点被压死，尽管反思中肯定了自己的诗歌创作和研究之路，却停笔两载，对于一个高产诗人来说相当残酷。为什么不写了呢？两个原因：一个是置气，成心不写，以此表达对普罗诗歌的不满；一个是发现了自己创作的弱点。至于什么弱点，下章谈。他声明，两年空窗期，诗情仍旧在心里骚动不已。

于赓虞是不会封笔的，诗歌是他的命，只要有口气就要吟唱。

（二）诗人

1. 什么人可以做诗人

诗是一门艺术，掂量一下自己是否可以做诗人，首先要查验的就是自己是否具有艺术气质。

这种气质相当程度上属于先天因素。

诗是抒情的艺术，所以这第一条就看你是否属于感情上的富翁：如果你只是个贫下中农，那就算了；如果是上中农，不妨试试；当然，最好是富农以上，也就是俗话说的情种，钟情于身边的人、事、物，动不动就情波荡漾，甚至激情燃烧，止不住地向外流淌。它的冲力非常强悍。于赓虞说：“个人要自然化，绝对不受拘束，依情之所以为归宿。该憎恶时便憎恶，该痛哭时便痛哭，该慷慨悲歌时，便慷慨悲歌。”②感情为王，无拘无束。

于赓虞把这种做派的人叫自然化。中国道家学说中有一种人，所谓“真人”，他们无视社会礼法，说什么、做什么完全发自本性，自然而然。于赓虞的自然化就属于这类人。他说只有这样的人才能创造出自己的世

① 《世纪的脸·序语》，载《于赓虞诗文辑存》，第310页。
② 《诗的自然论》，载《于赓虞诗文辑存》，第513页。

界，“达于真我——自然的我”[①]。也唯如此才能在诗歌中抒个人之真情。

在于赓虞看来这还不够。你的活动也必须自然化，也就是在自然平台上跟周围事物打交道，真心实意地对待他们，这样写出的诗才不是无病呻吟。

以上是我们要说的第一条，诗人不是木头，对刺激必须敏感有反应，以感情为本位，无顾其他。

第二条小一点，但似乎更难，就是必须具备音乐和绘画能力。为什么强调音乐素质呢？因为诗歌讲求韵律音节，本身就具有音乐性。在古代诗是用来唱的，仅仅诸如乐府、宋词、元曲这些名称就可以看出诗与音乐的关系。为什么要强调绘画呢？因为诗歌依靠形象说话，比喻、意象等都是凭借画面出场的。当然，这里讲的音乐和绘画，不是说你一定会作曲会绘画，而是说必须具有音乐和绘画的灵感。

如果说第二条属于诗歌创作的形式，那么第一条就属于内质。于赓虞总结道：“现在把我的意见很概括的写出来，做个结束吧！诗的作者，先要自然化与自然环象接触，所生的情绪，音乐的，图画的，自然的写出来，就谓之诗。

惟有自然的种子，
才有自然之果啊！[②]”

具备先天因素可能成为诗人，但不一定是好诗人，只有同时拥有后天素养才能写出好的诗歌。

后天素养的核心是前边多次提到过的独立追求。

独立追求的第一个表现是追求诗歌的独特风格。

于赓虞推崇徐志摩，就在于他的诗在众多诗歌中一眼即可认出，那是一种徐式的“轻盈灵活”，最典型的就是人们熟知的“轻轻的我走了，正如我

---

① 《诗的自然论》，载《于赓虞诗文辑存》，第513页。

② 《诗的自然论》，载《于赓虞诗文辑存》，第514页。

轻轻的来；我轻轻的招手，作别西天的云彩……悄悄的我走了，正如我悄悄的来；我挥一挥衣袖，不带走一片云彩。”轻盈得仿佛云，灵活得仿佛风。

于赓虞说：“无论在创作或批评上，你若没有独到的特长，时间自然会给消灭掉；反之，倘你有特长，虽当世不了解你，终于也会‘与日月争光’。”[①]他说，自己就是朝着这个方向努力的，走自己的路。由于与众不同，这条路又是孤独之路。然而限于时间、金钱，还有才能，做不到大步流星，结果时常感到压力下隐隐作痛。他表示尽管如此还是决心走下去，为建立自己诗作的特色不懈努力。

建立独特诗风并不一定局限在诗歌形式上，也可以从内容方面发展。比如世界观方面，对世界的恶的性质的认识以及魔鬼化的表现，成为于赓虞确立自己诗风的重大因素。他还通过诗学研究讲自己的经验，说先别提是否有独到见解，仅仅就涉及的范围而言，“就写了一些为别人所不曾论的题目”[②]。这无疑为他诗论的特点加了分。

独立追求的第二个表现是追求人格的自立。

要想做一个好诗人必须有自己的主意，不追风，不随大流，不盲从权威。“一个伟大的诗人，不愿采取任何已成的规律，任何权威的教义，以范畴其创造的生命。”[③]他除了专心于自我生命的开展，不追随任何外在范式亦步亦趋，也不按照诗歌流派去有意塑造自己，他眼中“什么古典，浪漫，写实，象征等等对于诗人不过是一堆谎言”[④]。当然更不会去抄袭，把别人的话当作自己的成果拿去发表，那“对于自己真是一种绝大的侮辱”[⑤]。

要想做一个好诗人必须不介意被孤立。他绝不依附于某个团体，自己承担起暗淡的生活，在寂寞中从事诗歌创作。于赓虞说，每当看见文学上那些为求功名利禄而结成朋党的人互相标榜、互为依持，就不禁齿冷，觉

① 《诗论序》，载《于赓虞诗文辑存》，第507页。
② 《诗论序》，载《于赓虞诗文辑存》，第506页。
③ 《诗人的路》，载《于赓虞诗文辑存》，第574页。
④ 《诗人的路》，载《于赓虞诗文辑存》，第575页。
⑤ 《诗论序》，载《于赓虞诗文辑存》，第506页。

得曹丕那句“文人相轻”的名言真是迂阔得可以。于赓虞从不遗憾自己被孤立，而是遗憾被孤立得不够。易卜生说过，“世界最强的人，就是那最孤独的人”[①]。于赓虞自认为还有差距，尽管他已经是诗歌领域的独狼。

要想做一个好诗人必须有骨气。“我不会为卖文章而写作，所以不阿谀权贵，迎合时趣，而孤独的写着自己的诗与文章。”[②]这大概就是独立文化人穷困潦倒的原因吧。

人格自立最难的是处理个人与时代、个人与阶级的关系。

难就难在每个人都生活在特定时代，而创作又要求你超越时代。为什么必须做到不为时代所限呢？于赓虞认为：“艺术，尤其是诗，有着普通性与永久性，故不受时间与空间之限制，将永远感动着不幸的人类的心。”[③]此处的普通意为普遍。这方面用不着做更多分析，看看今天人们仍在《诗经》以及古诗中寻找共鸣就明白了。于赓虞还讲过这样一层意思，即诗歌的对象是人性，而人性是亘古不变的，所以诗歌永恒。

既然诗歌本质上是超时代的，那么诗人能否突破时代的局限性便成为优等生与劣等生的一个分界。“假若一个诗人专为某一时代，某一地域的人而写作，其结果将逃不脱Pomfret[④]泯没的命运！”[⑤]

同理，诗人与阶级的关系亦如此。毫无疑问，每个人都有他的阶级，然而诗人必须超越阶级。因为他抒发的只能是个人出于自己生活经历的情思，他关注的仅仅是个体生命的灵影，而不是整个阶级的状况，所以根本无力把这个阶级或那个阶级的意识表现出来，因此请不要把这个任务交给诗人，而应该放在理论家肩上。

这显然是针对普罗诗歌的。于赓虞告诉对方，尽管诗人与时代有关，与阶级有关，但不是时代的奴仆，也不是民众的喉舌，而是预言家，是生

---

① 《诗论序》，载《于赓虞诗文辑存》，第506页。

② 《诗论序》，载《于赓虞诗文辑存》，第507页。

③ 《诗人的路》，载《于赓虞诗文辑存》，第577页。

④ 庞弗雷特（John Pomfret,1667—1702），英国诗人，牧师。代表作为《选择》（*The Choice*）。

⑤ 《诗人的路》，载《于赓虞诗文辑存》，第577页。

命的歌者。于赓虞曾把自己比喻为智慧之鸟猫头鹰，扮演的就是预言家角色，从人性深层唤醒人类。于赓虞的结论是："他永远站在主人的地位。"①

作为先天因素的艺术气质和作为后天因素的独立追求，用时下语言概括，可谓诗歌领域的自我。你是否适于做诗人就看你是否具备或建立起自我本位。

2. 自由是创作的空气

我们知道，于赓虞是坚决反对诗歌领域的价值论的，无论是批判古代诗歌还是批判当代普罗诗歌，其价值论都是一桩原罪。价值论的核心是有用性，说白了就是好处，读诗和写诗能给人带来哪些好处。人们意识中，诗歌的有用性不是诸如陶冶情操、唤起情思共鸣等审美性提升，而是诗歌之外的经济的、政治的、社交的、仕途的等功利性收获，比如今日的圈粉之类。

就创作而言，价值论的最大害处是阻断自由："作者唯有在不为利害打算时，所产生的作物才更富于艺术的气质，才更富于生命的色彩。错过这一点点创造的灵机，作者即失去了他的珍贵的自由！自由！自由就是任何伟大作家必要的条件。唯有自由的创造，作者才能体现其独特的情调，始有其特异的风格，所以这作品中就有作者的一颗律动的心。"②

这句话也是于赓虞表示"我不会为卖文章而写作"的一个注脚。脑子里萦绕着赚钱的私心杂念，写作的时候自然就会想着如何去讨好读者或者权贵，如何迎奉时下社会口味，不知不觉地被套上枷锁，失去自由的创作状态。

谈到自由，于赓虞连说三遍，还配上两个大大的惊叹号，表示极其重要。为什么自由这般重要？因为创作不在状态，你就表现不出自我，脱离自我本位当然也就找不到自己的情调、自己的风格。形象地说，没有自由，创作就会窒息，自由是创作的空气。

① 《诗之艺术》，载《于赓虞诗文辑存》，第579页。
② 《诗论序》，载《于赓虞诗文辑存》，第511页。

自由作为创作的必要条件分为主观和客观两个方面。

主观方面主要指诗人本身的自由权利。

这种权利可以概括为以下三点。

第一，诗人的自由权利是诗歌本性所赋予的。诗是独立的艺术，所以其从艺者注定是自由人。“我相信我们所要的诗歌是有其自身生命的价值，不论是追慕古代的浑朴，是赞颂近代的繁丽；不论是悲歌，是欢唱；不论是激进，是颓废，总之：作家可践踏在个人的途径上，自由的，充力的向前走去，是近乎情理的。”[①]只要是诗人，不管你吟什么调唱什么歌，都是自我本位上的活动，故而由自己做主，自己支配。

所以于赓虞把剥夺诗人的自由视为犯罪：“如果创作者这种极端自由的权利，被一些孤陋偏激的批评家夺了去，这是诗国的一个绝大的惨杀，有良心，有血气的人都应该掉一些同情的眼泪，去哀吊那些伟大诗篇的流产。”[②]那些自以为是的批评家的愚蠢言论，不知封杀了多少优秀诗篇的预产。

第二，创作领域各要素的处置完全是诗人个人的事情，爱怎么办就怎么办。比如描述对象，是选择自然呢还是社会，由诗人自己决定；是把社会写成天堂呢还是地狱，也由诗人自己决定。每个人都有自己的经历和体悟，生活不同、观念不同，选择自然也就不同。于赓虞说：“个人对于所要从事发现的对象，有极端的自由权去处理——这是人生至高的努力，外人不能且不可横加干涉。”[③]

不只对象，还有情感、格式、文字等，于赓虞说这些要素上“创作者也有极端的自由”[④]。诗人不是儿童，不是傻瓜，他们知道采取什么样的技巧才能够最好、最充分地表达自我情思。别人哪怕是名气再大、水平再高也是局外人，怎么也不如自己懂得自己，所以如何把一首诗写得真切逼近、美满动人完全是作者自己的事情，也只有作者自己才能解决创作中遇到的

① 《新诗诤言》，载《于赓虞诗文辑存》，第543页。
② 《新诗诤言》，载《于赓虞诗文辑存》，第543页。
③ 《新诗诤言》，载《于赓虞诗文辑存》，第543页。
④ 《新诗诤言》，载《于赓虞诗文辑存》，第543页。

各种问题。

为此于赓虞号召诗人站直身子走自己的路："要认清，诗歌的本身，本无一定的形式，声调，色泽……一切都由你自己去支配，不是被支配。"[①]

第三是创作状态。于赓虞倡导、鼓励自我释放，放得无拘无束、彻里彻外，最好是处于非理性状态。这样的人俗称疯子。这方面他引用一位西方文化名人的话，还颂扬了另一位西方文化名人。

前者是剧作家兼诗人莎士比亚。他"在《中夏夜梦》里称小孩，疯子，情人都是诗人，乃就性格而言，不过指明他们有幻想，有热情，而不受理性的约束。"[②]

后者是哲人尼采。于赓虞说："我赞美在自己的生命上走极端的路的人"[③]，紧接着便列举尼采的超人说以为支持。其实尼采本人就是自己观念的榜样，最后疯掉了。

于赓虞对疯子一点都不陌生。在天津当学生期间就被同学视为疯子，作品中也屡屡出现疯子形象，那完全是正能量：不是生命和自由的代表，就是身怀神力打算毁灭魔鬼世界的英雄汉。

于赓虞满腔热情地歌颂疯子："只狂人才有真纯的热情，深远的思想，宏丽的想象；只狂人才能从灵敏的感觉，锐利的观察窥测人生灵魂的秘境；只狂人才敢无忌的坦白的表述其热情，思想与想象，故而我以为只狂人才有诗的创作之力！"[④]疯子是理想的创作者，唯如此全在于不把绳索加在自己身上。疯子是自由的代名词。

自由作为创作必要条件的客观方面主要指外部不进行干涉。

这里着重谈四种关系。

第一种，诗人与创作规范之间的关系。

我们生活在秩序的世界，每一行业都有自己的规矩，诗歌领域自然也

① 《新诗诤言》，载《于赓虞诗文辑存》，第544页。

② 《论作诗》，载《于赓虞诗文辑存》，第624页。

③ 《诗的创作之力》，载《于赓虞诗文辑存》，第558页。

④ 《诗的创作之力》，载《于赓虞诗文辑存》，第559页。

不例外。规矩摆在那儿，不管你愿意不愿意、承认不承认，规矩都在起作用，人们评价你的诗歌也要以规矩为标准。

然而创作过程中，于赓虞主张无视规矩。道理很简单，规矩起束缚作用，而诗人的创作则是生命的展开，只听从生命的召唤。如果你每写一行诗，都要抬头瞧瞧规矩是怎么定的，还能遵循生命的节奏吗？所以于赓虞不止在一处表示过对规矩的蔑视，说："诗的生命即诗人的生命，诗人创作时应有绝对的自由，不受任何规律，典型，教义之限制。"[①]注意，他说的是"绝对"和"任何"。绝对，无条件；任何，一切。所有规矩在创作面前都等于零。

这么讲并不是与规矩作对，不是主张根本取消规矩，强调的仅仅是创作的自由状态。这时候规矩并不摆在你面前，而是内化于你的意识习惯中。就像不偷盗的戒律，用不着时时挂在嘴边，它早已内化为潜意识，成为一种不向不义之财伸手的本能。

如果写一行诗便拿规矩检视一番，那不叫创作，叫学习。用哲学的话说，尚处于必然王国（被外界束缚），离进入自由王国还差得远。

第二种，诗人与纪律的关系。

这里的纪律有两层含义，一是范围，一是要求。

每一学科都有自己特定范围，不安分守己去扮演其他角色，超范围经营，于赓虞叫"漫无纪律者"。前面说的普罗诗歌就有这个毛病，诗歌本来只是抒情的艺术，你偏偏把手伸到理论领域，叫诗歌去向大众传布真理。这种越界看似抬高诗歌，无限夸大其功能，实则使其陷入绝地。"漫无纪律，则诗将不成为诗。"[②]

人是社会的动物，我们生活在团队的时代。与行业一样，团队也有自己的规矩，通常叫纪律。诗人要服从团队，以自己的诗歌为团队的目的服务，于赓虞叫"过信纪律者"。这说的也是普罗诗歌，它把诗人变成街头话

① 《诗之艺术》，载《于赓虞诗文辑存》，第584页。

② 《诗之艺术》，载《于赓虞诗文辑存》，第580页。

筒，而如此写出的诗无灵性，无生命，徒有诗的外形而无诗的内质。“过信纪律，则诗将止为死骸。”①

第三种，诗人与道德的关系。

道德是秩序世界的一种构成，任何一个社会都要靠道德来维系。诗人作为人，作为社会一员无疑必须接受道德约束。然而，作为创作者，那就另当别论了。创作过程的绝对自由意味着诗人处于道德之外：他写什么，怎么写，是赞美天堂，还是诋毁地狱，完全取决于诗人的认识。

于赓虞认为，道德的目的是制造“恭驯的生活”，属于“一般人奴役生活的标准”，使普通人在现存制度下安于“苟延残喘”②。要是把创作状态下的诗人也置于道德监督下，那不意味着让他当顺民吗？如果这一条真的得到贯彻实行，还有“恶魔派”吗？还有优秀诗篇吗？还有诗歌的生命吗？

第四种，诗人与国家的关系。

对于诗歌创作，国家的职责是提供并且保证宽松环境。于赓虞说：“文艺不要‘政府’，伟大的文艺创作，不服从任何已成的典型，规律，教义。自由，自由，自由里伟大的作家才能够从容构造其艺术。”③又是三个“自由”并列。显然于赓虞是创作领域的无政府主义者。

总之，无论在主观方面还是客观方面，自由都是诗歌创作的必要前提。于赓虞说：“我们希望创作家不要再写没有生命骨子的靡靡之音，要在自己真实的生活之光里，自由的，勇毅的走自家的路——一直走到理想的园地。”④

3. 生活是诗歌的大地

诗歌来自诗人的情思，那么诗人的情思又来自哪里？于赓虞的回答是来自他的个人生活，所以诗歌是“自己生活的写照”⑤。

---

① 《诗之艺术》，载《于赓虞诗文辑存》，第580页。
② 《诗之艺术》，载《于赓虞诗文辑存》，第582页。
③ 《写于“鸮”之卷首》，载《于赓虞诗文辑存》，第744页。
④ 《新诗诤言》，载《于赓虞诗文辑存》，第545页。
⑤ 《读“将来之花园”》，载《于赓虞诗文辑存》，第532页。

这是从诗的内容和风格上突出生活的地位。作诗技巧、诗的形式可以从书本、课堂以及创作实践中获得，情思却学不来，非得从自己经历中体悟不可。

谈到诗与生活的关系，于赓虞列举了不少诗界前辈，其中四位值得拿出来说一说。

第一位是英国19世纪诗人拜伦。对于他的生活，于赓虞视其为恶魔式，这大概出于少年时期他的绰号“小恶魔乔治·拜伦”。从小时候起，这位诗人就不是传统意义上的好人，不守本分，恶名远扬。他落落寡合，脾气暴躁，那模样还真有点撒旦意味。长大后，尽管以世袭贵族身份进入议会上院做议员，却无视权威和制度，放荡不羁，沉浸欲望享乐。既然社会不容他，那么索性叛逆到底，做一个与上帝以及上层社会彻底决裂的大魔头。经过一番磨炼，最后出走，跑到希腊去参加革命，当上了民族解放运动的领导人。这种生活方式造就了他的叛逆精神和追求自由的性格，从而化为自由情思并以诗歌形式表现出来。所以于赓虞说：“有人以拜伦有恶魔之生活与行为，即有其归于自由之热情的《哀希腊》及《曼弗雷特》。”[①]

第二位也是英国人，拜伦的同道兼朋友雪莱。他也选择恶魔式生活，不过比拜伦多了份狂放，所谓的狂士。其实说“逆种”更合适。雪莱读牛津大学期间就写了一本小册子《无神论的必然性》散发给同学，结果遭到开除，父亲也不再给生活费。后来又发表长诗《伊斯兰的反叛》，接着创作《解放了的普罗米修斯》。后者是诗剧，普罗米修斯就是个逆种，违背大神宙斯的意志盗窃圣火赠予人类，最后被锁在高加索峰顶惨遭恶鹰啄食胸膛。普罗米修斯的粉丝不少，其中一位叫卡尔·马克思，认为“普罗米修斯是哲学史上最伟大的圣人和殉道者”。他对雪莱的评价是“本质上是一个革命家”。另一位导师恩格斯也推崇雪莱，称其为“天才预言家”。后面的说法更对于赓虞路子，于赓虞也认为诗人就是预言家。对于雪莱，于赓虞这样说：“有雪莱狂放自由的生活，自有其狂放自由的《西风歌》及《解放

① 《诗之艺术》，载《于赓虞诗文辑存》，第582页。

了的普罗米修斯》。”[①]

第三位还是英国人，叫哈代。与前两位一样也属于反叛者，不光质疑宗教，同时也强烈质疑现存道德和社会制度。他是诗人，但小说创作似乎名气更大，代表作是《德伯家的苔丝》。笔者几十年前读过当时能够找到手的他的所有中文版小说。《还乡》中的那句话“人类最大的缺点就是认为自己没有走的路是最好的路”至今仍记得。他的作品更多关注的是人类的苦难，揭露不公平的制度对人性的挤压和摧残，带有深重的悲剧色彩。于赓虞把这归结为生命冒险，也就是生活，说正是这样的灵魂跃动，“雪莱对于生命之光明的追求，哈代对于生命的苦痛之诅咒，都能成为完美的诗篇”[②]。

第四位是中国古人屈原。他是楚国公族，跟国君一家子，一度当政，力主抗秦，后遭排挤被流放到边远地区。当楚国郢都失陷于秦军的消息传来，他受不了亡国刺激，自沉汨罗江而亡。这是一个悲剧人物，由高位跌落荒野，空怀一腔为国之志，终日彷徨徘徊。这倒也好，摆脱了朝堂束缚而复归自由，思想空前解放，天马行空，独来独往，杰作频出。只是调子有些低沉、悲苦。于赓虞说：“有屈原悲愤流落的生活，即有其哀感洋溢的心胸；有其哀感洋溢的心胸，自有其悲泣孤高之诗篇。《离骚》至今尚称为完美的艺术，尚称为创格的体制。”[③]特殊的生活经历使屈原开一代诗风，成为骚体诗的祖师爷。

以上四例足以说明诗与诗人生活的关系，即“诗与生活不能分家”[④]。

由此出发，于赓虞对当代诗人推心置腹道：“现在，我们正处于混乱的世纪，有的人走入不救的死狱，有的人彷徨于古老的废墟，有的人沉于绝大的沉默，诗人即如落于满沟蛆虫的死水之天鹅，从这里将充实他的生活，充实他的思想。从一切不幸的，荣华的，悲壮的，死寂的中间，他会

① 《诗之艺术》，载《于赓虞诗文辑存》，第582页。
② 《诗之艺术》，载《于赓虞诗文辑存》，第584页。
③ 《诗之艺术》，载《于赓虞诗文辑存》，第584–585页。
④ 《诗之艺术》，载《于赓虞诗文辑存》，第582页。

逃到一个静谧的处所，将他的梦与创伤织入他的诗篇。这是他的生活之经验，是他自己亲身冒险的结果。他有眼去看，有耳去听，有心去感，有惨乱的景象使他伤悲，有自然的美丽供他赏玩，这是他的艺术的材料，不要忘记尚有他处理这材料的态度。”①

对诗人而言，生活经历的素材加上诸如三观之类的思想态度就是诗，乱世尤为如此，冒险的回报一定是高品质诗篇。

说诗歌与生活不可分，这个生活是否仅仅只是创作者的个人经历呢？回答：是，也不是。

说不是，是因为作为诗歌基础的生活相当宽泛，远远超出个人局限。于赓虞指出：“诗人如何获得他的生活至经验，据Wilhelm Dilthey②研究，应有三种基础：（一）个人之经验，（二）对于别人的经验的洞见，（三）因思想而使经验推广加深。”③这里明确给出三条途径，即个人自己，他人，继续深入。三条途径三种提法：个人的是直接体验；他人的是洞见，可谓间接经验，是对他人经历的体味和心得；继续深入是在前两者基础上，通过自己思考或借助外脑比如读书、交流等形成新的见识，以此为指导自觉地去生活，进行直接体验或间接体验。

说是，是因为所有这三条途径都是在个人本位上进行的，所获经验无不打上自我印记。第一条途径不必说，纯粹是个人行为。第二条途径，经历无疑是别人的，但我要的不是这个经历，而是这个经历在我心中引发的感觉；这个感觉也不是照相机式的机械映射，而是他人经历进入我的主观认识框架，也就是由我的观念、意识、情感、审美习惯等合成的认识结构，所以我对他人经历的感觉是主观化了的东西。即便在某个时刻、某个问题上我的主观性很弱，呈混沌状态，但仍是在自我平台上进行的。打个不恰当的比方，摄影还因取景角度不同而画面不同呢。正因为如此，于赓

① 《诗人的路》，载《于赓虞诗文辑存》，第576页。

② 威廉·狄尔泰（Wilhelm Dilthey，1833—1911），德国哲学家、历史学家、心理学家、社会学家。

③ 《诗人的路》，载《于赓虞诗文辑存》，第575页。

虞才说："诗人就是主观主义的生活者，表现者。"[①]第三条途径中的他人更是如此，是自觉地去进行主观加工。由于经验的主观性，他人乃至社会便被纳入我的生活。在这个意义上，说诗歌来自诗人自己的生活未尝不可。

就经验获得的途径而言是你我他多元化，就经验产生的过程而言是个人一元化。无论是经验的获得途径还是经验的产生过程都是在自我平台上展开。因此，归根结底生活是创作者的个人生活。

正是在这里，诗人生活与普通人生活区别开来。普通人是过日子，挣钱糊口，追名求财，功利性第一。诗人当然也要活，但这放在第二位，第一位是生活体验，为写作收集、积累思想的和情感的素材。于赓虞把这个区别上升到人生观高度，即"他们对于生命的了解与态度不一致；诗人偏重于生活经验之获得，普通人只注意于事物的结果"[②]。诗人是只问耕耘不问收获。

由于诗人的生活重心放在生命过程上，于赓虞说，诗人与他的生命"结成不解的联姻"，目的是"要认识她的一切"[③]。诗人为体验、破解、感悟生命而活着。

参照历史上伟大诗人的生活，结合自己的经历，于赓虞提出："诗是从生活的苦汁中压榨出来的。"[④]生活的真正价值在于其中的苦难，苦难越多越深越重，诗的根须也就越长，脚下的土地也就越广阔，结出的果实也就越大越饱满。所以，生活，特别是苦难生活，是诗人最大的，也是最宝贵的，甚至是唯一的财富，除了生活过程——自己的经历，其他都无足轻重，可有可无。

诗与生活相比，生活为主，是诗歌赖以生存的大地。于赓虞说："诗就是生活，生活就是诗，是怎样的生活，就有怎样的诗。"[⑤]

---

① 《志摩的诗》，载《于赓虞诗文辑存》，第615页。
② 《新诗净言》，载《于赓虞诗文辑存》，第544页。
③ 《新诗净言》，载《于赓虞诗文辑存》，第544页。
④ 《新诗净言》，载《于赓虞诗文辑存》，第545页。
⑤ 《志摩的诗》，载《于赓虞诗文辑存》，第615页。

4. 读者是诗歌的受体

在于赓虞诸多关于诗歌的概括中，有一句是“诗为诗人与读者中间交感的桥梁”[①]。诗歌一定要有读者，这毫无疑问。由此带来的问题是，诗人与读者的关系是怎样的？

于赓虞非常强调诗人的主体性，“独立”“自由”“个人”“生活”“经验”这些带有强烈主观色彩的名词表达的都是主体性。仅此即可看出，于赓虞的思想观念是相当超前的，非常符合当代意识潮流。

那么观众呢？按照当代人看法，作品创造出来之后，它便脱离开艺术家而属于社会，如何理解和评价，完全由观众、读者说了算，他们也是主体。似乎可以这样说，艺术家是创作的主体，观众是审美的主体，只有作品才是客体。当然这个划分不是绝对的，艺术家也是审美主体，创作过程其实是审美实现过程；观众也是创作主体，欣赏过程同时是创作过程，把自己的思想感情和观念加之于对象，从而使其获得新的意义。就是说，作品既是艺术家的产品，也是观众的产品。

恰恰在这里，于赓虞表现出保守的一面，坚定地认为读者就是并且绝对是被动的受体，彻底剥夺了观众哪怕一丁点儿主体成分。

那么，于赓虞是如何看待读者的呢？

于赓虞先对读者的轻率态度进行纠正。

人们读过几首诗，便喜欢发表议论说，某诗写得很好很美，某诗写得很坏很丑。于赓虞指出，就在这无意的赞誉和诋毁之间隐藏着重大错误。

错误在哪里？

首先，以己之心度他人之腹。你这是以自己的情思强加在别人的作品上，拿自己的豪放去臧否别人的缠绵，拿自己的欢乐去臧否别人的悲哀，拿自己的英雄气去臧否别的人的儿女情长，等等。这种做法纯属狭窄而寻常的个人趣味，没有一点文艺理论高度。

其次，缺乏对诗歌作者的了解。每一首诗都是诗人情思的产物，内

① 《诗之艺术》，载《于赓虞诗文辑存》，第595页。

容、想象、句式、格式、音韵等都是情思的表达。你知道诗人的情思吗？如果不知道，当然也就不明白他为什么这样写。既然如此，又怎么能说这首诗是好还是坏，是美还是丑呢？况且，你应当清楚，诗人的经历不同，情思就不同，表达方式也就不同，怎么可以用一种口味去衡量所有诗歌呢？

由于以上两点，于赓虞说："依个人之趣味而读诗批评诗，使诗就范于自己，那是诗之罪人。"[①]罪人，这个纲上得可不低。

接着于赓虞又从读诗的功用角度进行开导："我们读诗的目的，仅是想从诗里得到快感，以活跃苏醒自己的灵魂于沉醉，死寂，悲哀；并且将诗与自己之灵魂相冥合，以窥生命想象的内蕴，就如诗人写诗时所感到的一样。"[②]这里讲了三重目的，即审美、自救、共鸣。意思是抓大放小，达到目的即可，管那么多干吗？什么好呀坏呀的，美呀丑呀的，跟你有关系吗？读者的说法或意见乃自己一孔之见，是不作数的。

于赓虞甚至认为，诗歌仅仅是作者个人情思的宣泄和表露。诗人只在意如何表达，而根本不考虑读者情况，这正是诗人的伟大之处。如果顾及受众，那就有追求功利之嫌。

批评读者的轻率态度之后，于赓虞告诉人们，其实阅读并不是一件容易事，某种意义上并不亚于诗人写作。尽管诗歌是抒情的艺术，用不着像对待理论著述那样苦思冥想，而是凭借感觉去体验和认知，然而感知也不尽相同，有锐利与迟钝、深刻与浅薄之分。那么为什么会出现这样的区别呢？

于赓虞的分析有以下几点。

第一，文艺趣味、美学以及历史知识等方面的修养；第二，认识能力的高下；第三，对作者情思以及技巧的把握；第四，对作者生活的了解；第五，对作者灵感的研究。

---

① 《诗之读者》，载《于赓虞诗文辑存》，第563页。

② 《诗之读者》，载《于赓虞诗文辑存》，第563页。

于赓虞着重谈第一点。这属于学养方面。仅仅阅历丰富是远远不够的，还必须学习。比如你阅读《解放了的普罗米修斯》，如果你不知道普罗米修斯是谁，有什么故事，那么你就根本无法弄懂雪莱为什么写这部诗剧，它的意义又是什么。再比如，读《离骚》系列，我们心头有无限哀思徘徊流荡，之所以如此，不光诗句魅力无穷，还在于我们知道屈原的不幸遭际，他满怀悲愤投江而离弃人世的举动引起我们强烈共鸣。

光知道背景还不够，缺乏一定的情感和想象力的训练，也是不合格的。诗歌抒的是情，读者感受的也是情，是诗人与读者在情感层面的碰撞、交流。不否认人们之间的情感是相通的，但由于性格和生活环境上的差异，情感又不完全相通。如果读者不能打通其中的关节，就进入不了作者的感情世界，当然也就无法理解诗歌。想象方面更是如此。诗歌借助想象说话，人的想象力差别非常显著，有高低、强弱、细粗、大小之别，如果读者的想象力上不去，也是读不懂诗的。

至于说到词句，这里的要求更专业一些。读者会遇到一些晦涩、隐僻的名词，很难破解它的含义。于赓虞列举了勃朗宁和布莱克，说他们的诗是隐僻的，而布莱克的诗沉睡一个世纪之后才有了知音，从而被追加为神秘的大诗人。这里的问题不要说一般读者了，就是专家恐怕也要难倒。

总之，于赓虞的意思是，你要做一个合格的读者，必须跟上诗人的步伐。“诗人生着极强烈的情感与想象之翼，是以读者亦当有相当的情感与想象之力才能相和谐。”[①]

读者做到这个份儿上，太难了，也太稀罕了。如果说100个人可以出1个诗人，那么恐怕200个人出一个优秀读者。这样高情商、高想象力、高知识的人还做什么读者呢，写诗去好了。

显然，在诗人与读者的关系上，于赓虞仍旧是在诗人自我的平台上进行观照的，力主诗人为主，读者为从，二者不平等，不对等。诗人自始至终都是绝对主体，读者则是绝对客体。说得俗一些，读者就是诗人的跟屁虫。

① 《诗之读者》，载《于赓虞诗文辑存》，第562–563页。

于赓虞梳理中国古典诗歌，最不满意的就是文以载道的功利原则，无论是诗人还是读者，都是客体。诗人是传道的客体，读者受教的客体。“五四”狂潮高举人的解放大旗，冲垮了孔孟之道，反映到于赓虞诗学中，就是还原、高扬主体性。然而，我们看到，这个主体性仅仅属于诗人。他是绝对独立自由的创作者。这种独立自由也表现在不受读者的束缚上，所以于赓虞才把“伟大”二字送给那些不考虑读者需求、不迎合读者口味的诗人。

这还真有点“五四”精英自由派的味道，尽管他们对人民大众怀抱同情，但目光始终盯着自己所属的知识阶层，所以人的解放最后成为知识分子的解放，大众被抛在一边，照旧沿袭千百年不变的生活。与此相对应，于赓虞诗学中读者的地位，依然被固定在受体位置上围着诗人打转。

尊重换来的一定是尊重，轻视换来的一定是轻视，你不关心读者，读者自然也不会关心你。于赓虞作品的影响力之所以江河日下，渐渐淡出大众视野，忽视读者不能不说是根本原因。

三、诗是生命的艺术

（一）诗歌源泉——个体生命的律动

我们上节谈了诗歌与生活的关系，说生活是诗歌的大地。这里我们沿着这个方向继续深入，谈诗歌与生命的关系。于赓虞的论点是：生命是诗歌的源泉。生活与诗歌、生命与诗歌的关系还是可以区别开来的：一为土壤，一为源泉；前者讲的是条件，也就是诗歌何以存在，后者讲的是生发，也就是诗歌如何存在。

于赓虞清算古典诗歌，在汉代画了条线，认为前后诗风大不相同。原因之一是人的气质下滑，说汉代之后的人是侏儒有些过分，但气魄远不如汉人那般壮阔，思想远不如汉人那般刚猛，你都可以嗅到一股道貌岸然的酸腐气，可以感到只顾眼前不重未来的短视思维。那种自由思想孕育出来的人生意志以及所造就的人生力量完全被传统毒雾淹没了，稀释了，从此难见澎湃如潮、强劲如风的生命表现。

新诗的产生是一次生命回归。于赓虞说，它将因循守旧的传统思想完全抛弃，还诗歌中那个生动、活跃并且独立自存的“我在”[①]。这个词来自法国近代哲学家笛卡儿的“我思故我在”。他通过“我思”，也就是“理性”，论证自我的存在，由此确立自我的本体论地位，在万有中自我才是初始的起点，相当于现在人们喜欢说的“洪荒之力”。按照这个思路，中国的“道”、西方的“上帝”都排在自我之后，个人生命凸显出来。

既然自我是第一性的，是一切的出发点和归宿，那么诗歌的源头也必须到个体生命中寻求。为此于赓虞说：“诗歌的基础，建筑于生命之跳舞。”[②]又说：“诗就是生命。”[③]

那么为什么说生命是诗歌之源呢？

最根本的是生命的欲望产生创作欲望。

于赓虞说：“满足之人的心只是无机的死体，不会有强烈活动的影像；必其人感到生命之飘忽与缺憾，因而从心中燃烧起不满足的欲望，情热，灵感与幻想，向无极远的理想境去追求，终而至于发狂——发狂即是活跃，伟大，深与丰的生命力的表现。因而，我以为死人的世界，不如活人的世界；活人的世界，不如狂人的世界。”[④]心满意足者像吃饱了就睡的猪，连站立都懒得去做，所以是没有创造力的。只有当空虚之际，人才会以行动去获取物品来填补黑洞。空洞越大，欲望越强，追求越旺，创造力越盛。狂人的欲望超出一般，所以成就最高。

欲望，古时初称“欲”，后来加上“望”字，叫欲望，除了把单字变为双字的语言习惯外，还是为了强化追求意味。欲由谷和欠组成。谷，山谷，用来比喻空，谷字上面不封闭，表示出口；欠，缺乏；合在一起，就

① 《诗歌与思想》，载《于赓虞诗文辑存》，第536页。

② 《新诗诤言》，载《于赓虞诗文辑存》，第543页。

③ 《世纪的脸·序语》，载《于赓虞诗文辑存》，第308页。

④ 《诗的创作之力》，载《于赓虞诗文辑存》，第559页。

是要求填充空缺的出口。欲望意味追求，也就是填补空虚。求知是充实头脑的空虚，求职是充实工作的空虚，求爱是充实感情的空虚，求友是充实人脉的空虚，求官是充实权位的空虚，求子是充实后代的空虚，求神是充实运道的空虚。说句题外话，从这里我们可以理解为什么以老子为代表的道家把“虚”“无”视为世界本原了。

那么作诗呢？也是一种填补空虚，就是于赓虞这里说的“感到生命之飘忽与缺憾”，飘忽是不实，缺憾是空乏，这是一种生命状态。于是就有了随后的欲望、情热、灵感、幻想、理想，等等，把它们诗意地表达出来，就是诗作。比方情热，我爱一个人爱到燃爆，说、写都不足以表达，便化为诗句，由此填满想要表达的空洞。

诗歌与个体生命是同一的。于赓虞说：“诗与生命是一个整体，它并不高于生命，亦不低于生命。”又说：“诗为不死的生命之影像。”①人有生有灭，诗歌不死，就像挂在墙上或压在箱底的照片。

确立了诗歌与生命的同一关系，于赓虞并未到此止步，继而提出“生命汁”的说法：“从生命之迅速，跃动，欲求中所压抑出来的生命汁，即所谓诗歌核心的情感，这样色彩浓烈，动即迸射的情感，渗透于伟大，沉着，独立的思想中，即诗歌的渊泉。”②我们都知道，生命是血肉之躯，如果一般地说生命是诗歌的源泉，岂不等于说肌肉、骨骼、血液、心、肝、肺之类均在源泉之列，这显然是可笑的。所以一定要明确具体地讲清作为诗歌源泉的生命是什么。于赓虞认为是一种汁液，从生命里压榨出来的精华，它才是诗歌之源。

这让人不由得联系到弗洛伊德学说的“力比多”，即“性力”。性力不单指性欲冲动，凡是出于生理满足而产生的追求，都包括在性力范围内。弗洛伊德说，性兴奋不是仅仅发源于身体的所谓性部位，而是发源于身体的所有器官，性力其实是一种追求爱的能量。性力处于物质和精神之间，

① 《诗之艺术》，载《于赓虞诗文辑存》，第581页。

② 《诗歌与思想》，载《于赓虞诗文辑存》，第538-539页。

代表着生命冲动。从上面引文看，于赓虞的“生命汁”是精神性的，属于灵魂（不等于基督教灵魂概念），是情感与思想的结合，其基础可以追溯到欲望。别忘了他是恶魔派，而这一派是从欲望出发的。

由于“生命汁”是情感和思想的合体，诗人根本上就与一般人的生活不同。一个重大而显著的区别就是前面讲过的重体验还是重结果。诗人活着，为的是自我生命的体验；一般人活着，为的是富贵利禄名声的功利。

不是说这种汁液只是诗人的特权，而是说一般人的“生命汁”没有激发出来，至少是没有能力抓住它。“生命！生命就是一团神秘，发着各色秘奥的光辉，粗忽的心与目见不到它的真际。惟有诗人才能把捉住倏忽即逝的灵焰，透露出生命的秘奥的活力，赋予生命永久不死的命运。”[1]诗人的生命力远在众人之上，“是经验最富而燃烧自己之火的人”[2]。

这再一次证明了诗人以及诗歌的独立自主地位和自由性。作诗的冲动和灵感皆来自“生命汁”，而生命汁则是最自我的东西，独一无二，别人根本不能也无法替代。“诗歌的独自性亦即从此而生。”[3]

发现了“生命汁”，又结合诗歌史知道了那些伟大诗人的生平，于赓虞胆壮不少，“更坚定了诗是生命的艺术的创造之信念”[4]。他说自己虽然根骨差些，但是悲苦的经历一点不少，思想也相当苦闷，诗歌创作的路子还是可以走下去的。

这么说不光是为自己打气，也是给所有那些跟他生活相仿却怀抱诗人理想的平头百姓打气。大家都拥有生命，都不缺乏“生命汁”，兴许自己的感受还更加强烈，完全具备走进诗歌殿堂的主观条件。

（二）诗歌动因——个人生命的开展

生命的本质在于生。生的金文写做，草木籽种破土而出，节节攀

① 《诗人的路》，载《于赓虞诗文辑存》，第574页。
② 《“文学”创刊前言》，载《于赓虞诗文辑存》，第738页。
③ 《诗歌与思想》，载《于赓虞诗文辑存》，第539页。
④ 《世纪的脸·序语》，载《于赓虞诗文辑存》，第308页。

升。生命绝不停顿，持续不断地把自己开拓出来，一旦停歇它就变了质，不再是生命了。

用在诗人身上，于赓虞这样说："此非感到自己生命有缺陷与不满足的人，不能有创造的冲动与创造的力。诗人就是永远不能满足自己理想与情欲之人，故他的生命永远在创造的途中。"[①]诗人是生命之路上永久的行者，不是他想走，而是不得不走。他是特殊材料制成的，欲望特别强烈，理想格外丰满，总是处于空虚状态，怎么也得不到满足，需要时时去填充，所以便不断地追求，从而不断地把自己的生命创造出来。

于赓虞把诗人的生命比作溪水河流，涓涓不息，路遇石头、树杈、草茎，便激起浪花。于赓虞说："这浪花就是生命之力，就是诗。"[②]随着生命的开展，诗歌也就诞生了。诗歌的创作与生命的创造同步，"诗是创造的艺术，它的生命就是诗人之生命，因为真正的诗人就是创造者。"[③]

这是从宏观上看，诗歌跟着生命走，生命每前行一步，便催生新的诗篇，诗歌是生命的记录。同样的，微观领域——这里指的是诗歌创作具体过程，也是由生命推动的。现代观念中，不光诗歌，同时包括绘画、雕塑、音乐等的创作，无不被认为是艺术家生命活动的表现或展开。比如行动画派，这方面最自觉，最典型，最形象，这一画派主张在感情的自发冲动中配以强烈的肢体动作进行创作。

于赓虞没有这么夸张，但一样把写诗视为创作状态中生命的表征。他说："诗歌的基础，不在物质的计较与竞争，而建筑于生命之旋舞，其节奏有如闪电般迅速的急转，有如风平浪静的湖面之缓流。"[④]写这段话时于赓虞眼前大概浮现出唐诗中胡姬的旋舞形象，那种劲爆场面特别能代表生命的无穷活力。

于赓虞是优秀诗人，对作诗过程中生命状态节奏的体会非常真切。就

① 《诗的创作之力》，载《于赓虞诗文辑存》，第556页。

② 《科学与诗》，载《于赓虞诗文辑存》，第620页。

③ 《诗之艺术》，载《于赓虞诗文辑存》，第592页。

④ 《抒情诗中独自的静境》，载《于赓虞诗文辑存》，第547页。

其论述来看，大致可以排出如下顺序。

最先是体验，也就是感觉。感觉属于情感的一种。

生命之流激起的浪花是生命之力，这种力其实就是前面说的“生命汁”。我们知道“生命汁”是情感与思想的共同体，就发生而言，先情后思，如同我们路遇一人，第一反应是感觉，心生好感还是恶感，或者无所谓，之后才轮到思维，分析判断他是何许人。所以于赓虞认为“情是生命的根力”，是“生活原动力的根本素质”[①]。于赓虞强调情感的优先地位，除了给出事实外，意在坚持诗人的独立和自由，思想可以是他人的、社会的，但情感绝对发自个体。

于赓虞笔下的感觉是混沌的，难以捉摸。在他看来，“它只是一种力量”[②]，也许改为能量更恰当。这个说法符合道家关于事物的生成规律，从虚无到事物成型，中间是混沌状态；认识亦如此，从不知到知必须经过懵懂阶段。于赓虞说，诗人写作时是见不着什么的，只能感觉到什么，但又不能完全说清所感，当然也无法完全表现自己的感觉，脑子里留下的仅仅是“情感的波影之轮廓”[③]。这种状态跟梦境差不多。

感觉是创作的容器。

接着是冲动。冲动也属于情感。

于赓虞告诉我们，作诗与写哲学论文不同。哲学家是冷静的，只是静观与沉思脑子里的哲理，然后把所思严谨地写在纸上。诗人不，他是热烈的，仿佛燃烧的火焰向外喷发，是谓冲动。关于冲动，于赓虞还有一个飞箭的比喻，之所以选中飞箭，要的是速度与力量。

作诗与写小说也不同。小说创作必须有素材，作家面对庞杂的材料加以精心剪裁、整理、摘录，在此前提下进行构思。诗人不，他凭的是冲动，想要写点什么，处于不得不写的压力下。于赓虞特别指出，诗人不是

---

① 《新诗诤言》，载《于赓虞诗文辑存》，第545页。

② 《通信——于赓虞与李伟昌互致函》，载《于赓虞诗文辑存》，第785页。

③ 《通信——于赓虞与李伟昌互致函》，载《于赓虞诗文辑存》，第785页。

要作诗，而是情不自禁地抒写，给自己的情思披上诗句的外衣，摆在自己也摆在世人面前。

于赓虞说：“诗乃心艺，诗乃动艺，那正是一个活人——不，狂人的世界。”[①]诗出自心，呼之于冲动。

冲动是创作的阀门。

然后是灵感。灵感也属于情感。

就产生而言，与冲动有相似之处，来之突然，电光石火，令人震动。但过后就是另一番面貌，走向反面，与冲动完全相反。冲动是激情，火一般热，箭一般猛，动若脱兔；而此时的灵感则沉入静寂，没有呐喊，不是呼啸而过，而是徐徐徘徊，月明星高，静如处子。于赓虞眼中的灵感“是一种神化的境地”[②]。

为什么会这样？就生命节奏而言，大起之后必然是大落，激情之后必然是平淡。经历了冲动以及灵感降临的震动，生命进入平和。于赓虞说，这时诗人的心宛如一湖静水，灵感就是在湖面飘荡的游艇。

冲动和灵感看似突如其来，其实是有先决条件的，这就是诗人的酝酿和准备。这个环节相当长久，酝酿准备到一定程度，感觉成形，冲动之火点燃，灵感之光闪现。这时候酝酿和准备的材料便会淡出隐去，等到灵感进入平静期，那些与灵感相关的材料又渐渐浮现出来，从而使诗人得以选取感受最深的给予运用，组织成影像的雏形，然后通过诗句进行真切恰当的描写。

灵感是创作的滤具。

最后是加工。这一阶段超出感觉，拼的是智力。

灵感之中诗句初成，实乃一时激情之作，草率而粗糙，是拿不出手的。这就需要进行加工，就是于赓虞说的“剪饰”。这是一个形象词，剪，裁剪、剪接；饰，修饰、装饰。

① 《诗人的路》，载《于赓虞诗文辑存》，第576页。

② 《论作诗》，载《于赓虞诗文辑存》，第628页。

上面说过，于赓虞认为作为创作起始的感觉如同梦境，其实，不光感觉，包括冲动、灵感，也属于这样的境界，所以于赓虞说：“诗人写诗是在一个梦境。”而加工则不同，“诗之艺术的剪饰有赖于智慧”[①]。就是说，加工是回到现实世界，靠的是思维的理性活动。

加工是技术活，厘清思想，修饰感情，剪裁影像，推敲字句，整理韵脚，琢磨意象，调整节奏，等等，不仅是分别做手术，还要从整体上进行剪接，达到和谐一致。

至此一首诗歌诞生。可以松口气了。

加工是创作的打磨。

创作的四个环节表现着生命的四种状态：感觉对应的是混沌，冲动对应的是激情，灵感对应的是平静，加工对应的是智慧。这四个环节四种状态又可以分成两大步骤或两个境界，即感性和理性、梦境与常境，前三个环节属于感性，人在梦境中，后一个环节属于理性，人回到常态。这也就是一首诗歌的诞生过程，从坐胎、发育、成形到出生，历经诗人的感觉（混沌）、冲动（激情）、灵感（平静）、加工（智慧），跨越感性（梦境）与理性（常境）。由此可以说：“诗即诗人的生命自然流露的歌曲。”[②]

两大步骤中，诗人与诗的关系是不同的。梦境中是“诗来找我方作诗”[③]，非要表达不可，是诗的自然生成。常境中是“诗是写的”，我去找诗，进行打磨修饰的人为加工。这是诗乃生命的另一种表述。“诗来找我”说的是诗歌是从诗人生命中涌现的，我去找诗是把诗纳入我的生命活动。

总之，无论从生命创造的宏观角度看还是从诗歌创作的微观角度看，诗歌都由诗人的生命来推进，在他生命的节律中悸动。

然而诗歌并不单是诗人的作品，同时也反过来证明诗人的存在。套用笛卡儿的“我思故我在”，可谓“我诗故我在”。诗歌是诗人的生命。每一

---

① 《通信——于赓虞与李伟昌互致函》，载《于赓虞诗文辑存》，第785页。
② 《诗之艺术》，载《于赓虞诗文辑存》，第580页。
③ 《写诗的讨论一》，载《于赓虞诗文辑存》，第515页。

篇诗歌都是他的一次生命创造。他的全部作品就是他的存在。

（三）诗歌目的——自我愉悦的过程

诗人为什么写诗，是为了给人看的吗？不是。诗发表后读者一定会看到，但这不是诗人写作的目的，他的初衷是写给自己。

什么叫写给自己呢？这就要联系当初创作的原因，那就是想要表达的强烈欲望，那种躁动不安的生命状态，情不自禁，势不可当，如火似箭的情感一定要突破血肉之躯而喷发迸射，理智拦不住，外界压不住，不出来亮相决不罢休。诗人作诗是顺势而为，自然而然。也就是说，作诗是一种自我行为，纯粹是为了满足表达的欲望，是诗人情思的宣泄和显露，是一个自然而然的过程。

作诗是生命展开的过程，是“生命汁”的释放，其中磨难和快感相交织，也许这样说更确切，即在写作的折磨中产生创造的快乐。于赓虞从悲苦人生的角度谈到这种感受，说：“诗之目的在发抒诗人心中所感到的人间之痛苦，以冀减轻其忧愁悲哀的负戴，而使个人获得愉快。”①心中的悲苦太多太重，不得不发送出去，随着压力减轻愉悦随之而生，所谓如释重负之后的轻松愉快。不少人把创作的愉快归结为成就感，其实这是后话，掺杂功利性在内，当下的快乐，或说原初的快乐、真正的快乐，来自减压，属于生命本身的一种反应。

研究作诗的目的，一定要在诗歌自身范围内看问题，而不是到诗歌外面找原因，这是于赓虞一再强调的原则。他说：“诗止于诗，诗止为诗而存在，不为其他效用而存在。”②

减轻自己，愉悦自己，这就是诗人作诗的目的。

那么，诗人眼里就没有社会责任吗？就不顾及社会效果吗？这就涉及诗歌的价值取向问题。如果说目的解决的是为什么写诗，那么价值解决的

---

① 《诗之艺术》，载《于赓虞诗文辑存》，第581页。

② 《诗之艺术》，载《于赓虞诗文辑存》，第581页。

就是诗歌有什么用。

于赓虞的回答是肯定的："有人以诗之效用为诗之目的，乃绝大之错误，因为伟大的诗人之诗，在创作时并未顾及社会之效用。而且，诗既为抒情的独立的创造的艺术，自不能使之为政治的或主义的奴役，古今不少误解诗的人，不说诗应有伦理的效用，即曰应是革命的工具，这类人完全失了正当之对象及严重的态度。"[①]

这段论述很重要，可视为批评效用论的总纲。谈了四层意思。第一，效用论是以诗歌的有用性混淆、取代目的性。第二，历史以及事实表明，诗人，特别是伟大诗人，创作时不曾有社会效果的自觉意识。于赓虞解释道："诗人既为生命的歌者，自然有其独特的情调，他的目的在诗的创作，只在完成其生命之理想的艺术，其影响如何，效果——对于功利的社会的效果如何，他没有丝毫的留意。"[②]第三，重申诗歌是独立的抒情艺术。第四，诗歌的本质、定位都不允许把它降格为工具；如是，诗歌则死。

这里提到伦理效用，这是于赓虞非常讨厌的问题。其极端形式就是于赓虞一再口诛笔伐的"文以载道"。道与德是一个东西，就本体论而言这东西叫道，就认识论而言这东西叫德。在文以载道的绑架下，诗歌被彻底剥夺了独立自主地位，丧失或弱化了抒情的文艺性，成了道德教化的工具。显然，道德效用绝不是诗歌的价值，哪里有以损害主体完整和尊严为自身价值的道理？

这么讲不是说诗歌没有道德效用，没有教化作用，而是强调就诗歌自身来讲，道德效用不是诗歌本身所固有的。至于诗歌问世后，读者从中得到教育和启迪，那是另一回事。于赓虞说："诗人只要将其生命的灵影，和谐的韵节表现之于完美的诗篇，则其职务已完；至于道德的或伦理的影响，乃是诗的副产品，无关于诗人，无关于诗之本身。"[③]副产品，顺便带来

① 《诗之艺术》，载《于赓虞诗文辑存》，第581页。
② 《诗人的路》，载《于赓虞诗文辑存》，第577页。
③ 《诗之艺术》，载《于赓虞诗文辑存》，第581页。

的效果。又说："诗艺虽有其社会的使命，而这使命是诗的自然的效果。诗是艺术，是人生，是人生的艺术。所以，诗的社会的效果，只是诗的力的作用，与诗人创作诗的神境毫不相关。"[①]力的作用，好比一辆汽车疾驰而过，掀起的气流扫过路边的花草。

诗歌的价值不指向诗歌之外，指向哪里呢？

诗歌的价值指向诗歌本身。

诗歌是一门艺术，这个身份决定诗歌的价值就在于它的艺术性。关于这一点，于赓虞讲得非常明确，他说："诗之价值在其自身之艺术。"[②]从事物自身界定其价值的思路是合理的。比如某个人，需要他的人认为有价值，不需要他的人则认为无价值，敌对者甚至认为是负价值，从这些相互矛盾的意见中得不出他是否有价值的结论。要想解决这一问题，必须换一个角度，由从他人出发换为从自身出发，看这个人是否具有人的本质。常听人说，某某人性好，某某人性不好，就是以本质进行衡量。确定此人合格，便有价值，就是李白诗中唱的"天生我材必有用"。如果属于衣冠禽兽一类，便没有价值，人人唾弃，唯恐避之不及。

诗歌价值的大小取决于其艺术性的高低，"真正的好诗不怕时间的锻炼，经过的时间越久其价值亦愈高；反之，劣等的诗即如秋日之黄叶，不久即自行泯没"[③]。诗歌是好还是赖，艺术性上比高低。至于什么是艺术性，下节专门讨论。

诗歌的种种误解中，数价值观上的误解最让人担忧。除了普罗思潮的工具论外，最大、最经常的冲击来自商业社会。"今日最迫切的问题，是如何将生命之情感与意志之力，从工商业时代思想的迷诱中，自由的，高标的解放出来。文艺是生命的表现，倘若将他的根力沉没到虎腹去，实乃不可超拔的危机。"[④]资本把一切都变成商品，诗歌、诗人也无法置身于外，诗

① 《论作诗》，载《于赓虞诗文辑存》，第629页。
② 《诗人的路》，载《于赓虞诗文辑存》，第575页。
③ 《诗人的路》，载《于赓虞诗文辑存》，第575页。
④ 《新诗诤言》，载《于赓虞诗文辑存》，第545页。

歌的价值不在于艺术品质，诗人的价值也不在依据生命的创作，而在于他们的商品化。结果那表达生命律动的情感和“生命汁”以及所构成的艺术性，被资本老虎一口吞下肚，成为商品社会的牺牲品。

为此于赓虞疾呼回到自我，坚守自我：“诗的作者，请从半死半僵的状态中苏醒过来，着实的生活着，生活在个人的宇宙之光里。”①

与诗歌价值观密切相联系的是作品评价标准。于赓虞在一次演讲中比较集中地谈到这个问题，总结出三条。这三条也可以视为诗歌价值的注解。

第一条，“看当代作家的作品，是否表现出来了特有的个性（中国历史上有个性的作家就很少）？个性是一个作家立足的基点”②。这方面，古代诗人中于赓虞认为李白、杜甫是典型，当代诗人中树徐志摩为标杆。他们以锤炼艺术个性为至高价值。

第二条，“看当代作家的作品，是否是一种人生的艺术（中国历史上有伟大深厚的人生感的作家么）？我所谓人生的艺术，是要在作品里求出一种动人的伟大性格，是在活死人中间的一声呐喊，一种野力，一种近乎神的高贵理想。文艺的神是自由的，文艺之所以可贵，就在她可能解除人类精神上的枷锁，使之呼吸着人的气息”③。这实际上是诗歌为生命的艺术的一种说法，即诗歌的价值在于表现生命。好作品可以使人感到生命勃发，而且是一种原生态生命，没有遭到社会污染从而变质的生命。

第三条，“看当代的那些作家，是否是以艺术为他们最好的事业（中国历史上有以文学为事业的作家么）？一个杰作，即如是一首小诗（如英国格雷④的《墓畔哀歌》），就是作者精神的凝结，全生命的寄托”⑤。这讲的是献身精神。中国古代是“仕而优则学，学而优则仕”，诗歌不过是官僚附庸风雅的工具，业余之作。献身于诗歌，等于告别权贵利禄，不舍得牺牲是做

① 《新诗净言》，载《于赓虞诗文辑存》，第545页。

② 《文人应该反省（下）——在河大附中讲演述要》，载《于赓虞诗文辑存》，第710–711页。

③ 《文人应该反省（下）——在河大附中讲演述要》，载《于赓虞诗文辑存》，第711页。

④ 格雷（Thomas Gray,1716—1771），英国诗人。所作的《墓畔哀歌》（1751，又译《墓园挽歌》）是感伤主义抒情诗的典范。

⑤ 《文人应该反省（下）——在河大附中讲演述要》，载《于赓虞诗文辑存》，第711页。

不到的，体现着一种价值追求。

为自己写作，除了艺术不为其他任何所动，这就是我们对上述内容的概括。

四、诗的基本构成

（一）诗质

对于诗歌的基本构成，现在习惯上叫内容与形式，在于赓虞那里叫质与形。诗质与诗形是诗歌的最基本的也是最大的关系。

前面说到过于赓虞退出《诗刊》一事，主因就出在诗质上。他不满意这本刊物过于偏重诗形的取向和风气，提出应该更多地关注内质。尽管他在形式上做的努力和探索一点也不比别人少，但始终认为诗质才是第一位的。然而他的观点没有引起多少共鸣，反倒遭来对他的诗歌悲苦情思的诘难。他感到他们之间的差距过于悬殊，索性主动离开。

在于赓虞看来，重形而轻质始终是中国诗歌的一大痼疾。他比较过中西诗歌的发展变化，发现两者最大的差别是，西方诗歌的变迁更多地表现在质上而不大触及形。中国古代诗歌不同，变迁仅仅在形上下力气，比如古诗到五言诗，再到七言诗，只是格律和音韵的完善，根本不触动情思。新诗来势迅猛，很快便成气候，但也仅仅是文言变白话，称白话诗，格律变自由，称自由体诗，依然沿袭自古以来的道路。于赓虞断言，照此下去，不在内质上变革，新诗早晚得重蹈覆辙。

关于诗质，于赓虞自问自答：“什么是‘质’？就是诗人的感想和情绪。”于赓虞解释道：这是“优美浓厚的情绪，高尚的思想”[①]。他又在“情绪”的前面加上三个字：“热腾腾”，以此来表达作为诗质构成的情绪的与众不同，比其他文艺领域的情绪来得更加灼热、猛烈，乃至疯狂。这也是于赓虞屡屡提及狂人的一个原因。

① 《诗的自然论》，载《于赓虞诗文辑存》，第512页。

至于思想，于赓虞用的是“高尚”一词。这里的“高尚”不一定是在与低俗、卑鄙相反的意义上使用的，更多地是表示思想深度。他说：“我们知道莎士比亚，但丁与弥尔顿都是最有名而永永不朽的文学家，他们又都是最有势力的哲学家……没有一位大诗人不是同时又是一位很渊博深致的哲学家的……我的意思是要以伟博的哲学思想融化于沉着的情感，表现于诗歌。”[①]诗歌看上去离哲学最远，一个是感性思维到极致，一个是理性思维到极致，却又脉脉相通，走得最近。

上面讲的思想并不是全部，只是其中一种。在于赓虞那里，“思想的含义约有两种，实际的思想与梦幻思想”。什么是实际的思想？于赓虞说：“实际的思想是有意识的，有目标的而归结于推理，如冷静的哲学家。”上面说的思想就是实际思想。什么是梦幻的思想？于赓虞说：“空幻的思想是无拘束的，荒渺无定的而归结于心灵冒险之沉思。”[②]空幻的思想属于非理性，近似想象，以超现实的方式直击现实的本质，比如社会在于赓虞诗中以魔窟、牢狱的面目出现，而人都是囚徒。除了理性与非理性外，两种思想的区别还表现为，实际思想是有意识的、清醒的，空幻思想是无意识的、混沌的。

两种思想哪一种更能代表诗歌呢？显然是空幻思想。实际思想是哲学的，为各学科所共用；空幻思想是艺术的，只为艺术所有。空幻思想发挥着特殊作用，比如给丑陋披上美的外衣，正像前面引用的闻一多的诗《死水》，一条肮脏的臭水沟披金戴银，借以揭穿丑陋的伪装。诗歌追求的是美，仅此即可以说，没有空幻思想，就没有诗歌。

由于诗人具备两种思想，便显示出无比的生命力和无限的创造力。“热情的诗人有着不羁的灵魂，在梦境和清醒时都有驰骋的良机，因此他的思想是活跃的，高远的，深致的，由此翻起情感的波浪，在无意中会跳舞与

① 《诗歌与思想》，载《于赓虞诗文辑存》，第536–537页。

② 《诗之情思》，载《于赓虞诗文辑存》，第551页。

唱歌。"[1]诗人是两手抓，不像哲学家、史学家等只是一手使劲儿，所以机会远比别人多。

然而思想毕竟是思想，即便是神通广大的空幻思想也是思想，如果诗歌直截了当地表达思想，那还是诗歌吗？怕是混淆于哲学等理论学科吧。所以它一定要寄托在某个东西上面。就跟宋明理学讲的"理"一样，理，根本道理，属于形而上，无形无体，如何能在天地之间驻足？于是找到虽然属于物质却最不像物质的东西——"气"，依托于其上。那么思想的寄托物是什么呢？情感。于赓虞说："思想必然通过感情的锻炼与澄滤，然后才能表露。"[2]还引用别人的话说："写诗时并不只注意抽象思想，要将它统化于情感而发表之。"[3]

为什么选择情感？这就要到诗歌的本质中去寻找原因。诗歌是抒情的艺术，是围绕情而生长的，所以思想必须通过情感来发言。

这并不是说思想与情感是两码事，思想住在这边，情感住在那边，思想需要表达，便去找情感请她陪自己出去走走。于赓虞这样解释思想与情感的关联：人们心中存有各种意识，当你感觉到某种意识，就会自然产生愉快或者苦闷的情绪。

由于思想住在情感里面，或者说融化在情感之中，于赓虞称其为情思。这就意味着，诗歌领域没有单独的思想，也没有单独的情感，只有二者的合体。"诗的真纯之生命是情感，思想乃其生命之骨骸。只有情感而无思想流贯其间，则其生命即不能流之于久远。"[4]

情感说起来简单，却很难谈清楚，似乎各个学科都有自己对情感的理解。于赓虞的诗学也没有解释什么是情感，更多强调的是它的混沌性。比如，"人生和宇宙中间所融化成的一种浑然之情绪"[5]。它本身就说不清道不

① 《诗之情思》，载《于赓虞诗文辑存》，第551页。
② 《诗之情思》，载《于赓虞诗文辑存》，第551页。
③ 《诗之情思》，载《于赓虞诗文辑存》，第552页。
④ 《诗之情思》，载《于赓虞诗文辑存》，第552页。
⑤ 《诗歌与思想》，载《于赓虞诗文辑存》，第539页。

白，又怎么给它一个清晰的解说?

关于什么是情感只好存而不论，我们看看情感在诗歌中的地位。这个问题其实前面已经回答了，两句话：“诗为抒情的艺术”，“诗乃人类情感的灵影”[①]。这是从本质方面为情感定位，它在诗歌结构中是本体性的。

这种本体地位反映在诗歌创作上，就是“诗歌最要紧的质素是这样情绪的表现”[②]。诗人写诗，最关键的、第一位的是把自己的情感表现出来。判定一首诗成不成功，就看其中情感的分量。

诗歌创作与生命过程相一致。情感是诗歌之本，同时亦是生命之根——那生命的原动力。于赓虞说，你只要观照自己的生活经验，就可以发现生活发端于情，最后返还于情，“终究要归结到生命本体的一念真实的情上”[③]。中国当代哲学家李泽厚提出，中国文化与西方文化不同，是情本体。他说得不错。只要看看“仁”在思想文化中的地位和作用就清楚了。张爱玲、胡兰成也持这种观点，指出西方推崇的是知，中国注重的是情。结合于赓虞的说法，似乎可以说中国文化乃至中国人的生活方式是最接近于诗的，所谓“诗意的栖居”。扯远了，回到本题。

突出情感非常符合于赓虞恶魔派诗人的身份。我们都知道，恶魔派立足于欲望以看人生、看世界、看诗歌。情感与欲望最为接近，常常纠缠在一起，故统称情欲。高扬情感意味着肯定欲望的作用。

连带着思想的地位也提高了，因为情与思一体，情中含思。这实际上证明的是诗质的重要性。于赓虞说了，质就是思想和情绪。情是本体，思寄宿其中，那么诗质在诗歌的基本构成中便处于优先地位。

（二）诗形

于赓虞这样回答诗形：“什么是‘形’？概括地说，就是诗中的音节和

① 见本书《诗的根本特征》。

② 《诗歌与思想》，载《于赓虞诗文辑存》，第539页。

③ 《新诗诤言》，载《于赓虞诗文辑存》，第545页。

词句的构造。”[①]注意，于赓虞讲的是构造，构造指的是和谐的整体关系。这里可以分出三种构造：一是音节的和谐关系，一是词句的和谐关系，再有就是音节与词句的和谐关系。这是简单的提示，如果展开说，内容相当丰富，一部书也装不下。

于赓虞又给这种构造加上美的定语。“诗是表现人生的一种文学，是用自然优美的文词，来表人生意境的文学。”什么是自然优美的文词呢？于赓虞解释道：“是将诗要图画音乐化。”[②]图画是形象，音乐化是音韵。如果说形象是所有艺术学科的共性，那么音韵则是诗歌的特性。当然诗歌又区别于音乐，它靠形象说话。从诗形上就可以理解，于赓虞为什么把音乐和绘画能力作为诗人的必备条件了，缺少音乐感和画面感是作不出诗的。图画与音乐相比，音乐更重要，更能表现诗歌的特性。

所以于赓虞说：情绪（质）+音节（形）就是诗[③]。

1929年，于赓虞与张秀中进行了一场争论，中心就是诗形。张秀中是诗人，笔名草川未雨，是海音文艺社的组织者之一。他在自己著述中批评《诗镌》(《诗刊》)，同时点明于赓虞等人。说这一团体犯了方向路线性错误，“讲音节，讲格律，音节包含格调，韵脚，节奏和平仄”[④]，等等。说《诗刊》是旧诗的幽灵死灰复燃，说《诗刊》诸人是给旧诗树碑立传，理由是他们所追求的形式不过是复古，是给自由体诗套上枷锁。张秀中有证据，说你们自己都讲了，越是有魄力的作家越是要戴着脚镣跳舞才跳得痛快，跳得好。

对于张秀中的非难，于赓虞做了辩护并猛烈还击。于赓虞指出，《诗刊》同人之所以重诗形，是相信美的形式以及和谐的音节更能增加诗的力量，同时声明，这一追求尚在路上，并未定型。

① 《诗的自然论》，载《于赓虞诗文辑存》，第512页。
② 《诗的自然论》，载《于赓虞诗文辑存》，第512页。
③ 《诗的自然论》，载《于赓虞诗文辑存》，第512页。
④ 《今日诗坛的祸首及明日诗人之早已产生》，载《于赓虞诗文辑存》，第601页。

之后于赓虞又列举海音社诗人的作品，借以说明无视形式会造成怎样可怕的后果。比如，“肥胖的猪儿，想主人要养他老了，这也许是一个甜美的梦！”再如，“达观罢，天地似乎个大饭桶，人们便是上边爬来爬去的苍蝇。”[①]无韵无律，自由倒是挺自由，然而还是诗吗？以自由而牺牲美，实乃背离诗的初衷，是把诗歌推向深渊。

于赓虞与张秀中之争，不是《诗刊》与海音社两个文艺团体之间的对峙，而是诗歌领域中两种意识、两条道路的分歧，界限是新诗要不要形式。“五四”前后，新潮文艺青年从格律诗的束缚下解放出来，开始自由创作。物极必反，千年的锁链一旦被砸掉，人们很容易走向极端，从反格律到不要任何成型的形式是自然而然的事情：形式不能没有，否则无法表现内容，但形式应该随心所欲，或者说不追求、不在意形式，不在这上面下力气耗时间。于是便出现了“天地似乎个大饭桶”这样的诗句。不是说不能用大饭桶来比喻天地，而是说听上去不美，看上去也不美，音节和词句过于随意，几乎没有打磨。海音社的自由派认为，这就是诗；《诗刊》的形式派认为，这是糟践诗。

那么摆脱了格律束缚的新诗还需要形式吗？或者干脆说离得开格律吗？

于赓虞的回答是肯定的。这里于赓虞动了一个字，将格律之“格”换为“节”，称“节律”，以示古今之区别。其实不管是格律还是节律，在最重要的一点上是共同的，即都讲究并遵守规则。于赓虞主张作诗要有规则，所谓戴着脚镣跳舞；张秀中认为作诗没有规则，无拘无束，想怎么跳就怎么跳，谁也管不着。于赓虞是诗歌领域的秩序派，张秀中是自由派。

于赓虞明确表示：“将旧诗的格律与形式打破以后，诗并非无节律，无形式的散漫的文字，因它必有寄托其生命的躯壳。所谓节律与形式不过是使诗的内在的力量格外的加重加深，使诗更有一种美的风韵美的姿态而已。”[②]这句话讲了三层意思。第一，拿生命打比方，诗质是灵魂，诗形是身

① 《今日诗坛的祸首及明日诗人之早已产生》，载《于赓虞诗文辑存》，第606页。

② 《诗之艺术》，载《于赓虞诗文辑存》，第587页。

躯，没有躯壳，灵魂便没有安放之处。第二，所以旧诗之后，新诗仍旧需要节律，否则便不是诗而是散文，无律不成诗。第三，节律的目的和作用是渲染内质的分量，使诗具有美的外观，也就是艺术性，因此诗形本身必须符合美的要求。

于赓虞还用美女做比喻，说一个女子漂亮，单单身躯的轮廓就占走了一半分量。结论是“故新诗形式的创造，即新诗命脉的建设。新诗是否有其艺术的价值，能不能负起诗之名，就在这严重的试验”①。这里，于赓虞把形式的重要性提升到新诗能否存在的高度，能否进入艺术大门的高度。这样看，诗歌的艺术价值至少一半取决于形式。

某种意义上，诗的好坏由形式说了算。于赓虞做了个假设，意境一样，感觉相同，然而表现手法各异，诗的艺术效果也就有了高下区分。比方词句，一个人的辞藻选择得当，一个人用词粗鄙无文，诸如“天地似乎个大饭桶”之类，诗的优劣美丑当下立判。所以于赓虞说：“诗人是活用文字的艺术家。”②

关于形式的具体构成，于赓虞讲了很多，这里的音节和词句是个总说法，尚可细分出许多要素，下一章结合于赓虞的诗作再详谈。

主张节律，势必要回答这样一个问题，即如何区分新诗的节律与旧诗的格律之间的区别？

主要是两个方面。

一个方面是格律具有绝对性，而节律则是相对的。旧诗的形，比如五言、七言，是定死了的，神圣不可侵犯。你要作诗，或者用五言或者用七言，除此之外没有他途。而一旦确定了五言还是七言，就必须遵循五言格律或七言格律，严格到每个字，这更没有选择，一条道走到底。新诗的节律不同，是灵活多变的，没有字数、平仄、韵律等硬性而统一的指标，只要符合自然音节，尽量锤炼字句即可。

---

① 《诗辩》，载《于赓虞诗文辑存》，第639页。

② 《论作诗》，载《于赓虞诗文辑存》，第624页。

另一个方面是诗质和诗形谁服从谁。旧诗是格律至上，因为它是先定的、固有的，不可更改，个人情思必须装进这个套子里。本来应该量体裁衣，现在本末倒置成了削足适履。新诗不同，始终坚持情思至上，以其为主体“构建”形式。于赓虞说：“新诗的形体，其最重要之点在随情思的姿态和创造，而这创造就应含有造型美术的意义。”[①]这就是说，以情思为本位的形式塑造实际上是按照美的原则进行的自由创造。所以我们用“建构”一词，意在强调并不是有许多现成的形式摆在那里，等待诗人去挑选，没有这回事，只有音节、文字规则，不存在固有模式，形式是创作的结果。

于赓虞高度赞赏这种自由，认为一定要避免陷入某种模式俗套，这是诗人很容易出现的毛病。他告诫诗人，形式应该有所变化，情思不同选择的形式也应该有所不同。只有保持创造的冲力，不断探索新形式，才能永葆诗作的无限风韵。

形式尽管是诗人的自由创造，但有原则管着，所以这自由是相对的，创作绝非随心所欲、无拘无束。于赓虞特别提醒：“情思应有其自由表现的机会，但自由不是放纵，所以误于情思的放纵者，就毫无剪裁，锻炼的功夫，而使诗变成一堆乱草。”[②]海音社的主张和实践就是一个典型。

正是针对自由派的漫无边际以及出于创作的自律，《诗刊》才有人提出戴着镣铐跳舞。据于赓虞讲，肇始者是闻一多，他颂扬戴着镣铐跳舞才是真本事。于赓虞肯定这个说法，诗人必须树立严肃认真的创作态度。同时又不无担忧，生怕会由此而捆住自己的手脚，断送创造精神，走沈约作茧自缚的老路。

总之，要形式守规则，但不要束缚。

（三）诗质与诗形的关系

我们先来看看诗质和诗形上容易出现的认识误区。

---

① 《诗辩》，载《于赓虞诗文辑存》，第639页。

② 《诗辩》，载《于赓虞诗文辑存》，第639页。

诗质方面的认识偏差主要有两个。

一个是情思的单一性，有意或无意地将诗歌限定于某类情思。于赓虞即是一个受害者。《诗刊》同人似乎都不大喜欢于诗的格调，赵景深的评语是“潮湿”，沈从文是“阴暗”。没有错，于诗给人的感觉确实阴郁。问题是这样的情思可不可以表达。于赓虞辩解道，他的生活经历本来就缺少阳光，遭受一身伤痛，留给他的切身感受不是欢快、幸福，而是凄苦、悲痛，他的诗表达的就是自己独特的情思，绝非一些人认为的无病呻吟。

诗歌来自生活，有什么样的生活就有什么样的诗：花前月下、欢歌笑语、温柔富贵乡的诗歌可以也应该存在，荒街孤影、悲痛欲绝、墓园废墟的诗歌同样可以也应该存在。于赓虞多次谈到不能凭自己的好恶来判定诗歌的优劣，他是有切肤之痛的。

另一个是重情思轻形式，这是诗人身上常见的现象。比如海音社就栽在这上面。一些初入诗门的作者急切得很，只要涌现诗情，就非得公布于众不可，根本没有时间也无意通过精心打磨的形式表达出来。为此于赓虞提出“不放纵情思”，要求诗人在刻画情思灵焰的同时，点燃智慧之火，雕凿锻冶形体。在这里，诗质属于知情意中的情，诗形属于知，于赓虞主张知情并举。

诗形方面的认识偏差主要有三个。

一个是重诗形轻诗质，也就是只奔着知去而离弃情。于赓虞借用把诗歌比作宫殿的形象，指出这类诗人眼睛里只有建筑材料和建筑技术，以为仅此就可以造出精美奇丽的殿堂。于赓虞的评语两个字“误矣”，外加一个大大的惊叹号。材料和技术当然不可缺少，然而设计思路呢，图纸呢，原理呢，没有这些你怎么盖房。

中国古诗犯的就是这个毛病。沈约制定四声八病，中断了此前尚能表达情思的诗形，把“人工技术”摆在第一位，实乃“诗坛之祸水”，“诗之生命已成为无生气的僵骸”[①]。

① 《诗之艺术》，载《于赓虞诗文辑存》，第584页。

我们说过，诗歌是情本体，这种重知轻情实乃本末倒置。缺少情感的诗，没有思想的诗，即便文字再漂亮，音韵再上口，也是没有灵气的僵尸，与橱窗里摆放的浓妆艳抹的标准塑料模型无异。

另一个是否定形式的多样性。这是形式固定化的必然结果。五言诗、七言诗一旦有了固定的格律，并且作为模式确立下来，不管是谁，只要写诗就必须在其间进行，从而也就为其他形式的探索和采用设置了障碍。同时还形成了作诗的格律原则和传统：后来的词、曲虽然突破了五言、七言的窠臼，但沿袭了格律性。其结果是不管形式怎么变，都是以格律剪裁情思，而且翻来覆去就那么几种固有形式。

这里的要害是形式固化。于赓虞说："因诗人之情思及节律之运行不一，故诗之形式亦当因诗人之情思及节律而变化：有千种万态之情思，即有千种万态之形式。"[①]千种万态讲的就是非固化，比方外形，可以是豆腐块，也可以不工整；可以每行的开头对齐，末尾不对齐，也可以末尾对齐，开头不对齐；可以隔行回缩两个格，也可以前移两个格，等等，变化无穷，没有一定规格。如何布局完全是自由，依诗人意志决定。

再一个是忽视整体性。诗人往往有自己擅长的技术，或者偏爱某个形式要素，比如辞藻，而对诸如韵脚等其他要素则不管不顾，由此导致形式的失衡。就像我们看过的一些诗，词句很下功夫却不押韵，令人遗憾。

于赓虞谈作诗技巧，重点落在关系上。"诗之完美与否，乃在其情调的配合之匀称，乃在其辞藻的选择之恰当，乃在其内质与外形之适当及和谐。"[②]匀称、恰当、适当、和谐说的都是关系。形式亦如此，成功与否就在于各要素之间是否协调。于赓虞继续说："希腊人论美的要素之一乃在一种形式的关系，例如部分与部分的相称及调和。"[③]

谈罢诗质与诗形的认识偏差，我们接着谈于赓虞是怎样看待诗质与诗

① 《诗之艺术》，载《于赓虞诗文辑存》，第594页。
② 《诗之艺术》，载《于赓虞诗文辑存》，第585页。
③ 《诗之艺术》，载《于赓虞诗文辑存》，第594页。

形之间的关系的。

可以概括为两点。

首先，诗质与诗形相互依存，互为条件。

于赓虞说："诗的内在的情感与外表之形式的关系，犹如灵魂与躯壳之结合，无躯壳则灵魂无所寄托，无灵魂则躯壳止为死骸，故诗之情感与形式是一个整体，要将它分开，就是一种错误。"[①]他仍然以美女打比方，说美人便是美的灵魂与美的外表的结合。还说古诗追求的仅仅是外表，不过是没有灵魂的美人罢了，是把"人工美"推向极致。

其次，诗质为主诗形为副，诗形服从诗质。

诗人为什么写作？于赓虞认为因为有情感要宣泄。前面说过，写作是诗人情感的抒发，表现的不是客观对象而是自己对它的体验。所以如何去表达完全是主观的，不存在一定如此的客观的形式或技巧，采用什么样的手段以诗人的性格和情思为转移。"诗无一定之作法，亦不应有一定之作法，其节奏乃随情感之律动，其起伏抑扬，高低缓急之节拍，乃诗人情感波动的本身，是内在的节拍而非外界之典律。"[②]怎么合适怎么来，形式跟着情思走，只是为了表达情思，情思如何形式也就如何。

这是从作诗的目的来看，诗质是主体，就情思和形式的特点来看，诗质也是主体。比如作为形式要素的文字，于赓虞说它是"死的"，一个个摆在那儿等待人来挑选、运用，而情思却是"活的"[③]。是活的支配死的，还是死的支配活的？显然应该是前者。从这里也可以看出格律诗的不合理，那是活情思迁就死文字，必须符合平仄和韵律。于赓虞表扬徐志摩，说他善于用生龙活虎的神思去驾驭死的文字，从而使文字焕发出生气从而神韵盈盈。

确立了诗质的主体地位，随之而来的问题是，既然诗形服从诗质，那么前面说的新诗节律还算数吗？当然算。于赓虞这样说："至于表现的技

① 《诗之艺术》，载《于赓虞诗文辑存》，第587页。

② 《诗之艺术》，载《于赓虞诗文辑存》，第584页。

③ 《志摩的诗》，载《于赓虞诗文辑存》，第613页。

术，如何诗才有艺术的魅力，固然亦由于美的形式的显示，但这种美的形式，不能看作是死定律，应依情思之容态而加以定夺。”[①]就是说，作诗必须守规矩，遵循节律原则，但不能被规矩限制死，捆住手脚，而应该依照表现情思的需要去灵活掌握。在这里诗形为诗质服务是第一位的，节律排在第二位。

① 《志摩的诗》，载《于赓虞诗文辑存》，第615页。

第四章　新诗阵地上的排头兵

一、飘零的诗人

（一）独闯诗坛，独立诗坛

飘零的诗人是于赓虞对自己的定位：“我无桂冠，无黄金，只是个飘零的诗人。”[①]桂冠，古希腊优胜者的帽子，用桂叶编就，时下称成功人士；黄金，财富的代表。是说，我既没有地位，也没有钱，不过是个流浪诗人。

诗人是于赓虞的第一角色，他成名于诗，并且以诗立足于社会。诗学家是后来的，尽管如果认真论起来，他的诗学成就恐怕在诗歌创作之上——在创作领域他不一定能排在第一梯队，但在诗学领域他铁定名列前茅——然而，提起于赓虞，人们首先反应的还是诗人。

他给自己加上“飘零”的定语，这是一个形象词，零星的雨点在冷风中飘摇散落，象征他凄苦灰暗的身世，与生命中时常涌现的漂泊感、孤独感、失败感、离弃感相契合。

于赓虞赢在起跑线上，当绝大多数同龄人还捧着报纸好奇地阅读副刊上面的白话诗的时候，他已经是写诗的人了。可以说是一个赶早的、幸运的诗人。

他登上诗坛确实很早，那是1922年，五四运动爆发三年后，于赓虞21岁，相当于现在的超龄高中生。为什么提五四运动？因为这是一场新文化

① 《通信——于赓虞与程振宗互致函》，载《于赓虞诗文辑存》，第787页。

运动，是人的解放的运动，对新诗的推动自不待言，无论是对诗质还是诗形的意义都是无限的。于赓虞可谓“五四”的产物，在这场运动中思想意识焕然一新，反封建、闹学潮他都是活跃分子。或许是个性解放释出的效应吧，于赓虞开始了写诗习作。他在这方面的基础并不好，此前不要说西洋诗了，就是中国古典诗词也缺少深入接触。

因为闹学潮他被家乡河南的学校开除，半是流落、半是转移到文化更发达的天津求学。这是一个令人尴尬的环境，被开除的打击尚未平复，又遭遇贫困和歧视，周围尽是白眼和嘲讽的嘴，看不到一点光亮，情绪低落到了极点。司马公言“诗三百篇，大抵贤圣发愤之所为作也”，于赓虞情思喷涌，不可抑制，以诗而歌之。严酷的环境铺就了通向诗人的道路。

他很幸运。客观上说是五四运动以摧枯拉朽之势造就了新文化大环境：文言文彻底让位于白话文，新诗在青年特别是学生中的市场骤然扩张，报刊急切需要新诗稿件，而写诗的人还不多。这就为于赓虞的出头提供了良好时机。

当然光有机会是不行的，主观努力还得跟得上去。于赓虞的根基并不好，与那些从小就受到训练的诗人相比差得不是一星半点。好在他英文好，可以直接阅读西方诗作和诗学，弥补了自身的不足。最主要的是他自信并且意志坚定，一旦认准了便不再犹豫，再加上勇于实践，出手迅捷，作品终于见诸报端。这是他的诗才的确证。随着自信的增强和门道的熟悉，他在诗坛站住了脚，成为继胡适、郭沫若之后第一拨跟上的青年诗人中的一员。

于赓虞无钱无势，无关系无背景，没有任何可以借助的条件，他的全部资本只是一腔激情和执着，再加上一份写作才华，除了自己去拼去闯，没有别的办法。他是完全凭借一己之力撞开诗歌殿堂的大门的。

飘零也含有孤单的意味，阴云下星星点点、稀稀疏疏的雨滴让人感到无比的落寂。

前面有一节专门谈于赓虞的孤独。他在自传中说自己是一个孤独的人，孤独地生，孤独地写作，孤独地死去。孤独的生命造就了强烈的孤独感，孤独的情思也就自然而然地融进他的诗篇。他的孤独气质造就了他的作品的独特品格，成为诗歌领域中的另类存在，从内质到形式独一份，找不到同道。

登上诗坛后，他仍旧是独自一人。

我们说过，于赓虞的孤独是本质性的。他特立独行的性格、生活和追求一定带来孤独。这种孤独感与他是一个人待着还是跟别人一块待着没有一点关系，即便与爱人相处也仍然免除不掉孤单。于赓虞说，孤独是他的命运，既是命运就意味着永生、永世、永远，用哲学语言说，他是孤独的存在。

于赓虞不缺诗友，发起和参与了几个诗社，属于有组织的人，但也仅此而已，丝毫改变不了，甚至不能减弱他的孤单感，反而愈加衬托出他感受到的更加孤单。他在《诗刊》就是这种情况。

《诗刊》同人均为一时之俊杰，徐志摩、闻一多、于赓虞、朱湘、刘梦苇……哪一个不是大名鼎鼎、粉丝成群？名气大、成就高往往助长自尊和傲性，形成交往的障碍，不像小人物很快便能打成一片。本来融洽就不容易，再加上三观以及诗学观的差异，人们之间的隔阂更难打通。于赓虞总觉得自己的经历与众不同：别人都在阳光下生活，唯独自己笼罩在阴影之中；也正是在这个团体中，于赓虞察觉到自己诗歌无论在内质上还是在形式上都跟大家格格不入，用他的话说就是“没有伴侣”。这个感觉是对的，众人对他的作品确实有看法，接受不了那种沉郁的情思，认为“情调未免过于感伤”。然而，于赓虞坚持自己的风格，这无疑会加大双方的裂痕。于赓虞说，他的诗作在得到不少读者欢迎的同时，也受到不少“公子哥儿和有某种见地的人的嘲笑”[①]，想必《诗刊》中的那些诗友也包括在内，八成还是主角。

终于，在对《诗刊》重形式轻内容的倾向提出疑问后，于赓虞退出了

① 《自传》，载《于赓虞诗文辑存》，第678页。

这个团体，可谓一刀两断地“绝了缘”，从此再无来往，连稿件都未投过。退出《诗刊》肯定是于赓虞主动的，但前提是他已经遭到边缘化，提出的建议没有人搭理。这刺激令他更加无法忍受，似乎自己是多余的人，只好也只能离开。

正是这段经历使于赓虞越发觉得自己不光在生活上，同时也“在诗上，是一个孤独的人”[①]。

这就是于赓虞，独闯诗坛，独立诗坛。

（二）朋友圈

“五四”一代诗人，绝少单打独斗，而是以团队的姿态去开辟、占领新诗阵地。于赓虞当然也不例外，在诗歌创作过程中构筑起了自己的朋友圈。

第一拨诗友结识于天津。于赓虞是1921年跟随做生意的伯父于襄武先生到的天津，一年后认识了赵景深、焦菊隐。用赵景深的话说，他与于赓虞是由文字结缘。其时赵景深担任《新民意报》的文学副刊《朝霞》的编辑，于赓虞是汇文学校的学生。焦菊隐也是编辑，刊物名《虹纹》，是文学季刊。文字结缘是行话，其实就是作者与编辑的关系：于赓虞写了诗投给报刊，编辑看了感觉不错，约作者前来谈稿，一来二去便熟悉了成为朋友。

赵景深还记得初次见面的情景：于赓虞一头蓬松乱发，黑脸，面色沉毅，不苟言笑，很严肃的样子。他的诗大半属于乡愁，背景与其河南开封同学徐玉诺[②]相仿，但艺术性要高。赵景深与于赓虞同岁。1925年，赵景深回南方在上海任教授，最大成果是翻译安徒生童话。《于赓虞诗文辑存》收入了他与于赓虞讨论诗歌的通信，分歧明显。赵景深也不大喜欢于诗风格，评语是“潮湿”。

焦菊隐小于赓虞三岁，后转入戏剧界。1930年创办“中华戏曲专科学校”，新中国成立后任北京师范大学文学院院长，1952年起任北京人民艺术

① 《世纪的脸·序语》，载《于赓虞诗文辑存》，第309页。

② 徐玉诺（1894—1958），诗人、小说家。著有诗集《将来之花园》《雪朝》等，短篇小说集《朱家坟夜话》。

剧院副院长、总导演和艺术委员会主任。人艺的看家话剧《茶馆》就是他导演的作品。焦菊隐对于赓虞的帮助很大，不光在主持的期刊上发表他的诗作，还给他介绍了第一份教职，之后又安排他在自己当校长的中学教书。于赓虞办学出了人命，焦菊隐请他到自己任院长的西北大学文学院教英文。于赓虞比较欣赏焦菊隐的散文诗，说能够从中看到“自我”，温柔的情怀中潜伏一股沉毅的生命力，闪耀出将来的光辉，使人从哭声中得到安慰。

以赵景深的《朝霞》为根据地，1923年春以共同研究文学为宗旨的“绿波社”成立。包括3人在内共有13名会员，核心应该是赵景深，挂名“书记”。据说社名出自唐朝诗人刘希夷诗歌《公子行》中的“人影动摇绿波里”，这首诗写的“天津桥”当然跟现在的天津无关——这个天津还不知道在哪儿呢，而是洛阳洛水上的一座桥。绿波是生命的象征，跟现在讲的“后浪”有点像。这13人出了部诗歌合集，名《春云》，一人一辑，正所谓春云朵朵百花齐放。绿波社也确实生机勃勃，居然发展到六七十人。如此庞大的文青队伍，可见当年文风之盛。

第二拨诗友结识于北京。1924年，于赓虞去燕京大学读书，焦菊隐同行。北京文风更是强劲，文学社团远超天津。于赓虞广泛交友，开始跨社来往，结识了“曦社”的蹇先艾、朱大枬、滕沁华，“星星文学社”的周灵均、张友鸾，“新月社”的徐志摩、朱湘、闻一多、刘梦苇，“蔷薇社”的石评梅、陆晶清、庐隐。其中对于赓虞的今后道路发生重大影响的是“新月社”和“蔷薇社”。“新月社”实力最强，仅梁启超、胡适的名头就足以号召文坛。这几位大腕于赓虞高攀不上，他的诗友是其中的“后浪”。蔷薇社似乎是个女性文学团体，于赓虞与石评梅、庐隐来往十分密切。这批诗友的结交，开阔了于赓虞眼界，提升了层次，也让他看到了自己的不足，收敛了不少。

1926年春季，于赓虞萌生了创办刊物的想法，打算约几个诗友在北新书局办一本纯粹的诗歌杂志。徐志摩和朱湘闻知，前来接头，最后与北京《晨报》合作，影响中国新诗走向的《诗刊》诞生。于赓虞作为发起者功不可没。

《诗刊》作者中，于赓虞提到过三个人。一个是刘梦苇，属于新诗中的格律派，以探索新诗形式为己任，可惜早亡，26岁时死于贫病。于赓虞说当时大家很推重刘梦苇，因为他是赋予新诗以整齐形式的第一人。刘梦苇去世后，于赓虞曾发表他放在自己这里的剧本《渴慕的玫瑰》，是对朋友的纪念，也是一个交代。

另一个人是闻一多，他的诗作在情思方面与于赓虞有共鸣之处，于赓虞对他的“戴着镣铐跳舞”的创作观还是持赞赏态度的。

再有一个就是新诗代表人物徐志摩，被于赓虞称为给新诗注入生命从而使之成为艺术的人。于赓虞是真心颂扬徐志摩，说他是徐粉都不为过。他们两人的诗风无论在情思上还是在形式上都大相径庭：一个轻盈灵活，一个沉郁滞重。徐志摩不喜欢于诗的情调，因为不喜欢感伤主义，说那是虚情假意。1931年底徐志摩飞机失事遇难，于赓虞赶往事发地探视。途中火车经过济南黄河铁桥，发出的轰鸣声仿佛铁锤猛烈锤击心脏，见到朋友遗体，想到临死前遭受的痛苦，心中很是难过。之后写了一篇《佛寿寺里的志摩》，佛寿寺是徐志摩的停柩之处。结尾处写道：“现在，再读志摩的诗，那种轻盈灵活的情调，无论如何敌不过心头的悲哀。”[①]

《诗刊》虽然不是文学社团而是文学阵地，但作者在理念上是接近的，否则于赓虞也不会执着于创作倾向上的分歧而退出了。

第三拨诗友仍在北京。此时于赓虞已经退出《诗刊》，并且因为交不起学费从燕京大学退学，成了一个北漂。境遇变了，交往圈子也必定随之改变，于是结识了同是北漂的丁玲、胡也频、沈从文。这三位无须介绍了，是中国现代文学史必讲人物。

北漂们虽然穷，但志大才高，个个都是潜藏的龙虎，自信满满，自我感觉良好，说不定哪天一觉醒来即已名满天，所以他们于1926年秋成立的文学团体叫“无须社”。须，必须；无须即对必须的否定。哪些是按照惯例

① 《于赓虞诗文辑存》，第791页。

所必须的呢？很多，最主要的是人设。谁都知道人设是走向成功的关键，他们当然也知道，但在战略上取藐视态度，把突出自我能力和自我拼搏放在首要地位。除此之外，还有各种规矩，诸如入社条件、社团章程之类，也一概加以否定。这样看，无须实质上是取消一切人际上的、活动上的、创作上的束缚，还人们以自由。

无须社组织松散，或许说是文青的联合体更为合适。于赓虞与后来加入无须社的焦菊隐仍是绿波社中坚。1928年石评梅去世，焦菊隐还代表绿波社致悼词。

无须社存在不到三年，1929年春夏之交停止活动。丁玲、胡也频南下加入革命文学队伍，沈从文转向新月派。

于赓虞自此不再以任何文学团体名义进行活动，也未有轰轰烈烈的有价值的交往，进入单打独斗模式。

还有一个人不能不提，他叫王剑三，是《北京晨报·文学旬刊》的编辑。于赓虞每每投稿，在他那里都是百发百中。这不光为经济窘迫的于赓虞缓解了尴尬，还极大增强了自信。于赓虞心中始终满怀感激。

（三）创作成果

于赓虞的创作分两大类，即韵诗和散文诗。

韵诗就是我们常说的诗歌，相对于散文诗也可以叫普通诗。其特点诗名中已然标明，就在一个韵字。当然普通诗是分行的，散文诗不分行，但这只是外形的区别而不是本质区别。二者的最终分界在于，普通诗句子的最后一个字在音韵上通常是相同的，所谓的押韵，而散文诗则没有这个要求。

这也告诉我们，即便句式以行排列，如果不走押韵的路子，严格说来可谓徒有诗歌外表而无诗歌之实。撤掉行的排列归拢到一块，就是散文。

散文诗从名字即可看出，是一种中间文体，介于散文与诗歌之间。于赓虞认为，从内质也就是情思上分，散文诗偏重于思想；从形式上也就是文字上分，散文诗偏重于散文。于赓虞用的是“偏乎”，等于说散文诗与韵诗本为一体：一个朝思想倾斜，一个朝情感倾斜；一个朝散文倾斜，一个朝诗行倾斜。于赓虞进一步解释道，散文诗之所以称诗，是由于它洋溢着诗的情感和使用诗的辞藻。当然力度要小得多，被思想和散文体语言淡化了。

于赓虞作为诗人，对情感和音韵一往情深，总是自觉不自觉地朝诗歌一侧移动，认为散文诗的至高境界就是增大诗性，将思想更多地溶化在感情里，字里行间流动着和谐的音节。总之，散文诗不能没有诗性，如果只见思想不见情感，那不是散文诗，而是散文。

散文诗最大优势在于能够比诗歌更自由、更充分地表达情思，诗歌有节律的限制，而散文诗没有。同时在语言文字上也更加灵活，不受音韵的束缚。用于赓虞的话说就是："以美的近于诗辞的散文，表现人类更深邃的情思。""在作散文诗者，在文字上有充分运用的自由（不受音律的限制），在思想上有更深刻表现的机会（不完全属于感情了）。"①

由于散文诗的突出优势，于赓虞作为具有诗人气质的思想者，选取散文诗进行创作，出版了两部散文诗集：一部名《魔鬼的舞蹈》（1928），一部名《孤灵》（1930）。他很谦虚，也可以说有自知之明，称《魔鬼的舞蹈》只是为今后写作所准备的练习，而后来的《孤灵》也不理想，没有把散文诗的优势发挥好。

韵诗是于赓虞的主业，出版了五部（辑）诗集，分别是《春风》（1923）、《晨曦之前》（1926）、《骷髅上的蔷薇》（1927）、《落花梦》（1929—1933？）、《世纪的脸》（1934）。关于《落花梦》，《于赓虞诗文辑存》的编者没有找到原作，现在的内容是编者按照线索从民国时期的报刊上收集的，与于氏所述相吻合，出版时间也只能估计个大概。除了诗集收录的诗歌外，还有不少零散作品见诸报刊。

在谈于赓虞经历时我们说过，他最忙的时候是1928年，任课的同时又兼两份课，还经办两种刊物。再加上创作，从1926年到1934年，他连续出版四部诗集和两部散文诗集。可以说，20世纪20年代末到30年代初是他生

① 《世纪的脸·序语》，载《于赓虞诗文辑存》，第310页。

命以及事业的巅峰期。

在于赓虞那里,《春风》没有作为他的个人出版物单独列出，而是以其中一辑的形式出现在绿波社出版的诗歌合集《春云》中。由于团体资金困难，于赓虞提议大家共同出一本诗集以所获报酬解决公共开支，13个成员每人一辑。于赓虞那辑起名《春风》，按姓氏笔画列于首辑。

《春风》收入17首诗歌。此时的新诗如同婴儿牙牙学语，蹒跚学步，于氏也刚刚24岁。无论是诗坛还是于赓虞本人都处在摸索、实验之中，一切都显得十分幼稚。这一时期于氏的创作，情思浅显，感怀单一，手法走的是白描一路，形式极其放任自流，带着一种跟传统决裂的自觉与坚定，故意表现出处处与格律诗不同的外貌，连韵脚都不讲，以极其自由的姿态开辟自己的道路。尽管少数作品中使用了诸如反复等技巧，但形式上并未形成自己的风格，亦缺乏有意尝试，带着初登诗坛者的轻盈和直白，但内容已现沉郁气质,"魔""墓""沉沦""毁灭"等词语已经占据显要位置。

《晨曦之前》收入诗歌32首（含卷首与卷末各一首)。《卷首》四行，开篇即把人带入黑暗之地，为本集情思之宗旨；以死尸般的沉寂、无径的墓地、夜莺微弱的低吟、幽邃寒森的古林为人间喻示。外形取字数一致的豆腐块，前三行押韵，一、三行尾字平声，二四行仄声。表明开始追求形式和节律。

这部诗集已见独特风格，无论情思还是形式都是于氏的。诗质方面，黑暗底色，阴冷，悲苦，情调低沉。诗形方面，句节工整，韵律讲究。但为了避免格律诗的僵死，不断探索变化，如多种样式的反复、韵脚的转换、句式的伸缩，等等。

于赓虞以这部诗集划线，之前的作品尚能见到偶然点起的希望，之后则是破灭，因为大量的生活告诉他"'魔欲'超过了'神思'，生活里只有阴云而没有白日"[①]。这是于赓虞接受恶魔派诗歌的一个信号，欲望代表魔鬼，灵魂（思）代表上帝，魔欲压倒神思正是这派诗人的立场。可以说自

① 《世纪的脸·序语》，载《于赓虞诗文辑存》，第309页。

《晨曦之前》开始一直到最后，于赓虞都是在这一立场上进行创作。

《骷髅上的蔷薇》，收入诗歌35首。仍沿袭于氏风格。我们说过，骷髅上面缠绕蔷薇，是一个不错的行为艺术构思。骷髅代表死亡、假恶丑，蔷薇象征希望、真善美，然而这蔷薇却一点点凋谢，逐渐枯萎，希望正在遭到扼杀，命悬一线。这就是于赓虞对世界以及自己生命的感受。当然也可以从审美角度解读，骷髅缠绕蔷薇是美的造型，魔欲也有美的表现。骷髅加蔷薇，一个恶魔派诗人的招贴画。

《魔鬼的舞蹈》，散文诗集，收入散文诗20篇。首页摘录屈原《悲回风》中诗句："纠思心以为纕兮，编愁苦以为膺；折若木以蔽光兮，随飘风之所仍。"忧思之心萦绕，愁苦之情缠身，天光暗淡，前路漫漫，我将向何处寻觅？这种彷徨苦闷的意识构成了诗集的基调。

《孤灵》，散文诗集，收入散文诗31篇。于赓虞写了《小序》。其中说"这部散文诗集就是我的厄运之象征：在厄运中我把它写成；在厄运中它又在印刷局遭了火灾！结果，有两篇稿子遗失了，这可以说即我写那篇东西时的生命的完全之消灭！"[①]这是一个绝妙的比拟，作品与作家的生命等同，就是作家的存在。这部诗集关注的是厄运。

《落花梦》，收入诗歌50首。格式完全一样，每首诗十二行，于赓虞称"十二行诗"。这种诗的节律性较强，不光行数是规定死了的，就一首诗而言每一行的字数也是相同的。诗集出版之前，于赓虞曾在发表的以《落花梦》为标题的六首诗的前面附有"小引"，其中说"这卷东西所表现的只是幻灭的生命"[②]——如同落花一样飘逝的梦幻 。其时普罗诗歌或说革命文艺的狂潮方兴未艾，于赓虞声明发表这些纯属个人性的东西绝非与革命同志们作对。我们知道于赓虞是反对普罗诗歌的，这么说似乎还真有点存心对抗之嫌。

《世纪的脸》，收入诗歌26首。也许预感到这是最后一部诗集，于赓虞

① 《于赓虞诗文辑存》，第239页。

② 《于赓虞诗文辑存》，第182页。

写了一个较长的序语，叙述他走进诗坛以及其后的状态，同时对相关问题做了必要厘清，最重要的是在普罗诗歌潮流冲刷下对自己的创作进行了检讨，认识到最大的问题是情调单一，是变换字眼的同义反复，就此搁笔两年。之后拾笔再战，有意规避宿疾，尽力使每一首诗建立起独自的意境。然而同时表示，继续坚守以往的精神和形式，因为生活的实质并没有根本改变，自己仍旧沉浸在悲苦中，表示对此绝不忏悔，安于诗歌领域中的孤居独处。这就指明，这部诗集在情思上是大集中、小分散，也就是在"'魔欲'超过了'神思'"的前提下各表主题。

两部散文诗集加上五部（辑）韵诗集共七部。除了这些诗集内的诗篇外，尚有不少见诸报刊的作品：有韵诗，也有散文诗。《于赓虞诗文辑存》共得84首（篇），其中韵诗79首，散文诗5篇。

算下来，《于赓虞诗文辑存》共辑录韵诗239首，散文诗56篇。《于赓虞诗文辑存》编者说肯定还有遗漏的，仅就这个最低数量来看，于赓虞的创作之丰已然相当惊人。上一章我们看到了一位勤奋学者，这一章我们又看到一位勤奋诗人。

二、沉重的心灵

（一）压抑

压抑是人类的一种情感，是由于渺小的个人与强大的外界力量对比悬殊所造成的心理落差。赵景深、沈从文、徐志摩等诗友所不喜欢的于赓虞诗歌的沉郁情调，相当一部分来自于压抑。

我们都知道，在于赓虞那里，社会被视为魔鬼的地盘，而于赓虞本人却是"五四"产物，终身都在主张和追求个性解放，同时他又是一个丝毫不能容忍大众化从而在各个方面倡导和坚守特立独行的人，由此矛盾和冲突不可避免。

博弈结果如何？不用说于赓虞大败，而且败得很惨、很难看。比如，他想做自由人，然而社会却是一个大监狱，不给他一点自由。他呼号，他挣扎，他奔走，最后像个疯子般大喊大叫着要生命、要自由、不做囚犯[①]，结果呢？还是没能冲决罗网，“只有枯思伴我永世之囚徒”[②]。牢狱中生，牢狱中长，牢狱中死，本来还有点活思想，渐渐地麻木枯萎凋落。再比如，他想当英雄，哪怕堂吉诃德先生那样被当作笑料的英雄也可以，只要有英雄气就行。结果呢？时时碰壁，处处挨打，剑折断了，血流尽了，骨头碎了，遍体鳞伤，成了一个沦落、投降的带引号的英雄，留给他的是怯懦和颓丧。

他似乎被打服了，忍气吞声，得过且过。然而还是于心不甘，自由意识和英雄梦时不时从心底冒上来，但他已经过了血气方刚的时期了，无论从气魄上还是承受力上都大不如前，只能长叹一声，把自由意识和英雄气强压下去。

压抑，这不单是于赓虞的情感，也是人所共有的情感，区别只在于大小强弱罢了。

压抑首先来自对欲望的行为，个人屈服于社会要求，双手死死按住自己的欲望，不让它上升，更不让它冒头。欲望越烈，人的压抑感也就越重。

于赓虞借助想象，假托一位健硕美神送给他毒汁，喝了个毒醉。于赓虞说这汁液是生、力、爱，是宇宙的精灵，是一团难解的神秘[③]。这里的毒汁，其实就是于赓虞发明的“生命汁”，其基础是欲望。欲望具有本体意义，是人的各种行为的原初动力，即便受到外力干扰也不会消失，而潜伏于意识深处，以梦幻形式表现自己。

然而，欲望毕竟为社会所防备。就中国文化而言，诸子百家中没有一家公开为欲望申辩：儒家与道家在很多方面截然对立，但在对待欲望的态度上却少有的一致，都认为它是负面要素，必须给予抑制。法家倒是有点

① 《疯者》，载《于赓虞诗文辑存》，第64页。
② 《长途》，载《于赓虞诗文辑存》，第130页。
③ 《受难者的日历》，载《于赓虞诗文辑存》，第297页。

暧昧，但目的不纯，不是为了张扬人性，而是把其作为王者的手段，以奖赏来激励人的贪欲去为统治者出死力。

所以中国历来对欲望持否定态度。那么欲望遭受压抑下人是怎样的呢？

> 毁灭了自己之欲望像古庙颓败泥人之型，
> 遗弃充街头之污泥任万人践踏，蛇蝎横行。
> 我怆然伏于山谷之黄叶听江流浩叹之梦，
> 落日去了，苦笑的唱起伴我念余载之秋风，
> 如今，衰草天涯，说什么荣誉，快乐，歌女幽情，
> 休，休，休，任江水无语的飘向东流，永醉不醒！①

欲望受到抑制，人也就失去了“生命汁”，只是庙里呆板的人型，立在那儿像是那么回事，其实不过是泥胎木塑。只配雨雪天搬出来垫路，供路人践踏，没有一点血性，什么荣誉、快乐、爱情都跟他绝了缘，连想法都没有。于赓虞连用三个“休”，这辈子算彻底交代了。

如果你不甘于现状，又有点理想，那就还要受理想被压抑的折磨。于赓虞本人就是一个典型：他的诗歌里大量是这方面的体验，从过去、现在、未来控诉理想遭到凌迟，自己从一个对生活和社会改造怀抱美好愿望的青年变成了没有灵魂的行尸走肉，那种理想离自己而去的虚无感痛彻骨髓，说自己活像一枚烂掉的橘子，丑陋肮脏之极。

失去了理想的“生命汁”变质了，散发出苦涩腐败的味道，其中混杂着爱情、荣耀、希冀和欢情的尸液。这样的“生命汁”还能驱动人去追求美好和快乐吗？

> 吁，锦绣之心已变为黄叶，一个无稽的梦幻！
> 回忆着逝去惨情的往日我伏于泪之墓巅，

① 《立此残雪累积之山麓》，载《于赓虞诗文辑存》，第197页。

如今，我成了黑暗的使者不再卖笑于人间。[1]

失去理想引导的人最终将堕落为魔鬼的同道，所谓为虎作伥。

最令人受不了的是理想尚未全死，还有一口气，时不时地浮起来刺激人一下。于赓虞描绘过这样一个场景：黑暗将我拥在怀中，但幻想却又渐渐苏醒，在漆黑一团中悸动。我把双眼转向天边，凝视即将消失的红云，心间顿时燃起死灰的余烬，如野兽的眼睛绿莹莹地闪现，于是又去为理想拼一把。结果怎么样？更大更致命的打击接踵而来，不死也丢半条命。魔鬼世界绝不会高抬贵手放理想出来。

如果你再有志向，一定是备受压抑，下场更惨。于赓虞始终执着于走自己的路，“我想在文学方面格外努力，自己先对于诗歌开出一条荒径来，这是一个心愿……我愿将全生活力贡献给诗歌，虽说并不觉得自己有什么天才”[2]。这其实是每一个真正的文化人应该做的事，这也才不枉创作之名。

路德探索宗教改革，一位大人物对他说：小僧侣，你选了一条更艰难的路。特立独行者所受到的压制和磨难远超一般人。人们可以不喜欢于赓虞作品，但不能不承认他的别具一格。他的读者不少，但同道一个没有，就别说来自诗界的欣赏和鼓励了。他感受不到温暖，有的只是不被理解的苦恼和被边缘化的冷寂。而他呢，只能时不时地以少爷小姐不懂也不喜欢来自社会底层的生活和感受来自我安慰了。

于赓虞反对普罗文化，一个理由是它试图将艺术统一于一种阶级，一种情调。于赓虞说这简直是做梦，为什么？因为人类生活是复杂的，思想感情也是复杂的，那么以表现人类生活和思想感情的诗歌也一定是复杂的，怎么可能归总于一呢。这个意见在《诗刊》内部以及诗友之间也同样适用：可以有徐志摩灵活轻盈的诗风，也应该允许于赓虞沉郁滞重的格调。

于赓虞曾以塔的意象来表白自己的生命。见过塔吗？那是古寺之塔，

---

① 《我这狂者》，载《于赓虞诗文辑存》，第195页。

② 《北风之先声》，载《于赓虞诗文辑存》，第775-776页。

独立荒山，底座宏阔，上层建筑一层一层地向内收拢，越往上越窄小，仿佛宇宙间有一种压力，由下到上逐渐增加，最后塔被挤压成一个细微的尖顶，消失在苍穹之中。这就是生命之路，越往后走压力越大，最后被压缩成虚无。

于赓虞说自己的伤怀是“不老的悲哀”①，这悲哀超越了时空，永远那么青春年少，力量无穷。

（二）幻灭

构成于诗沉郁格调的另一个情思是幻灭。

我们每一个人都经历过幻灭感：你所追求的美好事物如同幻影般烟消云散，你急得不行，大叫等等，别走！但还是眼睁睁看着它越来越模糊，渐渐淡出，最后只留下黑屏。

幻灭实际上是应然与实然两相不符所造成的失落感。我们人人心目中都住着应然，也就是某种事物应该如何的预设，比如爱情应该忠贞、纯净，社会应该为个人提供保护，为每个人的自我实现铺平道路。应然是你心中的真善美，以你的主观愿望为转移。实然不同，是客观现实，不管你喜欢不喜欢、愿意不愿意它就摆在那儿，是必然如此，确定如此。应然与实然一致，你认为是理所当然；如果出现差距乃至完全相悖，你则大失所望，不解、愤怒却又无可奈何。

一定意义上，于赓虞的一生就是一连串的幻灭。本来指望着家族能够给自己提供良好成长环境，不承想父亲染上吸食鸦片恶习，家道中落，竟然连学费都出不起，是家庭的幻灭；进了新式学校，本想能够受到人本主义的教育，不承想“学校如皮鞭”，专门与学生作对，是教育的幻灭；结婚成亲，本想能够恩恩爱爱过一辈子，不承想竟然遭到爱妻背叛，是爱情婚姻的幻灭；外出谋生，含辛茹苦，本想家乡能够安居乐业，不承想竟然匪患连连，愈演愈烈，是乡愁的幻灭；进入诗坛，本想能够走自己的路，不

① 《山头凝思》，载《于赓虞诗文辑存》，第131页。

承想竟然不被理解，是创作环境的幻灭；回到故地创办学校，本想能够发展乡土教育，不承想竟然受累入狱，断送一生，是事业的幻灭……于赓虞这一生太不顺了，似乎就没有遂意的时候，抱着美好愿望入局，然而收获的却是灾难。

对于赓虞刺激最大的来自两个方面：一是爱妻的背叛，导致爱情婚姻观的幻灭；一是外界对自己的打击和磨难，导致社会观的幻灭。

在那首歌颂爱情的诗歌《黎明》中，于赓虞自称是“梦想者”，是带着对爱情的美好憧憬进入现实生活的，所以对方在他心目中占据着女神一般地位，而自己则相形见绌，形貌不如对方美丽，灵魂不如对方纯洁，这种乞丐与公主之间的差别使他产生了下跪的冲动，就像信徒向神灵膜拜。他说自己虚守了一世，为的就是等你来，沐浴于爱的光泽。

用情如此深厚，期望如此高远，一旦对方背叛，一旦情爱塌陷，瞬间的幻灭感足以令人崩溃，特别是主角又是一位十分敏感而又极易冲动的诗人。结果天昏地暗中于赓虞的爱情婚姻观翻了个，将其一掌打入魔域，由爱情至上变成怀疑者和否定者，不光不再相信爱情，也不再相信女人。

于赓虞也并不是一开始就把社会魔鬼化了的，尽管他比较悲观、沉重，但与所有将要跨进社会的青年一样，也曾追求光明和温暖，从而有意或无意地美化世界，以为那是一个称心如意的去处，是施展自己抱负的场所。这种纯净心态在他早期诗歌有所表露。

比如《裸体女郎》：

疏疏林端的沙滩上，
掩仰平卧的裸体女郎呵！
艳娇的微笑，
棉絮的酥胸，
更有黑影里一切的一切呵！

…………

美丽呀！
可爱的女郎！
我不赞那黛绿艳装，
我不歌那粉红面庞；
我只歌赞着
疏疏林端的沙滩上，
掩仰平卧的裸体女郎！①

这首短诗总共用了八个惊叹号，为人的美丽所惊讶、折服。

再如《短游》，同样是歌颂，对象换了山林流泉：

跳在山涧透底的流水里，
鱼儿来和我的脚接吻了。
溪旁树上的鸣蝉呵！
临风而歌，
你固浸润于大自然了，
但我已觉水儿蕴藉着冷气了。②

这类轻松小诗，在于赓虞后来的创作中再也见不到了。

原因很简单，他的天堂梦被现实残酷地粉碎了。所谓天堂梦就是关于世界美好的幻想，上面的裸体女郎和自然风光都属于这个梦的布景和人物。于赓虞是相信存在着这样的天堂的，再加上他的疑似基督徒身份，这一条可以坐实。所以当天堂梦幻灭后，巨大的落差使他一下子跌落魔鬼世

① 《于赓虞诗文辑存》，第21页。
② 《于赓虞诗文辑存》，第29页。

界，终于明白，哪有什么天堂，只有地狱，社会就是一个活地狱！不由发出“这里是人间的天堂，又是地狱的苦境”[①]的感慨，你相信你沉迷的天堂其实就是地狱，天堂为虚，地狱为实。

总之，于赓虞那里“幻想死灭了”[②]，“一切，一切都沦于幻灭的空虚”[③]。绝望之中不知所措，竟然生长出毁灭的欲望，恨不得把这一切砸个稀巴烂，彻底毁坏它，最后消灭它。

于是，于赓虞歌颂死亡，以骷髅和蔷薇的组合表现死亡之美，死获得了美学意义。

去罢，爱情，随着落红，随着古寺之钟，
今宵我惨笑于此暮境，宝剑在手中，
我将把你爱情切为粉碎投于冬风！
去罢，哀戚，随着落红，随着古寺之钟，
今宵我把司爱情之女神投入荒冢，
那里无太阳，无月光，只有无限虚空！[④]

下手够狠的，不光把当下的爱情粉身碎骨，还要把爱神关进黑屋子，这是从根儿上掐断性爱而永生永世与它隔绝啊！那么把置人于魔域的爱情打入坟墓不应该吗（真）？不好吗（善）？不快乐吗（美）？同样地，摧毁魔鬼社会也符合真善美。

这种摧毁带着股疯劲儿，不光是灭杀制度、物质设施、精神文化，还包括人，不分性别、年龄、种族一概毁灭，所谓“杀绝人类”[⑤]。当然不是真的要人命，是去除旧我，洗心革面。这下痛快了吧，远不够。“呜呼，手上

① 《寂卧山坡》，载《于赓虞诗文辑存》，第235页。
② 《春夜曲》，载《于赓虞诗文辑存》，第129页。
③ 《朝雾》，载《于赓虞诗文辑存》，第154页。
④ 《去罢哀戚》，载《于赓虞诗文辑存》，第234页。
⑤ 《毒草》，载《于赓虞诗文辑存》，第250页。

的腥血，这样，就能解我心头恨恶的情意？不！”[1]于赓虞向造物主举起血刃，喝令他一边待着去，不许继续复制那魔鬼的世界。

那么于赓虞自己呢，也在死亡之列吗？在，他的摧毁带着同归于尽的决绝。这种自我毁灭在他早期诗歌中已经有所表露：“孤独的漂泊着，/ 很兴奋的奔往墓的世界。”[2]后来更是鲜明，他在诗歌《病中的幻想》中写道，自己的航船将驶进死港，没有黑暗，没有悲伤，“只觉有无限光明，无限欢狂”[3]。在《生之相》中他甚至请求领港人动作麻利点，“请迈步快快向死神走近”[4]。

连同自我而毁灭一切，是为了给新世界的诞生腾出地方。有点像佛家讲的劫，世界毁灭又重生。就是《凤凰涅槃》所表达的神鸟自焚，以死易生，焕然一新，以期永恒。于赓虞说：“俟海洋变成了血流，骷髅堆积入云霄，绝了人类的足迹，音响，然后，我再以基督慈悲的光，照耀于我生存的世界。”[5]他要按照自己的图纸打造合理而永恒的美好世界。

（三）焦虑

于赓虞重情重义，故乡、父母、妻子、亲人、朋友、岁月以及自我时刻萦绕心间。他的抒情，常常感到不是单纯的乡愁、挂念以及爱情，而是掺杂了其他质料，这种加重分量的东西就是焦虑。

焦虑最根本的特征是心理预期恶化，有人戏称是危险性思维。不管想什么，都有意或无意地朝着不利的方向运思，是一种负面情绪。具体表现为不安、担忧、紧张、烦躁、绝望，等等。

于赓虞的乡愁诗挺有名，时任编辑的赵景深谈起初入诗坛的于赓虞，说他的诗大半属于乡愁，艺术性不错。赵景深不大喜欢于诗，因为情调过

---

① 《毒草》，载《于赓虞诗文辑存》，第250页。

② 《漂泊》，载《于赓虞诗文辑存》，第7页。

③ 《于赓虞诗文辑存》，第329页。

④ 《于赓虞诗文辑存》，第341页。

⑤ 《毒草》，载《于赓虞诗文辑存》，第250页。

于低落。这里的艺术性的“赞”和情调的“贬”其实是一回事，讲的都是乡愁的重量，里面有货。是什么呢？就是对故乡前途的深切关注，预感将在破产的道路上日益衰败，故而意识悲观，情感苍凉。

墓畔的白杨从冬之地狱中又披饰了新装，
异地漂泊之苦泪尚无望滴落于九女山旁，
夜梦中我曾踟蹰于残骸遍野的荒墟之场，
谁知那竟是音讯久绝的戎马一世之家乡！①

九女山是于赓虞西平老家的一座山丘，于诗中用以指代故土。短短四行诗里不见一丝亮色暖意，充斥着诸如墓畔、地狱、漂泊、苦泪、无望、踟蹰、残骸、荒墟、音讯久绝之类的负面词汇，阴寒之气弥漫，绝望到了极点，“残骸遍野的荒墟之场”就是故乡的明天。

于赓虞独在异乡为异客，弟弟也一样。他怀念弟弟，写了首《归思》，其中一节是：

馥郁苍翠的阳春到了。
我星夜徜徉于背依柳林的河旁，
缓流河中的月光，皎皎，
拂面而来的微风，清清，
看见我伴侣的故痕，
顿使我凄凉厌恨！
异乡的弟弟呵！
这里我们没有针线补衣，
倘若妈妈知道，
要寄来些顺手美丽的针线，

① 《乡思》，载《于赓虞诗文辑存》，第116页。

何用唏嘘惋惜呢？
异乡的弟弟呵！
倘若我是园丁，一定要撤去围墙上
一切无用的铁钉，
永远拉不破你的衣裳，
也永远引不起我的归思呵！[①]

季节不错，景色也好，然而却看不到一点欣喜，有的只是兄弟同命的凄楚。游子漂泊在外，衣衫破了无人缝补，以至于哥哥恨不得把弟弟那边围墙上的钉子全部敲掉，这样就不用担心衣服被刮破，也引不出乡愁了。于赓虞实在牵挂远在他乡的弟弟，想的全是生活中的种种不便和艰辛，不由得黯然神伤。

爱情，人世间最美好的感情，于赓虞颂扬它具有赋予人以新生命的神奇力量，但更多的是满怀深深的忧虑。

爱情本来是甜蜜的，妻子背叛，于赓虞观念大变，“爱情即万载不干的悲苦的酒樽”[②]。不是酒而是盛酒的容器，不管把什么酒倒进去，也就是不管换了谁，爱情带给人的都是悲苦。“爱情的曲调，似一首浪漫的象征的诗词，被月光弹了，夜莺唱了，哀韵散于空阔无语的天梢。”[③]爱情只是看上去挺美，其实是一曲哀歌。这就是于赓虞对爱情的预期，对它的追求必定是自讨苦吃：

这真是一个天降的大祸，
自从那一天你真爱了我；
就永远不能将大江涉过，

① 《于赓虞诗文辑存》，第33页。
② 《把宝剑送给》，载《于赓虞诗文辑存》，第463页。
③ 《爱》，载《于赓虞诗文辑存》，第281页。

情海的云天是这样辽阔！[1]

即便是面对美好，于赓虞的目光也总是习惯性地盯住它侧面的阴影，或者绕到背面找出它的丑陋。他有首诗《短游》，盛夏去郊野，青山绿水，古道悠悠，一群山羊走过，后面跟着牧童，摇动鞭杆唱着歌。触景生情，乡愁涌起，心情也沉重起来。幽暗的柳丛中闪现出破败的小庙，里面是默默坐着的三五个泥人。山谷树林掩映着疏疏落落的人家，栅栏旁是一对垂暮老人。一行大雁飞过，薄暮下空无一人。这还是于赓虞早期诗歌，中晚期作品负面情绪更是强烈。比如下面这首：

篱间牡丹之惨笑谐和于漂泊之旅心，
诅咒上帝的人又默泣于残谢之花韵；
沉默，沉默于春风逝去了如梦之光阴，
噫，时间证明了同一之命运：牡丹，美人！[2]

花开花落乃自然现象，美丑为人所赋，落英缤纷也能够唤起人的美感，要是换了徐志摩，怕是极尽从美的方面进行渲染和发挥。然而这是于赓虞，他看到的却是惨笑，这是以漂泊者的心态去附会牡丹的凋谢。

他曾与友人游北京城西郊外的公主坟，作诗《公主墓畔》，将墓中人想象成一位家庭美满的天之骄子，歌颂她的自由灵魂。四年后重游，感觉大变，觉腐气冲天。“天知道，我已不如四年前今日之心情，会将此死了的少女之青春，惨入的我神秘的歌喉，而今，我只看见了丑陋的骷髅！那残留的碑碣与建筑，如同古罗马人之遗迹，再不会使我感伤，此乃皇帝（蠢物）子孙的雄心，还不如那道旁毒恶之残花。”[3]曾被视为美好的代表现今变

① 《佛心》，载《于赓虞诗文辑存》，第454页。
② 《篱边》，载《于赓虞诗文辑存》，第112页。
③ 《伴某君游公主墓》，载《于赓虞诗文辑存》，第268页。

成丑恶的象征。

还有自我。于赓虞命运多舛，坎坷曲折，失学、开除、冷落、退学、北漂、婚变、病痛、排挤、失女、流徙、事故、坐牢，不顺是惯例，顺利反而倒不正常。所以，他从小就习惯于从负面感受人生，内心深处认定自己绝不会摊上好事。有那么一两步走得挺顺，比如初到北京，投稿《北京晨报·文学旬刊》，被编辑王剑三相中，屡屡发表，顿觉受到命运特别垂青，记得分外牢固、清晰。所以，他有超出同龄人的沉重，当别人满怀憧憬生气勃勃地奔向前程的时候，他已经很有些暮气了，自诩孤独地走在通往坟墓的世界的路上。坟墓的意义谁都清楚，那是死亡、阴暗、厄运的象征。

这个意识始终没变，人到中年，徘徊于坟场的感觉越发经常、强烈，说自己不过是从一个坟茔走向另一个坟茔，好像这一辈子跟坟墓摽上了。这表现的其实就是对自我的焦虑，似乎把自己的命运贬损得越低，实际结果反倒可能会好一些。他对自己的未来连起码的自信都没有。

另一方面，他还是心存希望："并抖尽了身上的悲絮，/ 将它都献给了虫蛆；/ 歌赞一声明日的朝霞，/ 眼泪似春雨般落下！"[①]尽管希望很微弱，仅仅悬于一丝，但还是为他的生命注入了生力，否则也就不会借回乡养病之机办教育了。然而这一线希望不仅不能减少一点点焦虑，反而会加剧焦虑，因为会时时担心希望的泡泡砰地一下爆裂。还真是这么回事，谁也想不到学校的筹建会折在施工死人上面，而且关系方与办学毫不相干。

不知道这是不是属于心理暗示效果，越是担心什么，什么越来，结果也就越是担心，形成恶性循环。

（四）彷徨

走出地铁出口，眼前的景象熟悉又陌生，恍惚中不知道我要去的地方在哪里：往这边走，不；往那边去，不；到前边，不；去后边，不。完全

① 《送一九三二年》，引自《于赓虞诗文辑存》，第355页。

失去了方向感。犹豫，迟疑，始终拿不定主意。这种状态就是彷徨。

彷徨感是于诗沉郁格调的又一构成，徘徊踌躇，茫然四顾，自然轻松不下来，欢快不起来。

于赓虞是一个立于自我的人，具备否定一切的决绝：无论是国粹，还是外来思想，无论是在家所依靠的亲情，还是在外所依靠的友情，无论是欲望追求的利益和名誉，还是心灵追求的上帝旨意，无论是理论，还是道德，全部被他统统剥掉了神圣外衣，既不奉为圭臬，也不尊为行动指南，而是听从自己那颗诗人的良心，跟着感觉走。再加上理想的不断破灭和弱化，信仰的缺失，以及认识能力的局限，不免时常陷于意识和心理的两难困境，反映在诗作中就是不知所措的彷徨感。

于赓虞的彷徨感是人生意义上的：

一片洁白的纸，
涂上横竖不规则的墨迹，
涂到无可再涂时，
自己便悄悄的落些眼泪。

一株美丽的树，
经过几千年的风沙霜雨，
虽只枯干残留，
却很孤傲的暗示给世人了。

一叶孤舟，
漂泊于渺茫汪洋，
踌躇舟子，
只有四顾彷徨，

去路啊……[1]

这是于赓虞早期诗作，刚刚进入青年不久，面对茫茫人生，不知道去路何方，不由得停下脚步，踌躇再三。

前面说的“一生漂泊”，谈的是于赓虞的一种生存状态。漂泊与彷徨是伴侣：一个是纵的方向，一个是横的方向。纵行飘忽不定，心里没底，便站住脚踱来踱去，形成横线上的往复。所以于赓虞把漂泊与彷徨系在一起：“竟是这样漂泊千古，彷徨千古而无归宿的人！”[2]二者都属于无家可归状态。既然漂泊是于赓虞的生存状态，那么他的情思也就不能不充满彷徨感。

茫然地走了一段，经历了不少事情，理想遭受到沉重打击，奄奄一息。于赓虞曾以白天鹅比喻理想，在魔鬼世界的污泥浊水中圣洁的天鹅死了，他顿时觉得自己失去生命的主宰，就像航船失去了指针。“我想，我已不能看明日（更悲惨的日子）的朝暾与斜阳，在这悠久的夜色，未知的去路，我将彷徨起始，复以彷徨作结。”[3]没有了理想就没有了方向，从而陷入彷徨。

理想死了，等于又少了一重束缚，从而扩大了自由度。不能否认，理想、信仰、理念都对人构成了限制，你必须按照理想来规划人生，修订方向，因而理想与自由是相互排斥的。于赓虞作为一个个人主义者奉自由为最高人生原则，也是最高创作原则，所以自由度的提升对他来说应该是好事。然而必须接受的就是随之而来的彷徨，“我自由了，虽然这创伤的苍宇里，仍无宝宫寄托此流荡的孤魂。在无边的幽深的寂寞里，我又起始了无名之彷徨”[4]。

这里，于赓虞的彷徨感的发生不只因为理想的丢失，还有“未知”。是的，彷徨与认知有关。正是不知道前路如何，面对黑箱，我们才茫然失

① 《无题》，载《于赓虞诗文辑存》，第14页。

② 《天使在流云》，载《于赓虞诗文辑存》，第143页。

③ 《人间》，载《于赓虞诗文辑存》，第287页。

④ 《归来》，载《于赓虞诗文辑存》，第261页。

措，无从下手，从而踌躇不前。未来其实就是未知，所以人的彷徨是终身的，于赓虞称之为“孤老的彷徨”；这种未知无人帮你解答，也没有哪种理论能够给予揭示，只能自己扛起来，于赓虞称之为“孤零的彷徨”[①]。

残留的光阴仍在面前哀哀流转，
这荒凉无人的道上只有我孤独徜徉，
所有的希冀与幻想都已沉入深沉梦乡，
尽徘徊，尽徜徉，面前尚不知是缈缈何方……[②]

这种孤零的彷徨令人难以忍受，谁能帮助他走出困境呢？多么希望冥冥之中获得某种启示啊：

　　伸给我你的手罢，我的神，
　　当此灰烟漫漫时的黄昏。
晚穹飘飘的流云像是铭酊的沉沦的醉人，
正如我的着了灰色丧衣无处殡埋的灵魂。

　　伸给我你的手罢，我的神，
　　当此暮钟寂鸣时的时辰。
一切向怆黑沉沦，光明的女神已沉于厄运，
荒海与棕林之哀韵像出自我残灰的苦心。

　　伸给我你的手罢，我的神，
　　当此残月儿深隐于墨云。
在此无人的山岸悄悄忏悔着空虚的光阴，

① 《爱》，载《于赓虞诗文辑存》，第281页。
② 《夜游——迷途之羊之一》，载《于赓虞诗文辑存》，第407页。

败灭的心情随深秋落叶低吟寂寂之心韵。

伸给我你的手罢，我的神，
让这就是那最后的一瞬。
无垠的长天中花开花谢未留不灭的痕迹，
流水年华不如悲哀之因循，呵，惨惨的如今！①

然而没有信号，他什么也抓不住。

三、精致的形体

（一）密集的韵脚

我们这里谈的是于赓虞所谓的韵诗，也就是诗句的最后一个字遵循押韵要求的普通诗歌。

押韵本是格律诗的最主要特征，“五四”狂潮中这一原则遭到彻底颠覆和嘲笑，而以旧诗对立面出现的新诗自然不能走老路，所以一段时间内没人把音韵当回事，甚至反其道而行之，舍弃合适却押韵的字，故意搞得不押韵。

于赓虞早期诗歌走的就是这个路子，他的第一部（辑）诗集《春风》中的诗绝大部分都不押韵，念起来像是散文。此前引用的两首《无题》《归思》，就属于这类。《无题》3节13行，每一行的最后的字是纸、迹、时、泪、树、雨、留、了、舟、洋、子、徨、呵，不押韵。《归思》我们引用1节16行，尾字是了、旁、皎、清、痕、恨、呵、衣、道、线、呢、呵、上、钉、裳、呵，也不走押韵的路子。

然而对比鲜明的是，这一时期于诗已经可以读出沉郁的情思，仅以前三首为例。第一首《异乡》，出现了悲伤、感伤、眼泪、漂泊等词组。第

① 《晚祷》，载《于赓虞诗文辑存》，第111页。

二首《倘使》，可见泪魔、呜咽、落泪、悲魔、悲凄、残花落、夜幕张等字句。第三首《漂泊》，出现孤独、漂泊、墓、凄然、萎谢、悲欢离合、艰难、危机、沉沦、毁灭等字眼。

时隔三年，到了第二部诗集《晨曦之前》，情形骤变，第一首《沦落》即以韵诗示人，而情调更显低沉。此诗6节，每节4行，计24行，24个尾字的韵母都是ou。接着往下读，其他31首诗没有一首不押韵的，全部属于韵诗。其后三部诗集，也都是韵诗。这表明，自《晨曦之前》起，于赓虞开始在形式上下功夫，追求和探索新诗的节律。如果说情思是诗作的灵魂，那么音韵等就是形体，有了深沉的灵魂还不够，必须再给它一个精致的身体。

此时正是于赓虞发起《诗刊》之际。他说过《诗刊》最注重的就是新诗的形式建设，参与者的交流和讨论也都是围绕形式上的问题而展开的，他们的创作试图给诗坛提供引领潮流的样品。从《春风》的无韵诗到《晨曦之前》开始的韵诗，可以说是那个时代诗歌发展的一个缩影。

关于音韵在诗歌中的地位，于赓虞这样说："诗乃藉文字传达情思的艺术，而诗的文字一半在其含义，一半在其音韵。文字的音韵与心的音韵之交感与结合，即诗的风韵所由成。"①文字音韵是情思的寄托物，没有文字音韵情思便失去了诗性。于赓虞说："诗为音韵的艺术，故语言之音韵即诗之神魂。"②

音韵是字音的和谐，音的和谐本是音乐的根本特征，所以韵诗又称诗歌，诗人也叫歌者，诗与音乐走得最近。这在今天是常识，但在20世纪二三十年代是要下大力才能说清楚的，不光是理论上必须做到通透，而且还要在实践上做出示范，这两个方面于赓虞都下了不少功夫。于赓虞特别提到西方的象征派和达达派，他们把音韵的效用推到极致，试图仅仅依靠字音便达到诗人与读者的心灵交感。

当然，音韵的第一个作用是诗人情思的工具。于赓虞认为，情思是不

① 《诗之艺术》，载《于赓虞诗文辑存》，第595页。

② 《诗之艺术》，载《于赓虞诗文辑存》，第588页。

可言说的波浪流，难以捉摸的神意，而音韵则是文字徘徊往复的节律。二者之间是相通的：文字含义说不出来的情思流，可以在徘徊往复的节律上找到依托，以音韵来表现自己。这也是上面引文中说的“文字的音韵与心的音韵之交感与结合”。文字达不到的由音韵来做，音比字抽象，具有更强的普适性。这个说法挺神奇，于赓虞是诗人，自有他的心得体会。

接着于赓虞对新诗创作中的非韵现象进行了批评：“在‘自由诗’的名号之下，我国新诗人将诗韵遗失了，即如有韵，也不过只注意于韵脚，十分单调。诗的音韵不止韵脚和谐，应是和谐的全体，字与字，行与行，节与节，通体应很融洽，应是一致。”①于赓虞告诉我们，音韵不是一个局部要素，而是全局性系统工程。这是把音乐的辉煌成果全面移植到诗歌领域，标准和品味都很高，对新诗建设意义无穷。

正是在这种认识的指导下，于赓虞对音韵的运用进行了大量实践，这种实践是自觉的、全面的、充分的。我们这里以韵脚为例，看看于赓虞做了怎样的尝试。

一韵到底。全诗行行押韵，而且只用一个韵脚。上面提到的《晨曦之前》的《沦落》就属于这一类。于诗中这种一韵到底的诗篇居多数，不管是4行诗、8行诗、12行诗还是24行诗甚至更长的诗，末字都落在一个韵母上。以《晨曦之前》为例，第一首《沦落》的24个尾字的韵母都是ou；最后一首《卷末》，四行：

我不曾向人轻意地微笑疏忽的发言，
这宇宙呀只是一个冷厉骄矜的面颜；
空空漠漠的消失了一去不返的芳年，
不曾不曾折下来一朵黄花留作纪念。②

① 《诗之艺术》，载《于赓虞诗文辑存》，第596页。
② 《于赓虞诗文辑存》，第94页。

4个尾字的韵母都是ian。

这种一韵到底，短诗还好办，长诗就麻烦了，二十几个字甚至更多的字都用一个韵母，非得反复搜寻不可，不下一番苦功夫是得不到的。

大部分押韵。与全部押韵不同，尾字的韵母有的相同有的不同，形成押韵与不押韵的平衡。于诗中这样的作品不多，以押韵为主，不押韵为辅，有点像古诗的绝句一、二、四句押韵而让出第三句。比如这首《不知名》：

不知名的荒山无人烟，无灯火，
　周郊里寒风凄凄，落叶飘飘：
无声息，无眼泪，孤零的立此山巅荒道，
　看呀，流水寂寂，陨星的残照尽消……

立此战栗的足根上悄悄的凝望，回想，
　从寒颤的心音中嚼味着飘泊的昨朝；
这口唇不曾饮过生之美酒——万情死渺，
　终不过跌落于时之沧海——泯沦，腐消……
（冬于九女山故里）①

此诗2节，每节4行，第2、3、4行押韵，第1行除外。

隔行韵。韵脚具有规则的跳跃性，跨过一行押韵。如《归来》：

揭不开的山麓上苍灰的云谷，
　掩蔽了万里相思之泪眼，
归来了，我在命运的舟车痛哭，
　遗留下无数冤魂于山涧！

① 《于赓虞诗文辑存》，第53页。

人类的耻辱，荒场残遗之白骨，
青春，功名残败于荒山间；
归来了，怅惘之泪漫洒于黄土，
枯草掩埋了卑微之心愿！

山谷苍黑了，饰起风雪之天幕，
世纪惨死于撒旦之毒剑；
归来了，蔷薇之梦随落日沉没，
回首满谷凄风声漫寒山！

荒村毁灭了：无人烟，古寺，坟墓，
有谁祭吊在明年的春天？
归来了，我在命运的舟车痛哭，
遗留下无数冤魂于山涧！
（战后自南口归来）[1]

这首诗分4节，每节4行，其中1、3行押一韵母，2、4行押一韵母，可谓双韵诗。

节韵。韵脚以诗节为单位，一节一韵。如《长逝》：

从黑暗梦到阳光，从阳光走入夜之幽谷，
似一沙野之骆驼我受尽了惨寂的悲苦；
在此无微笑与弦歌的人间惟我在夜哭！

孤自张起灰色之天幕寂饮回忆之毒药，
情爱已似春花瓣瓣零落于绿茵的山坳；

① 《于赓虞诗文辑存》，第105页。

今痛哭于爱神的足边凄凄寒光正闪烁！

谁知在残秋我曾饮少女唇边荷色之酒，
而今，而今春来了反变为黑狱内的孤囚；
青春的欢歌与拥抱已成了想象之宇宙！

从此任时间之长发掩蔽了你美丽的面颜，
自你足边走过似山腰疾驰的一缕青烟；
今，我伏于草茵痛饮愿永世无机再相见！

任风雨交作，将月夜花篱间之痕迹埋殡，
与骄傲的人世永诀了，隐迹于幽涧之滨；
伴落花于星月之夜任时间无语的飞迸！

诗与酒与剑已为我的生命想象的装饰，
在山头孤吟梦影之歌于月光凄照之时；
噫，不需你唇边之毒药我已寂寞的长逝！①

6节6韵。第1节u韵，第2节ao韵，第3节ou韵，第4节ian韵，第5节in韵，第6节i韵。

多韵。一首诗具有一个以上的韵脚，分布无规律可循，自由自在，任意而发。如《如今我蜷曲了》：

如今我蜷曲了，在此石岩上惨白之月光下，
似沙漠中之骆驼徜徉于命运之场无处作家。
风霜中困顿之灵魂正需要五千年之安眠，

① 《于赓虞诗文辑存》，第104页。

看，天神创出了险恶之黑暗，愁云弥漫天边。
这未喷过烈火空洞之心任青春悄悄飞过，
消逝此苍夜梦幻之蔷薇，噫，已无希望复活。

追逐么，黑暗长途消失了墓地闪耀之灵光，
这未曾发掘宝藏的青春之绿叶业已苍黄；
颓败世纪无光，无花，无歌亦无天女之芳香，
吁，宇宙变为吞噬灵肉之场似地狱之冥乡。
来路间无草茵，无流泉只灰空之霜雾漫洒，
如今，我蜷曲了，在此石岩上惨白之月光下。①

2节，每节6句共12句。1、2、11、12为一韵；3、4为一韵；5、6为一韵；7、8、9、10为一韵。12个尾字组合出4个韵脚。

凡此种种不一枚举。仅此即可看出于赓虞在音韵上的探讨是非常努力的。且不论诗写得如何，单这份丰富新诗韵律的用心便值得钦佩。

（二）频发的反复

这里说的是诗句。一个词组，一行诗或者几行诗，乃至一节在一首诗中多次出现，形成反复结构，是于诗的一大特点。

于诗中的反复结构比押韵出现得要早。《春风》集17首诗，不追求韵脚，却注重反复。第一首《异乡》，4节，每节的起始两行完全一样，用的是“月儿皎皎，海水沧沧”②。第二首《倘使》，4节，前2节第1行是句式反复，也可以说是意思反复，第1节第1行是“泪魔住在我的眼里”，第2节第1行是“悲魔住在我的笔里”。后2节开始2句一样，都是“呵，微弱的人类！

① 《于赓虞诗文辑存》，第204页。
② 《于赓虞诗文辑存》，第3页。

呵，无能的人类！”[①]第三首《漂泊》,2节，第1行都是“孤独的漂泊着”[②]。后面的诗作也屡见反复。于诗可以不押韵，但不能无反复。

反复其实是诗歌音乐性的一种方式。可以把它看成音韵，不过不是以单字或词组出现，而是以句子出现，可谓大韵脚。它还起着控制节奏的作用，一篇诗若干句，其中一句或几句重复出现，形成于赓虞讲的“徘徊往复”，使节奏张弛有度。最重要的是反复赋予了诗篇重心，就像是乐章的主旋律，歌曲的副歌，具有掀起高潮的效用。

与音韵一样，于诗的反复也是多种样式。为方便叙述，我们分两个角度谈，一个是反复的主体，一个是反复的结构。

反复的主体主要有三种情况，即词组、句子、节。

词组反复。如《憎》，4节，每节最后一行的开头两个字都是“去矣”。

烟与酒的和谐造成了梦境之花园，
黑暗天使负悲哀而来歌舞于篱间；
哭与笑装饰骷髅之假面，
　　　　去矣：灰色不堪救药的往年！

在人间似卜居于无光之地狱，莽原，
温柔与惨暴之音乃神与魔之歌弦；
美与丑的和谐缀饰人间，
　　　　去矣：上帝默泣于我的足边！

吁，人类，勿施巧美于尔枯老之面颜，
吾等之战斗终止了，宇宙沉默无言；
春风随落花惨毙于污潭，

① 《于赓虞诗文辑存》，第5页。
② 《于赓虞诗文辑存》，第7页。

去矣：将荣誉，情爱葬于荒山！

何需痛哭与惨笑在此烦倦之深渊，
像死神默祝，祈速赐我永眠的心愿；
痛哉！任青春歌舞于宝剑，
去矣：将泪饮下复有何恋恋！[1]

诗行反复。这在于诗中最为常见，被大量使用。如《阔别的云天》，4节，每节首行重复。

阔别的云天：落叶纷飞，夜静霜寒，
相思间，泪点点，山道远，无由归还；
今晚，家家岁暮，只我孤栖暮林边，
云山模糊，行人断，相思泪成一片！

阔别的云天：落叶纷飞，夜静霜寒，
这颗心，一半在墓地，一半在古燕；
今晚，相思，相思，相思如乱丝一团，
徘徊于暮林，将，将爱心付于孤雁！

阔别的云天：落叶纷飞，夜静霜寒，
不堪想绮丽之梦幻随流星飞残；
春光难留，几何时，遍地落花残瓣，
沉于酒，沉于歌，只算人生之一半！

阔别的云天：落叶纷飞，夜静霜寒，

① 《于赓虞诗文辑存》，第124页。

山寺之钟响了，滴滴血泪洒寒山！[1]

句子的反复不仅用于韵诗，也出现在散文诗里。《为了一片焦土》中，“愿如是将我生命的颜色，在青春之神的面前残凋脱落了”[2]一句，重复4遍。

节反复，即以节为单位进行重复。如《梦狱》，共7节，其中头、腰、尾3节是一样的。

声嘶，泪干，最恨人这绵绵微雨的秋天，
囚想像于铁栏，不堪视孤桥流水飞溅，
去了，灵魂，横越峦山，到曾依恋之海边。

想，昔日茸茸草茵夜话，而今漫披霜花，
在青青山腰曾痛饮生之美酒，将好花
饰你鬓端，微笑着骄傲此不再的荣华。

你说我应该戴起爱情的胜利之荣冠，
完结了相思的美梦乃是绝大的欣欢，
你是美丽的皇后，我为国王在此夜晚。

声嘶，泪干，最恨人这绵绵微雨的秋天，
囚想像于铁栏，不堪视孤桥流水飞溅，
去了，灵魂，横越峦山，到曾依恋之海边。

谁知因惨情的别离我日夜诅咒上帝，
他践灭烈烈的情焰，残毁了生之蕾蒂，

① 《于赓虞诗文辑存》，第441页。
② 《于赓虞诗文辑存》，第155–156页。

纵杀死命运怎能挽青春于幽狱之底！

今宵，花落于风雨，孤在荒途之间思归，
在古林墓园之残灯下漫洒离情之泪，
天涯落叶深处听夜风如号哭的野鬼！

声嘶，泪干，最恨人这绵绵微雨的秋天，
囚想像于铁栏，不堪视孤桥流水飞溅，
去了，灵魂，横越峦山，到曾依恋之海边。①

这种整节的重复在散文诗中也多次使用。如《空梦》，首尾两段相同。再如《人散了》，共10个自然段，第1、2、9、10四个自然段重复。

以上是从主体的角度看反复，下面再从结构的角度看一下。

首尾重复。开头的句子或节在结尾再度出现，形成前后呼应的效果。这种重复于赓虞用得最多。如《长长的静夜》：

长长的静夜我口含芦笛做一个行吟之诗人，
在星宿下的迷雾中我走向山巅光明的女神。
荒途间我做着落花之梦如骆驼忍隐的命运，
我秉着惨情的灯影在黑暗中摸索，漫吟，缓进。
这旅途的人像空中落魄的孤雁彷徨于流云，
我怒立命运之前哀戚，破灭了名与爱之深痕。

芦笛透出了惨情的哀音深蕴着古老之愤恨，
往深雾，远流进行，我立誓踏破了渺茫的如今。
山野没有人，没有光，独饮着低歌此苍黑时辰，

① 《于赓虞诗文辑存》，第421页。

世纪衰老了，我获着这空虚之心哀泣于古坟。
我将生命之歌曲装饰着破旧的戚戚之笛音，
长长的静夜我口含芦笛做一个行吟之诗人。[1]

这种形式比较灵活，于赓虞有时也进行一些微调，将诗行的顺序做一个颠倒。比如《醉后》，重复的是两行诗句，开头是“酒醉后我看到了悲凄的星群，/ 大自然里漫布着杀人的毒菌”；末尾变成“大自然里漫布着杀人的毒菌，/ 酒醉后我看到了悲凄的星群”[2]。

每节进行反复。如果说上面的反复是以诗篇为单位，那么这里的反复则是以诗节为单位，反复的密度明显加大。如《瓣瓣落花知此恨》：

默祷后，我见了上帝眼中毒烈的恶光，
我凄然泪下，回忆着往日盛宴的辉煌；
你似圣女之娇媚我深坠于命劫之网，
嗟呼，姑娘！一片洪荒里我逃亡于何方？

我已不是英雄，不能冲破险恶的波浪，
爱之城堡已焚为尘土，不能登临其上；
上帝赐予我的铁链正不知如何悠长，
嗟呼，姑娘！一片洪荒里我逃亡于何方？

任深思随海浪荡漾，我只注视着夕阳，
那，那血流的浪潮宛似我心头的创伤；
我将如倒毙之乞丐，口中断绝了歌唱，
嗟呼，姑娘！一片洪荒里我逃亡于何方？

① 《于赓虞诗文辑存》，第189页。
② 《于赓虞诗文辑存》，第450页。

爱神之假媚将使我的青春奔向死亡，
在人间，我只有向广漠之海沉思，深望，
我心中之壮志已随那浪花片片残伤，
嗟呼，姑娘！一片洪荒里我逃亡于何方？[①]

这只是每节末句进行反复，更完备的是首末句均出现反复。如《毁灭》。4节，重复句是“毁灭，如今我从山路酩酊的走向你的高峰”[②]，在每节首尾各使用一次，此句共出现8次，是《瓣瓣落花知此恨》的一倍。

还有一种反复也是以诗节为单位，但句子安排在节与节之间。如《夜神》：

夜神随我轻悄的步调踏着银灰的月光，
山巅静穆的白雪似我病残灵魂的幽想；
在山麓我走来，走去，任时间无迹的流荡，
我将梦幻低诉于月光，在默想，战栗，怅望。
似流云，似春花我悄悄飞落于墓地，旷场，
在人类的眼中我不如春日草花的芬芳。

在人类的眼中我不如春日草花的芬芳，
我所有的诗歌人们都说是毒药与酒浆。
我只将心头的忧伤随自然的管喉歌唱，
我将名誉，希望涂于这倏即消灭的月光。
如同那无语的白云我无意的飘来，飘往，

① 《于赓虞诗文辑存》，第444页。
② 《于赓虞诗文辑存》，第107页。

到万载之后我许会来此世界微笑，彷徨！[1]

这种安排加强了整体性，使诗节之间过渡更加流畅，联系更加紧密。如果诗节较多，重复的句子可以相应增加。例如《旅心》，4节，便分别用三个句加一组句子进行串联，给人以重重叠叠之感：

夜半时万寂里只残灯尚冷明于菊荫，
孤帐中卧着未能成眠的漂泊的病人，
窗外古林的鸟音好像是死神的瑶琴，
我的人，我的人，为你而得病枯泪涔涔！

我的人，我的人，为你而得病枯泪涔涔！
在此草凄霜寒的墓门有着白杨森森，
以前也有漂泊的旅人在此葬了青春，
在那荒草枯花的墓头他们永吻死神！

在那荒草枯花的墓头他们永吻死神！
倘从此平静的长眠，于我心头之古恨，
将永远如教堂上之藤萝长青我的魂，
做了终于为爱而修道的短命的旅人！

做了终于为爱而修道的短命的旅人，
夜半时万寂里只残灯尚冷明于菊荫，
孤帐中卧着未能成眠的漂泊的病人，
窗外古林的鸟音好像是死神的瑶琴！[2]

① 《于赓虞诗文辑存》，第224页。
② 《于赓虞诗文辑存》，第438页。

于是便出现了多重反复，即一首诗里有两个以上的反复句，形成多重反复结构。如果上面的《旅心》可称四重反复，下面这首《剑与泪》也是四重反复。

任落花深深，任乌鸦啄食少女之尸身，
我在荒岗飞奔，追击着司爱情的女神；
无论深闺，花荫不能医治我病痛之魂，
毒酒，长蛇，女人给我万载难洗的悲痕！

我无桂冠，无黄金，只是个飘零的诗人，
孤在荒岗飞奔，追击着司爱情的女神；
以我的长鞭，利剑报复我不死的长恨，
毒酒，长蛇，女人给我万载难洗的悲痕！

命运的刑链业已环绕我的周身，如今，
我把那媚眼，玫唇当做了杀人的毒菌；
于明月之夜我一人歌唱飘荡之流云，
滚滚，滚滚江心的孤叶即是我的命运！

我无希望，无泪痕，将孤寂的度过青春，
要把那媚眼，玫唇当做了杀人的毒菌；
愿天下多情的男女勿读，勿爱这诗韵，
滚滚，滚滚江心的孤叶即是我的命运！①

此诗分两组，1、2节一组，共用2个反复句；3、4节一组，共用另外2

① 《于赓虞诗文辑存》，第440页。

个反复句。

结构比较复杂的是位置上做反复，不是在固定位置上，而是有序地在每一节不同的位置上进行。如《歌者》：

　　来，来，来，我的人，让我们痛饮此湖边，
　　来，来，来，我的人，让我们深吻此湖边。
我们的所爱在此鬼劫的凶年业已无辜而归天，
这残喘于命运的生命亦将如朝露无痕的流散。
渴望着的真理，光耀都正在飘渺于九霄的云间，
我这辗转尘埃的病身今已中射无数的火箭。

如今我被逼逃命仅仅带了诗一卷，残稿一篇，
这，这是往日疮伤的遗念，将来大流血的预言，
　　来，来，来，我的人，让我们痛饮此湖边，
　　来，来，来，我的人，让我们深吻此湖边。
看那晚霞影映着的湖色像是先烈的鲜血在溅，
听那晚雾里摇船的歌女像在安慰死者的永眠。

有一日我们会从恶梦惊醒于无罪而死的白骨边，
为了人类的自由在险恶之夜将热血迸射于敌面。
此寂寂夜晚的皎月就是将来永饰墓头的花圈，
这来自四方的游人与歌者将在墓边落泪，留恋。
　　来，来，来，我的人，让我们痛饮此湖边，
　　来，来，来，我的人，让我们深吻此湖边。①

第1节重复的位置是1、2句，第2节是3、4句，第3节是5、6句，形成层

① 《于赓虞诗文辑存》，第79页。

层下移的句式结构。

反复句最密集的要数隔行反复，代表作是《在此银白的月光下》：

在此银白月光下的荒崖只我俯首泣哀，
这荒海边垂的世界暗暗寂寂无人往来；
在此银白月光下的荒崖只我俯首泣哀，
山风与海啸吹往吹来我不求神之怜爱，
在此银白月光下的荒崖只我俯首泣哀，
那孤悬海世的明月写尽我难言之情怀！

在此银白月光下的荒崖只我俯首泣哀，
静寂里将旧梦展开，望着落花般的情爱；
在此银白月光下的荒崖只我俯首泣哀，
时间已将我的老年载来在此荒崖掩埋；
在此银白月光下的荒崖只我俯首泣哀，
今，我歌唱平安的未来在此寂寞之世界！①

全诗12行，一个反复句占去6行，高达50%。

反复占比最大的是这首：

请来歌，请来饮，我们都是天涯沦落的人，
岁月无痕，缤纷落花下衰老了青春之心！
噫，何惜你这一吻，这一吻难得微醉销魂，
让我拉着情爱天使之长发在月下对饮；
　　　　在月下对饮，和吟，
　　　　天上人间，乐欣欣。

① 《于赓虞诗文辑存》，第221页。

请来歌，请来饮，我们都是天涯沦落的人，
生命流云，勿回忆那户与户对舞之光阴！
噫，何惜你这一吻，这一吻消去哀愁之音，
让我拉着情爱天使之长发在月下对饮；
　　　在月下对饮，和吟，
　　　天上人间，乐欣欣。[①]

全诗12行，放宽些，反复句10行，占83%，严点儿算反复句9行，占75%。

以上这些是可见的反复，还有不可见的反复，例如意味的反复，这里就不谈了。在诗歌诸种形式中，于赓虞在反复上下的功力最足，押韵其次。外形和词语靠后，说明他是把贯彻和张扬诗歌的音乐性摆在首位的。

（三）豆腐块系列

这节我们讨论于诗的外形。

前文谈到《诗刊》，于赓虞说同人最注重的是新诗形式，形式诸要素中优先考虑的则是外形，豆腐块即是一大成果。这是形象说法，比喻诗歌在外形上刀切般方方正正，棱角分明。

这实际上属于传统审美习惯，上下左右前后、四面八方全部对称，从哪个角度看都是直来直去的方块。我们知道孔夫子只吃方块肉，所谓“割不正，不食”[②]，这与他主张正直并且将价值观贯彻于美学有关。这种思维渗透于思想文化，成为占统治地位的艺术准则。像建筑艺术，中国本土建筑，诸如城市、宫室、民居、官衙，乃至墓室，都取方正形状。诗歌亦如此，典型是绝句和律诗，《诗经》里面的诗歌基本上也是豆腐块。由此可以

① 《天涯哀曲》，载《于赓虞诗文辑存》，第126页。
② 《论语・乡党》。

说，《诗刊》推出的豆腐块新诗实质上是向旧诗学习的结果，尽管其作者属于对传统文化宣战的激进一代，但骨子里的审美意识和审美习惯是很难改变的。

于赓虞作为《诗刊》发起者，在豆腐块的实践和推广上可以说是身体力行的模范。

当然，这里有一个过程。与押韵一样，最初于赓虞的诗作走的也是无拘无束的自由化路子：《春风》集17首诗，没有一首豆腐块，全都凹凸不齐，张牙舞爪，与激进文青的个性张扬相符。渐渐地，他觉得这种做法其实很浅薄，也很不艺术，怎么瞧怎么不顺眼，于是便开始尝试豆腐块写作。第二部诗集《晨曦之前》的卷首题诗就是一方典型的豆腐块，不偏不倚地立在门前，似乎是自己转型的宣言。

他的思考主要是两点。

一是艺术外观。于赓虞说："对于'新诗'的形体……应使其富于美术性，即在其整体的匀称，调和，伸缩性上泛出的美的气韵。"①新诗虽说是自由体诗，但也要给人以好看的外形，就像人一样形体要美。

一是外形必须符合汉字特征。这点非常有创意，也反映了于赓虞的思维深度。

在文字与诗形的关系上，于赓虞的说法可概括为两条。第一，"应留意中国文字之形象。将其特有的体性表现出来，以增诗之美妙。中国文字之形体，有其自然之美术性，其整齐为他种文字所未有，此作者于美的创造之天然的助益，五七言诗的形体，乃经过长久时间的磨炼所形成者，我们虽不依必其数字，但那形体的美术性，至少使作者能了悟中国文字的整饰"②。诗形要与字体相一致。新诗是用汉字来写作的，汉字与拉丁字母最大的区别是有形体的方块，汉字就是一方方豆腐块，与此相适应，诗形也应该有所限制。

---

① 《诗辩（上）》，载《于赓虞诗文辑存》，第639-640页。

② 《诗辩（上）》，载《于赓虞诗文辑存》，第640页。

第二，“我国诗人应将我国文字之特点表现出来，即在变化的可能范围之内，应在字数上求工整。现在的‘新诗’虽已有这种趋势，但其作品尚不和谐，透不出美的风韵”[①]。诗形要在字数上受限制。汉字不同于拉丁文，一个字即为一个计量单位，所以诗歌外形在文字数量上是应该也可以表现出工整的。

基于这种认识，于赓虞通过逐渐摸索最后形成了以豆腐块为主体而又呈现出伸缩变化的诗歌形体。

最典型的豆腐块是12行诗集《落花梦》中的作品。每首诗分2节，每节6行，每行的字数或多或少完全相同，给人的视觉感受是上下两块豆腐整整齐齐的摆在面前。如《黑影》：

黑影寰空寂寂之街衢只疲惫的歌者缓行，
苍黄世纪之人入梦了霜雾中之星火凄荧。
我歌唱了惨凄之幽韵打不破梦境之寂静，
这幽曲的无尽的黑暗之长途幸福者不行。
我歌唱了听者只枯萎的蔷薇落魂的孤鸿，
黑夜之权威统治着宇宙间之梦爱与虚空。

我歌唱了沦落的命运尚有孤弦伴我酩酊，
生命已随萧萧之秋叶飘向长流永眠不醒。
我歌唱了似梦中的老鸦在枯枝上之残吟，
如此进行着飘泊的大梦于寒野中之墓茔。
苍黄世纪之人入梦了霜雾中之星火凄荧，
黑影寰空寂寂之街衢只疲惫的歌者缓行。[②]

---

① 《诗之艺术》，载《于赓虞诗文辑存》，第594页。

② 《于赓虞诗文辑存》，第213页。

满眼豆腐块未免流于单调枯燥，这时候伸缩变化便派上用场了。或者某行的句首缩回、伸出，或者句尾缩回、伸出，以求视觉变化。

这里有三种样式。

一种是句首伸缩句尾对齐。如《午夜》：

夜午时分落寞的荷池畔卧着我漂泊的沉醉人，
星湛湛，月寂寂，辽阔的天宇中只我在惨转苦吟，
谁知我这样厄运，谁知我这样厄运？
寻觅快慰的游人业已流散，安栖于爱人之怀中，
宁馨的香闺里织着美丽的天国的恩爱之好梦，
谁知我寻梦不成，谁知我寻梦不成？

我的爱，我的爱像是这苍苍黑夜里殒落的流星，
不知是流落于时之黑海，抑系流落于荒谷之中，
她已没有了光明，她已没有了光明！
我的梦，我的梦已于中途消失于恐怖未留香痕，
今宵饮宴星散后独，独自怀着千载难诉的苦心，
看荷瓣飘落湖心，看荷瓣飘落湖心！

如今我是宇宙间富有的人，绝大悲哀归我保存，
我将它混化于我的生命织成一篇绝美的诗文，
谁说我空做了人，谁说我空做了人？
今夜，今夜万有幻灭于此古园之中唯有这怆情，
才能与彼永永闪耀的明星永恒的缀饰于苍空，
这真实永不颠倾，这真实永不颠倾。[1]

① 《于赓虞诗文辑存》，第117页。

另一种是句尾伸缩句首对齐。如《风雨之夜》：

风雨，雷鸣，惊觉我于深夜之梦中，
呵呵，你在袭击一切，毁灭一切的精灵，
四野里淹没了平日所见的积垢污景，
我心跳，我血腾，激动了我的心事重重！

风雨，雷鸣，惊觉我于深夜之梦中，
毁灭了我的怆心及一切虚饰荒冢的墓文，
你豪放，你永生，真乃千古未有的英雄，
我心快，我歌咏，大宇宙正孕育着无限新生！

我的爱者，你不羁的震撼万物的风雨雷鸣，
险峭的深谷，漫然的草原，白骨为之心惊，
深牢里驯囚的群羊亦忘记了服从，
请，请惊觉了苍生恢复起宇宙之光明！

我的爱者，你不羁的震撼万物的风雨雷鸣，
经过万千危难才能与你相会于此地之夜中，
久已沦落海穴的宏愿如今跃跃欲动，
请，请伴我在此险峭之夜永永向前孤征！[1]

再一种是句首和句尾均伸缩。如《死》：

我已失去了感觉在此黑夜荆棘的途间，
花芬没有香，星月没有光，情爱亦不能恋。

① 《于赓虞诗文辑存》，第48页。

白天在恐怖的人间无踪迹的奔波往还，
人说我还不如园篱边黄花的自开自残。
　　现在，鸟入巢宿，人已入梦，
　　唯有我无处投落，尚在酩酊。

惨黑的途中无路灯，我的生命亦无光明，
荒坟的枯骨在讥笑我不如它磷光闪荧。
在此不知名的野站我已疲倦，心如古井，
玛丽呀，将我的诗文焚毁了罢，勿留痕踪，
　　现在，身边已无天蓝的花圈，
　　表示毁灭一个怯弱的生命。①

这种伸缩变化是以方正形状为本体的，可以说是豆腐块的变形。豆腐块诗形及其变形，构成了于诗外形的主体，所以我们说于诗是“豆腐块系列”。

比较有意思的是于赓虞还力图通过独特造型建构喻示主题的视觉效果。比如《冬夜》：

　　这是一个漫寒的冬夜，
　我仿佛孤栖无人踪迹荒岛间，
在恐怖，在惋叹，心儿随着将及熄灭的炉火微颤。
是真实，是梦幻，闪闪飞耀的金星消逝在眉边？
这生命宛如凶涛间的孤帆，进冲，退转，只命运有权。
　如今呀，无苦笑，无颂赞，无眷恋在此
　　漫寒的冬夜的梦间……

　　暮然自惊心的恶梦返还——

① 《于赓虞诗文辑存》，第80页。

是一只长蛇追逐我于荒草的墓林边，
在死情飞闪的梦幻中案头的花瓣飘落于寂寞的身边，
此时间只有我在默然，在苦忆于此寂寂的夜的深渊，
这来去无痕的不自由之灵魂已凋残于沉默冷厉的人间，
如今呀，我徘徊，我低吟，我辽望，在此
漫寒的冬夜的长岸……[1]

这种诗句排列出的形状，令人联想起大海上的航船，风从船头呼啸掠过，浪花在两侧飞溅。也可以联想到逆风跋涉的人，头颅高昂，长发飘飘。

如果说押韵和反复表现的是诗歌的音乐性，那么外形表现的则是诗歌的美术性。在形式营建上于赓虞可谓煞费苦心，精益求精，表现出了对诗歌的无比忠诚和热爱。

（四）强化的词语

我们知道，于赓虞把诗视为抒情的艺术，接下来的问题是，情是如何抒出来的呢？语言，于赓虞的回答非常明确，情借助文字传达于外，故而“诗为语言的艺术”[2]。这说的是诗质与语言的关系。

诗形同样依赖语言。对语言于赓虞这样概括：“语言因其形与音与意而成立。”[3]音韵、形状、意绪是语言的三个基本要素。三要素中我们已经涉及了两个，即音和形。以语音为基础，我们介绍了于诗的韵脚和反复；以字形为基础，我们介绍了于诗的形体。

下面我们介绍于诗的语言意绪。

于赓虞是一个立足于自我本位的诗人，最见不得的就是模仿，开拓欲望极强，表现在语言意绪上就是力主创造性，“诗人之于文字乃立于创造者

① 《于赓虞诗文辑存》，第73页。
② 《诗之艺术》，载《于赓虞诗文辑存》，第588页。
③ 《诗之艺术》，载《于赓虞诗文辑存》，第588页。

之地位”[①]。当然不是去造字，而是灵活运用现有的文字。于赓虞论徐志摩，说他的文字好，“灵活，巧妙，善变”，其实就是不拘泥于通常用法，根据自己的需要把文字用活，别开生面，形成自己的独特风格。

这也是于赓虞批评者的一个抨击点，海音社的张秀中就说他“故意弄出许多奇离字儿”用以装饰诗句，以至于让人不知所云。

离奇有一些，只要进行创造或者活用，肯定会让人感到奇怪、突兀，但是看不懂就有些言过其实了。比如“掩蔽”。一般说遮掩、掩盖、掩饰，隐蔽、覆蔽、遮蔽，于赓虞将掩和蔽直接组合在一起用：“从此任时间之长发掩蔽了你美丽的面颜”[②]，“掩蔽了万里相思之泪眼”[③]，意思畅晓明白。再如“溺吻”[④]，沉溺之吻，深入而绵长，也能读得懂，而且很到位很生动。还有“惨毙了”[⑤]，很现代是不是？却是将近一个世纪前于赓虞的发明。没有活用就没有这些新词，“诗人是活用文字的艺术家”[⑥]。创造意味着新生，用于赓虞的话说，是“赋予文字以灵情与颜色与意义”[⑦]。

活用文字有一个条件，“即诗人对于字及词之含义色彩有洞澈的认识，方能运用自如，恰如其分”[⑧]。活用的前提是对文字的敬畏，只有准确而深入的把握其意绪才能达到目的，否则真的要像张秀中说的那样生搬硬造，佶屈聱牙，难以捉摸了。

于赓虞的立足于自我的再一个表现是致力于打造语言特色。这一营建在两个层面展开，一个是诗的层面，一个是己的层面。

诗的层面是诗的语言个性，于赓虞说：“既知诗因文字而得形，因音韵而得神，则诗必有其特殊性的文字。”[⑨]诗歌的语言不是平常文字的简单移

---

① 《诗之艺术》，载《于赓虞诗文辑存》，第590页。
② 《长逝》，载《于赓虞诗文辑存》，第104页。
③ 《归来》，载《于赓虞诗文辑存》，第105页。
④ 《魔窟流浪记》，载《于赓虞诗文辑存》，第497页。
⑤ 《葬情》，载《于赓虞诗文辑存》，第 118页。
⑥ 《论作诗》，载《于赓虞诗文辑存》，第624页。
⑦ 《诗之艺术》，载《于赓虞诗文辑存》，第590页。
⑧ 《诗之艺术》，载《于赓虞诗文辑存》，第589页。
⑨ 《诗之艺术》，载《于赓虞诗文辑存》，第588页。

入，而是经过诗化的加工，所以具有诗的个性。已的层面是自己语言的个性，是对诗化语言的再次加工，使其打上个人印记。

于赓虞经历坎坷，生命悲苦，性格敏感，心情忧郁，故而喜欢使用的文字也多属低沉郁闷之语。可以分出大类：一类表示性质，一类表示状态。

先看表示性质的语言。任选一篇，如不到500字的散文诗《归来》，按顺序有皮鞭、大梦、国度、古林、墓地、野花、人熊、怪类、暗影、神灵、魔鬼、苦笑、容忍、地狱、山麓、荒冢、枯叶、睡鸦、空虚、冷光、远山、秋风、寒菊、工作、今宵、寒夜、惨黑、林风、冢路、怪影、墓头、秋草、死尸、狂人、生命、大地、苍虚、毒药、盛宴、荣华、享乐、颜色、死狱、梦、狱门、自由、创伤、宝宫、孤魂、寂寞、彷徨等。

再看表示状态的语言，还是这篇散文诗，有箭射、归来、潜伏、度过、徘徊、踟躇、零乱、落下、呻吟、凄凉、寒颤、寂寞、瞭望、低首、半残、重复、无意义、无光、无边、老古、恐怖、崎岖、渺茫、孤弱、静默、惨叫、号泣、微笑、死寂、悲怆、流荡、幽深等。[①]

更能体现个性的是叠字，量大而经常。叠字感情容量丰富，表现力倍增，感染力强大，天生便是诗性语言。

比如永永。这是于赓虞多次使用的词："生之活跃，永永，永永……"[②]，"要永永荷锄犁扶持着花卉于此祖园里……"[③]，"飘去了，即过山峡，平原与阔海，永永不复还"[④]。一个永不够再加一个永，比永远还要远。

这类用法比比皆是。荒，他说"荒荒"[⑤]，荒上加荒，更显荒凉。恻隐之心的恻，他说"心恻恻"[⑥]。寂寞之寂——"寂寂"[⑦]。僵硬之僵——"僵僵"[⑧]。

---

① 《于赓虞诗文辑存》，第260页。

② 《仿佛孤帆在烟波里》，载《于赓虞诗文辑存》，第59页。

③ 《花卉已无人埋》，载《于赓虞诗文辑存》，第62页。

④ 《荒林》，载《于赓虞诗文辑存》，第191页。

⑤ 《于赓虞诗文辑存》，第 61页。

⑥ 《于赓虞诗文辑存》，第99页。

⑦ 《于赓虞诗文辑存》，第403页。

⑧ 《于赓虞诗文辑存》，第406页。

哀伤之哀——“哀哀”[①]。迷濛——“迷濛濛”[②]。苍茫——“苍茫茫”[③]。翻翔——“翻翻翔翔”[④]，等等。

这里不妨随便引用一首诗，看看于赓虞是怎样使用叠字的。

风霜杀却了碧茸茸的青草，
漫漫的雪花中迷失了我忍饥返家之途径，
这，这里呀，是何处的幽幽山涧？
怆恍间荆棘刺破了我的单单薄衣，
滴滴的鲜血渲染了地上的白白之雪，
被鲜血渲染了的白白之雪呀，
你，你也是我生命途中的一点虚迹！

北风阵阵地卷起雪花纷纷狂飞，
串串透明的晶珠将我的眼睛迷蔽，
漫苍苍的暗宇中呀，我将何去？
只，只有徘徊在不知名的幽谷，倾听：
近身边，近身边的风声凄凄，
远远处，远远处的饿狼号泣——于此
险峭横溢的漫然无际的长夜里……[⑤]

短短一首诗里，出现14处叠字。

与叠字相类似的是同一个词连续运用。如，“惨黑，惨黑，惨黑之烟雾弥漫了古城，山崖”[⑥]。再如散文诗《魔鬼的舞蹈》的第三自然段，连用

① 《于赓虞诗文辑存》，第407页。
② 《于赓虞诗文辑存》，第405页。
③ 《于赓虞诗文辑存》，第403页。
④ 《于赓虞诗文辑存》，第391页。
⑤ 《迷途之羊》，载《于赓虞诗文辑存》，第412页。
⑥ 《惨害》，载《于赓虞诗文辑存》，第127页。

5个带惨字的词组："不堪言，生命于往日，现在，只是一个飘渺的梦，在魔鬼的舞蹈与歌吟中无痕的逝了！我不能，不堪想像歌舞的惨影：声韵，步态，只是一片模糊的惨红与苍黑的结体。微笑与温柔变为不忍一视的惨红，愤怒与惨暴变为刺心惨动的苍黑，远了，灵动的生之希望！这一切在今宵的迷醉中，踉跄中都是毒烈的火箭，射中了已死之心灵。"①

说到底，语言文字作为形式是为诗质服务的，所以必须与主调相一致。正如前面揭示的那样，于诗的基本情结是压抑、幻灭、焦虑、彷徨，在其支配下，一些相应的词被频繁使用，逐渐固定下来，并且合成一系列词组，成为传达情思的有效工具。

这些词是苦、惨、孤、悲、寒、寂、幽、荒。前两个第一章谈过，我们看看其他几个。

悲：

悲伤，悲哀，悲凄，悲壮，悲怆，悲悯，悲恨，悲愤，悲剧，悲影，悲浪，悲境，悲痕，悲歌，悲泪，悲吟，悲泣，等等。

孤：

孤栖，孤自，孤寂，孤悬，孤葬，孤孤，孤弱，孤另，孤老，孤冷，孤醉，孤零，孤立，孤哀，孤在，孤葬，孤冷，孤依，孤雁，孤艇，孤弦，孤魂，孤坟，孤船，孤灵，孤冢，孤客，孤灯，孤峰，孤桥，孤雁，孤叶，孤人，孤坐，孤饮，孤弹，孤听，孤卧，孤宿，等等。

寒：

凄寒，怆寒，苦寒，寒惨，寒残，寒颤，寒冻，霜寒，月寒，寒淡，寒山，寒漠，寒沙，寒灰，寒梅，寒枝，寒鸦，寒唇，寒霜，寒月，寒星，寒天，寒光，寒夜，寒流，寒烟，等等。

寂：

寂寒，寂灭，寂寞，静寂，寂静，死寂，寂寂，寂然，空寂，沉寂，寂灭，悲寂，寂城，寂鸣，等等。

---

① 《于赓虞诗文辑存》，第150页。

幽：

幽暗，幽痛，幽秘，幽静，幽深，幽寒，幽森，幽娴，幽秘，幽婉，幽邃，幽长，幽谷，幽涧，幽林，幽宫，幽狱，幽怀，幽光，幽夜，幽歌，幽音，幽魂，幽灵，幽情，幽想，幽颤，幽悦，幽泣，幽怨，幽恨，幽会，幽吟，等等。

荒：

荒僻，荒芜，荒凉，荒渺，荒蛮，荒深，破荒，黯荒，荒山，荒崖，荒岗，荒谷，荒沙，荒漠，荒地，荒野，荒郊，荒原，荒海，荒波，荒岸，荒堤，荒草，荒林，荒径，荒道，荒途，荒墓，荒坟，荒冢，荒村，荒秋，洪荒，荒梦，荒情，等等。

除词组外，还有句形。

于赓虞喜欢使用中长句，成熟期作品少有一行10个字以下的诗句。于诗中，10个字以内算短句，20字以内属于中句，20字以上才是长句。比如《夜泛》（摘录第一节）：

　　匆匆，匆匆，来此晚海竞赛，
苍茫的落日中纪念二千年前深沉汨罗的悲哀之诗骸。
死静的海水柿红一片，苍青一片，荒漠无语的悲哀，
灰云下我默默无语的痴视远山漫泊小艇于亭台。
苍茫的落日中纪念二千年前深沉汨罗的悲哀之诗骸。
　　匆匆，匆匆，来此晚海竞赛。①

主体是20—22个字的长句，配以10个字的短句。

于诗的长句是批评者诟病的一个方面，海音社的张秀中曾指责他“行拉得长长的”。于赓虞这样回答：“‘行拉得长长的’诗，我作不好，因为我没有天才又不是诗人。但世界上拉行长的诗人尽有，如斯文朋，亚

① 《于赓虞诗文辑存》，第87页。

伦·坡，雪莱，济慈等人的诗，常有字句很‘长’的诗，据我想，因为他们的情感是非如此不足以宣泄。‘行拉着长长的’不是罪，罪在其中言之无物。”①

于赓虞讲得明白，诗句的长度是由情思决定的。当诗人的感情绵绵不断地奔腾不息，那么表达它的词句也必定滔滔不绝地飞流直下。这里的问题不在于诗句的长短，这仅仅是形式，而在于是否有内容；如果苍白无物，即便是三五字的短句也显多余。

于赓虞偏爱中长句，除了感情之流的奔涌外，还有思想之流的喷发。于赓虞是思想者，他的诗学成就证实了这一点，其思想成分在创作中所占比重之大，契入生活和对象之深，视界之广阔在诗人中都是少见的。感情充沛再加上思想丰富，要说的话很多，落实在诗句上字数自然要激增了。

于赓虞认为，诗歌写得好不好，主要看两点，内要看情调是否把握住，外要看语言文字的选择是否得当。这两点当然不能孤立地看，而是要结合起来看，也就是以这内外两个方面是否协调一致为标准。文字表达了情调，同时辞藻运用恰当，就是好诗。

辞藻属于诗歌的形式，于赓虞在这上面的用力表现出他对形式美的追求。当然不光词语，包括前面谈过的韵律、反复和外观等诸种要素，都贯彻着这个追求。然而这一追求绝非就形式而形式，而是与内容紧紧捆绑在一起。所以于赓虞在讲辞藻时，并不限于辞藻本身的组织和运用，还设定了一个前提，即辞藻必须适应情调。就是说，词语、韵律、反复和外观等仅仅是表达情思的工具，这个关系不能颠倒，二者更不能脱节。一旦形式与内容相分离，再精美的形式也是空的，没有实质性意义。

于赓虞作为诗学理论家，在创作上是相当清醒和自觉的，始终坚持内容为王，最大限度地谋求形式与情思的协调统一。这是他一路走来的宝贵经验，也是成功之道，值得今天的人们所记取。

---

①《今日诗坛的祸首及明日诗人之早已产生》，载《于赓虞诗文辑存》，第603-604页。

参考书目

1.于赓虞. 于赓虞诗文辑存. 开封：河南大学出版社，2004.

2.解志熙. 孤独的行吟与独特的思考——“恶魔诗人”于赓虞的诗与诗论（代前言）/ 于赓虞诗文辑存. 开封：河南大学出版社，2004.

3.许凤才. 诗人于赓虞传略. 河南文史资料：第十四辑，1985.

4.周良沛. 中国新诗库：于赓虞卷. 武汉：长江文艺出版社，1993.

后 记

第一次听说于赓虞的名号，是在其后人找我写他的评传的时候。我搜肠刮肚，却怎么也对不上号。说是民国诗人，教授，翻译家，这才隐约有点印象，私下推测以为是翻译仓央嘉措诗歌的那位学者，便随口应承下来。后来才发现满拧。我不算孤陋寡闻，然而对于赓虞竟一无所知，可见这位大诗人被淹没到何种程度。

说实在的，我很为难。首先是专业不对口。传主是诗人，作他的评传必须懂诗，至少应该是文学专业出身，而我除了青年时代背诵过一点诗歌外则一无所知。发小郭路生（食指）朗诵自己新作时倒是讲解过一两句相关知识，然而当时我惦记的是下文，哪有工夫听那些啰嗦，所以我始终是诗盲。其次是资料稀缺。于赓虞先生的后人送来的只是两卷书，就是河南大学出版社出版的《于赓虞诗文辑存》。我翻了翻，对作传远远不够，问还有吗？答没了。这时我才意识到接到的是一个烫手的山芋，顿生悔意，想回绝却说不出口，不知道怎样才能收回先前的允诺。说到底只能怨自己，谁叫你学艺不精张冠李戴又喜欢匆忙表态的？

时值新冠肺炎高峰期，正好闭门读书。用一个多月时间把两本书通读一遍，不知不觉便进入写作状态，写什么、怎么写大体形成了框架。诗文资料充足，薄弱的是生活资料。于赓虞性格孤僻，不喜也不善交流，再加上沉默寡言，这方面的记载非常少。本来是留下一些文稿和书信的，“文革”中一把火被烧掉了。面对这个情况只有一条路可走，就是前往于赓虞的家乡访问，人过留名雁过留声，尽管已经过去了百十来年，总会留下痕迹。

6月初，疫情稍缓，城界开通，我立即动身去于赓虞家乡河南西平县玉皇庙村。此前读过一篇相关网文，作者是于昕昭，显然是于氏族人，便直奔他去。于昕昭先生是教师，善写作，当地闻人，没费什么力气便寻到于府。夫人把他从地里找回，一身泥水的他立即进入角色，有问必答，知无不言言无不尽，解决了我不少疑惑。然而有些私密性较强的问题，例如于赓虞初婚何时，前妻姓甚名谁，又因何背叛，等等，已经没人说得清了，成为永久之谜。于昕昭老师的质朴、大气以及对地方文化教育事业的关心给我留下深刻印象，正是他的帮助这本书在某些地方才能下笔。

我对《于赓虞诗文辑存》的出版方河南大学出版社，特别是辑录和编校者解志熙先生以及参与者王文金先生表示由衷的敬佩。要知道许多诗文是从民国故纸堆里一篇篇找出来的，那得翻阅多少报纸杂志？想一想眼睛都发痛。还有王先生编撰《于赓虞年谱简编》，以少得可怜的资料起步，除了查阅大量文献外还要四处奔走收集素材，况且还是一位老人。河南大学是于赓虞最后工作单位，无视经济效益组织出版他的诗文辑存，可谓仁至义尽，对得起自己蒙冤受难的教师了。这里要强调的是，本书是《于赓虞诗文辑存》的最大受益者，提供了百分之九十以上的资料，没有河南大学出版社以及解志熙、王文金等先生的无私奉献，就没有《新诗先锋于赓虞》一书。

本书将于赓虞定位于新诗先锋，不只在于他是新诗运动之初的参与者，更在于他的开创精神和作品的探索性。无论是诗歌创作还是诗学研究，无论是韵诗还是散文诗，无论是诗歌内容还是形式，他都是一个创造者和探索者。他担得起“新诗先锋”这个称号。

于赓虞的文学活动主要发生在20世纪上半叶，但他的作品并不过时。尽管他的写作植根于自我，触及的却是人类共同的境遇和情感，涉及的是诗歌创作的一般规律，所以他在今天仍然具有重要意义。

即便他的个人生活也具有历史价值和认识价值。不说他的人生遭际对民国史的折射，仅仅从他对旧诗的彻底否定态度就可以发现“五四”一代学人是如何反抗传统的，从而使我们对固有文化有一个更广阔的视野。

于赓虞的一生与他悲苦沉郁的诗风完全吻合，始于悲剧，经于悲剧，终于悲剧。好在他的后代没有重复这条艰险的生活之路，虽然没有大富大贵，倒也平实安稳。于赓虞有二女一子。长女于立人，次女夭折，子于惠立。于立人生育两子，居住北京。于惠立生育三子，生活基础在河南开封。

写作中我常常奇怪，于赓虞当年那么大名气，那么多作品，后来竟默默无闻不为人知，不管有多少原因，这肯定不正常。为扭转这种反常出把力，唤醒现当代中国文学对于赓虞的记忆，还他以诗歌史上应有地位，是写作这本书的一个动力。

但愿本书的面世能够引起读者对诗人于赓虞的注意，相信他的诗作和诗论一定能够找到知音。

高路

2020年10月20日于北京